U0584994

政治文化丛书

走出迷局

审视历史中的人性与制度

陈良 著

人民出版社

策　　划:江苏春雨教育集团有限公司
责任编辑:张　燕
封面设计:蔡立国
责任校对:卢霜霜

图书在版编目(CIP)数据

走出迷局:审视历史中的人性与制度/陈　良 著. —北京:
人民出版社,2018.1
(政治文化丛书)
ISBN 978 - 7 - 01 - 018826 - 3

Ⅰ.①走…　Ⅱ.①陈…　Ⅲ.①中国共产党-党员-思想政治
教育-学习参考资料　Ⅳ.①D261.42

中国版本图书馆 CIP 数据核字(2017)第 329164 号

走出迷局
ZOUCHU MIJU
——审视历史中的人性与制度

陈　良　著

人 民 出 版 社 出版发行
(100706　北京市东城区隆福寺街 99 号)

江苏印联实业有限公司印刷　新华书店经销

2018 年 1 月第 1 版　2018 年 1 月江苏第 1 次印刷
开本:880 毫米×1230 毫米 1/32　印张:11.5
字数:220 千字

ISBN 978 - 7 - 01 - 018826 - 3　定价:42.00 元

邮购地址 100706　北京市东城区隆福寺街 99 号
人民东方图书销售中心　电话 (010)65250042　65289539

出版说明

为什么出版《政治文化丛书》？

习近平总书记在党的十九大报告中指出，要发展积极健康的党内政治文化，全面净化党内政治生态。加强党内政治文化建设，对推动全面从严治党向纵深发展、推进党的建设新的伟大工程具有极为重要的意义。

当代中国共产党人和中国人民应该而且一定能够担负起新的文化使命，在实践创造中进行文化创造，在历史进步中实现文化进步。建设党内政治文化，关键要以文化人，推动成风化俗。为此，我们筹划出版《政治文化丛书》，为广大党员干部提供精彩独特的文化读本。

《政治文化丛书》有什么特点？

一是故事意义深刻、文化底蕴深厚。丛书坚持以马克思主义为指导，坚守中华文化立场，立足当代中国现实，结合当今时代条件，体现中国特色社会主义文化的内涵；讲求"故事载道"，以随笔和叙议风格为主要形式，寓深刻道理于生动故事之中。

二是党员干部写、党员干部读。丛书作者都是党员领导干部，不但工作勤奋，是各自工作岗位的行家里手，而且爱读书、爱思考、善写作。他们见解独到，发乎内心，充满真情和智慧，对广大党员干部必有启迪，对广大读者也大有裨益。

三是既有意义、又有意思。丛书力求言之有理、深入浅出，清新可人、篇幅短小（一般都在十万字左右），倡导真诚、摒弃说教，讲品位、讲格调、讲责任，让读者在"悦读"中领悟中华文化的永久魅力和时代风采。

四是持之以恒、细水长流。计划每年出版五六种，春风化雨，润物无声，与读者共同成长，一起进步。

总　序

知古鉴今　古为今用

文化是一个国家的根脉，是一个民族的灵魂。

在5000多年文明发展中孕育的中华优秀传统文化，在党和人民伟大斗争中孕育的革命文化和社会主义先进文化，积淀着中华民族最深层的精神追求，代表着中华民族独特的精神标识。三者一脉相承，共同构筑了中国特色社会主义的文化精神和文化品格，是新的历史条件下全体中国人共同的精神家园。

党的十九大报告把发展积极健康的党内政治文化、全面净化党内政治生态纳入全面从严治党战略部署，赋予全面从严治党更深沉的文化内涵，体现了党的建设与中国特色社会主义文化建设的高度统一。习近平总书记在党的十九大报告中强调，当代中国共产党人和中国人民应该而且一定能够担负起新的文化使命，在实践创造中进行文化创造，在历史进步中实现文化进步！这套"政治文化丛书"正是在此背景下编纂而成的。

读罢丛书，想起《周易》的一句话——"观乎天文，以察时变；

观乎人文，以化成天下"。我们在仰望星空的同时，通过阅读好的著作，以史为鉴，正衣冠，明古今，从而达到政治文化建设的目的，实乃有益之事。丛书编委会嘱我写几句话，我想就我国历史上以史为鉴的文化传统问题谈几点体会。

在中华文明数千年的发展历程中，历史与国家发展、与政治兴衰呈现出高度密切的关系。历代政治家、思想家、史学家都充分认识到以史为鉴的重要性。不晚于西周，以史为鉴的政治文化传统已经产生。《诗经·大雅·荡》说："靡不有初，鲜克有终。""殷鉴不远，在夏后之世。"这两句诗的产生显然都与作者对历史的总结有关。又《尚书·周书·召诰》说："我不可不监于有夏，亦不可不监于有殷。""监"即"鉴"，是周初统治集团以夏商灭亡的历史引以为戒的反映。春秋战国时期，列国争霸争强，王朝兴衰如走马灯似的频繁，严峻的形势教育各国统治者，必须注重吸取历史的教训。如《战国策·赵策一》记载赵襄子的家臣张孟谈"观成事，闻往古"，总结出"前事之不忘，后事之师"的名言。再如《荀子·成相篇》云："前车已覆，后未知更何觉时！"西汉初年韩婴熟练引用"前车覆，后车不诫，是以后车覆也"的鄙语，说明"前车之鉴"这个成语的基本思想在战国晚期已经形成。

秦统一与速亡这一天崩地裂般的巨变，极大地推动了西汉初年以史为鉴思想的发展，贾谊的《过秦论》就是其中的杰出代表。在详细分析了秦亡之因后，贾谊指出："是以君子为国，观之上古，验之当世，参之人事，察盛衰之理，审权势之宜，去就有序，变化因时，故旷日长久而社稷安矣。"他从理论层面总结出了以史为鉴的原因、目的、方法与意义。在秦汉以后统一多民族国家的漫长发展历程中，善于以史为鉴是许多杰出政治家获得成功的关键，也是中华民族许多时期登上"盛世""治世"高峰的重要原因，更是中华文明在艰难曲折中不断前行的重要思想基础。这是一个不争的历史事实。

古人不但重视总结历史、以史为鉴，而且重视历史经验的现实转化。"夫明镜者，所以照形也；往古者，所以知今也。"西周初年从夏商灭亡的历史中吸取了"失德而亡"的教训，认识到要想"永保天命"，就必须"敬德保民""明德慎罚"。周初统治集团"务在节俭，毋多欲，以笃信临之""故成康之际，天下安宁，刑错四十馀年不用"。由此可知我国历史上的民本思想起源于西周不是偶然的。汉初刘邦以"马上得天下，马上治天下"自负，拒绝从历史中吸取经验，经郦食其、叔孙通、陆贾等人的说服，终于懂得了礼仪教化的重要意义，遂命陆贾"试为我著秦所以失天下，吾所以得之者何及古成败之国"，于是陆贾"粗述存亡之征"，撰成《新语》十二篇。刘邦从历史中吸取教训，及时调整秦代严刑峻法、横征暴敛的统治政策，推行清静无为、与民休息的国策。这影响着汉初几代君主的施政方针，并与"文景之治"的出现有直接关系。以李世民为首的唐初统治集团深刻认识到"以古为镜，可以知兴替"的真理，为政彰善瘅恶、选贤任能、以民为本、崇尚节俭、大布恩德、严明吏治，造就了一代"贞观之治"。纵观历史长河，善于以史为鉴，并将历史经验与社会现实相结合，是一些王朝成功延续数百年并取得较好治理效果的一条重要经验。

中国特色社会主义文化，源自于中华民族 5000 多年文明历史所孕育的中华优秀传统文化，熔铸于党领导人民在革命、建设、改革中创造的革命文化和社会主义先进文化，植根于中国特色社会主义伟大实践。在新的历史条件下，我们以史为鉴当然不仅仅是要学习借鉴古代的历史，近代以来中国人民为实现中华民族独立、解放和伟大复兴而不懈奋斗的历史，中国共产党领导中国人民走上社会主义道路的历史，特别是改革开放以来中国特色社会主义建设与发展的历史，同样是我们今天必须借鉴的重要内容。

"述往事，思来者"。站立在 960 万平方公里的广袤土地上，吸吮着中华民族漫长奋斗积累的文化养分，拥有 13 亿多中国人民聚合的磅礴之力，我们走自己的路，具有无比广阔的舞台、无比深厚的历史底蕴、无比强大的前进定力。本丛书以中国特色社会主义文化建设的新理念新思想新战略为指导，紧密结合当前党和国家的现实需要，从全面从严治党的战略高度，从历史和现实的维度为读者提供了一套优秀读物。

首先，视野开阔。本丛书从探究历史本来、思考当下与未来的思路出发，内容涵盖古今，既有对我国历史上治乱兴衰轨辙的探讨，也有对革命传统中红色基因的分析；既有青年干部读书养德的心得体会，也有涵养共产党人"心学"的思想养料。著者以马克思主义的历史观与方法论为指导，把古今紧密结合在一起，为读者特别是党员领导干部从广阔的历史长河中借鉴历史经验，深入贯彻落实党的十九大精神提供了开阔的视野。

其次，内涵丰富。习近平总书记曾经指出："在漫长的历史进程中，中华民族创造了独树一帜的灿烂文化，积累了丰富的治国理政经验，其中既包括升平之世社会发展进步的成功经验，也有衰乱之世社会动荡的深刻教训。我国古代主张民惟邦本、政得其民，礼法合治、德主刑辅，为政之要莫先于得人、治国先治吏，为政以德、正己修身，居安思危、改易更化，等等，这些都能给人们以重要启示。"本丛书正是以扎实的史料、丰富的内涵，从理论与实践的层面，为读者特别是党员领导干部修身养德、为政处世提供了一份优质的精神食粮。

第三，文风清新。本丛书不是长篇大论，而是将历史借鉴的深刻内涵，内化于生动活泼的形式、清新隽永的文字之中。每本书都是以对人物、事件和问题的思考为中心，分为若干专题，篇幅短小精悍，突出主题。而著者所关注的问题，又都是曾在历史上发生过，而对现实又具有借鉴、警示意义的内容。这样一种编撰形式和清新的文风，无疑既有益于读者在百忙之中能够阅读、喜欢阅读，又具有强烈的针对性。

最后我想说的是，这套丛书的作者群体主要是在不同工作岗位上的党员干部。因而丛书从选题到内容，都更加切合当前全面从严治党形势的需要。我在拜读学习的同时，也对他们在繁忙的工作之余所作出的理论与学术贡献感到由衷的敬佩！

卜宪群

中国社会科学院历史研究所所长

目　录

第二编 | 制度比人性更可靠

第三编｜权力必须关进笼子

第一编

制度关乎兴衰成败

要使国家长治久安，关键在于根本制度的安排。只有构建科学合理的治理体系，并确保该体系有效运行，才能走出兴衰交替、治乱循环的怪圈。

上古时代的决策

　　决策，是在政治、经济和社会生活中普遍存在的一种行为。决策正确与否，是决定工作或事业成败的关键。尤其是最高领导人的决策，直接关系到国家与民族的兴衰成败。

　　中华民族是一个非常富有智慧的民族，早在上古时期就建立了较为完备的决策机制，制定了较为合理的决策规则与方法。《尚书·洪范》这篇古老文献，记载了箕子向周武王提出治理国家的九条法则，其中第七条就谈到古代帝王如何进行决策：

　　稽疑：择建立卜筮人，乃命卜筮。曰雨，曰霁，曰蒙，曰驿，曰克，曰贞，曰悔，凡七。卜五，占用二，衍忒。立时人作卜筮。三人占，则从二人之言。汝则有大疑，谋及乃心，谋及卿士，谋及庶人，谋及卜筮。汝则从，龟从，筮从，卿士从，庶民从，是之谓大同。身其康强，子孙其逢吉。汝则从，龟从，筮从，卿士逆，庶民逆，吉。卿士从，龟从，筮从，汝则逆，庶民逆，吉。庶民从，龟从，筮从，

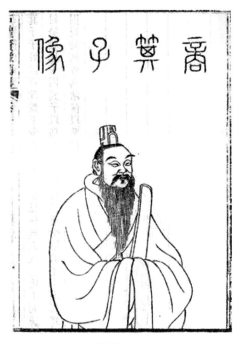

箕子像

　　汝则逆，卿士逆，吉。汝则从，龟从，筮逆，卿士逆，庶
　　民逆，作内吉，作外凶。龟筮共违于人，用静吉，用作凶。

　　箕子这段谈话，明确告诉我们上古时代君主犹豫不决时应
如何作出抉择。为了判断可行或不可行，确定做还是不做，君
主应当召集卿士、庶民、卜人、筮人与自己（共五类代表）一
起商议，通过表决进行决策。这五类代表，代表着各个方面的
意见。君主，代表君主个人的意志；卿士，代表官僚集团的意愿；
庶民，代表平民百姓的意见；卜人、筮人，属于智囊人物，相

当于现今知识精英，他们通过龟策，反映上天与神灵的意愿（包括自然境遇）。

需要说明的是，龟策在现代人看来颇具迷信色彩，但在那个时代算是不太科学的科学。毕竟处于农耕文明初级阶段，社会生产力和科学技术很不发达，人们对自然奥秘知之甚少，而农耕生产、人类生活又与自然条件密不可分。既然人与自然密切相关，我们的老祖宗在敬畏自然的同时，力争了解并利用自然，由此探索出相关的预测方法，也不失为明智之举。相传，"伏羲得河图，夏人因之，曰《连山》；黄帝得河图，商人因之，曰《归藏》；烈山氏得河图，周人因之，曰《周易》"。另据《易论》载："夏曰《连山》，殷曰《归藏》，周曰《周易》。"可见，夏商周三代都有过龟策或占卜预测。不管上述预测方法是否科学，从概率角度讲，至少有50%的准确性，故而不能一概否定。况且，卜筮预测的结果，只是决策的依据之一，权重也有限；卜筮时，遵循服从多数的原则，三人占卜，以二人结论相同为准。

上述五类代表都可以发表意见，依据各种表决结果进行抉择。

第一种，全票赞同（即"汝则从，龟从，筮从，卿士从，庶民从，是之谓大同"）。这种情况下，所作出的决策符合君意、官意、民意、天意与自然条件，名符其实"大同"；施行之后，就能"身其康强，子孙其逢吉"，可谓大吉大利，皆大欢喜。

第二种，三票赞同（即"汝则从，龟从，筮从"），两票反对（即"卿士逆，庶民逆"）。出现这种情况，可以作出决定，

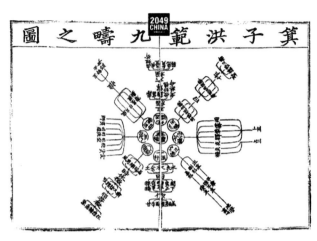

洪范九畴图

施行之后，也算吉利。

第三种，也是三票赞同（即"卿士从，龟从，筮从"），两票反对（即"汝则逆，庶民逆"）。尽管君主、庶民反对，另有三类代表赞同，也可以施行。

第四种，还是三票赞同（即"庶民从，龟从，筮从"），两票反对（即"汝则逆，卿士逆"）。这种情况下，即使君主、官僚反对，只要顺应民意，仍然可行、吉利。

第五种，两票赞同（即"汝则从，龟从"），三票反对（即"筮逆，卿士逆，庶民逆"）。这种情况下，应慎重决断，"作内吉，作外凶"。

第六种，两票赞同，三票反对，亦即"龟筮共违于人"。出现这种情况，"用静吉，用作凶"。也就是，不可轻举妄动。

通过上面的解读，可以清晰地看出，上古君主在决策的时候，通常会综合考量各方面意见，最后根据少数服从多数的原则作出决定，而不是凭个人意志独断专行。如果全票赞同，无疑可以下决心做，施行效果最佳；如果三票赞同两票反对，也可以决定做，施行效果尚可；如果两票赞同三票反对，就要慎重考虑，付诸实施，效果可能喜忧参半，有凶有吉。依此类推，如果一票赞同四票反对，肯定不能做，硬要施行，恐怕凶多吉少。

事实上，箕子所说的决策原则与方法不愧为古代帝王治理国家的法宝，值得学习与借鉴。在重大决策上，君主应把个人意志与卿士、庶民、智囊的意见结合起来。历史证明，帝王如若尊重并倾听多方面、多数人的意见，就可以获取较为全面的信息，从而集思广益，便能作出正确的决策，并取得良好效果；反之，帝王如若自以为是，不尊重不倾听多方面、多数人的意见，只听信片面意见，或凭个人意志决断，就必然导致决策失误，终将造成严重后果。

周厉王为了增加赋税，不听大臣（卿士）的劝阻，一心实行"专利"，侵害庶民的利益，国人因此怨声载道。于是周厉王果断采取措施，指派巫师监视国人，发现哪个议论"专利"或咒骂厉王，就抓捕处死。从此以后，国人"道路以目"，再不敢开口说话。听不到反对声音，周厉王不由得沾沾自喜。宰辅召公规劝他说："防民之口，甚于防川，川壅而溃，伤人必多，民亦如之。是故为川者，决之使导；为民者，宣之使言。"周厉王置之不理，仍旧施行高压暴政。国人最终忍无可忍，共同起来造反。周厉王成为无人拥护的孤家寡人，只好灰溜溜地逃跑，不得不下台，流亡到彘地。

东汉桓、灵二帝时期，外戚、宦官两股势力异常强大，君主宠信外戚、宦官，在重大决策上，听任这两股势力做主。尤其是灵帝，让宦官牵着鼻子走，大兴"党锢之祸"，对评议朝政的士大夫和太学生予以严厉打击，使得当时政治日益腐败黑暗，东汉王朝因此走向灭亡的不归路。中晚唐以后，唐王朝逐渐衰落，除了藩镇尾大不掉外，最根本的原因在于，贞观、开元时期所形成的中书、门下、尚书三省联合协商的决策机制遭到破坏，君主信任或屈从掌握禁军（神策军）的宦官，往往不能作出正确的决策。南宋时期，先后出现秦桧、韩侂胄、史弥远、贾似道等权臣，他们要么依君主意愿行事，要么恃君主恩宠专权，而君主不能依据多方面意见进行决策，这样的王朝终究难逃灭亡的命运。

时过境迁，跨越三千多年，如今再阅读箕子这段谈话，仍让我们对上古先贤肃然起敬。我们不禁感叹，如此古老的决策机制与原则，不仅体现了极高的政治智慧，也包含着很大的合理性。在当今政治、经济与社会生活中，人们仍需要对诸多事项作出决策。根据与时俱进的脉搏，《尚书·洪范》中所说的五类代表，其实可以类比置换为领导人、公务员、人民群众、智囊团和社会精英。如果按照箕子指示的原则与方法，综合这五类代表的意见进行决策，恐怕不会有太大的失误。换句话说，老祖宗的这一套，并不腐朽落后，还是值得借鉴的。

——原载于 2015 年第 2 期《群言》杂志

"善治"成就盛世

　　中国古代曾经出过几次太平盛世，创造了辉煌的业绩，令中华儿女引以自豪。汉代出现过"文景之治"，唐代出现过"贞观之治""开元盛世"，清代出现过"康乾盛世"。

　　文景之治，是中国作为大一统国家所出现的第一个盛世。文景时期，崇尚"无为而治"，轻徭薄赋，与民休息，帝王注重节俭，上下不折腾，以致社会安定，百姓富裕。据《史记·平准书》记载：到景帝后期，国家粮仓非常充实，新谷子压着陈谷子，一直堆到了仓外；府库里大量铜钱多年不用，以至于穿钱的绳子烂了，散钱多得无法计算。汉武帝后来征战匈奴、开辟疆土，无疑得益于文景之治打下的坚实基础。

　　在汉语词典里，"治世"是指太平昌盛之世。何以成就治世？顾名思义，治世就是国家和社会得以很好地治理（善治）。何谓"善治"？简而言之，就是文武百官各司其职，各负其责。"文景之治"之所以出现，关键在于国家和社会得以"善治"。

一般来说，古代君臣大都期望实现"善治"，而真正懂得"善治"的却寥寥无几。可以说，汉文帝初期的宰相陈平是通晓"善治"精髓的。

陈平少时家贫，好读书，有大志。曾为乡里分肉，非常均匀，得到父老乡亲赞扬，他感慨地说："假如让我主宰天下，也能做到像分肉一样平均！"秦末，陈胜、吴广起义爆发，六国贵族也纷纷起兵，陈平起先追随魏王咎。不久受谗，转而投奔项

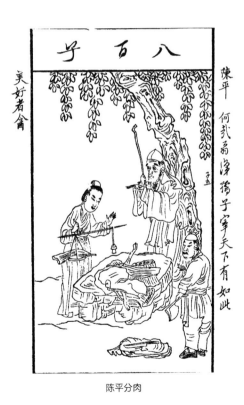

陈平分肉

羽。不为项羽重用，又投奔刘邦。作为重要谋士，陈平屡出奇计，屡建奇功，成为汉代开国元勋之一。汉高祖刘邦死后，吕后以陈平为郎中令。后来与王陵同为左、右丞相。王陵免相后，陈平擢为右丞相。吕后死，陈平与太尉周勃合谋平定诸吕之乱，迎立代王刘恒为帝（汉文帝）。鉴于周勃"平乱"功劳更大，陈平主动提出让位，于是汉文帝擢周勃为右丞相，徙陈平为左丞相。

丞相，即为宰相，是中国古代最高行政长官，其地位仅次于皇帝。历朝历代，国家兴衰与君主的作为紧密相关，同时也离不开宰相的辅佐。汉文帝亲政之后，与左、右丞相进行了一番对话。《史记·陈丞相世家》如此记述：

> 孝文皇帝既益明习国家事，朝而问右丞相勃曰："天下一岁决狱几何？"勃谢曰："不知。"问："天下一岁钱谷出入几何？"勃又谢不知，汗出沾背，愧不能对。于是上亦问左丞相平。平曰："有主者。"上曰："主者谓谁？"平曰："陛下即问决狱，责廷尉；问钱谷，责治粟内史。"上曰："苟各有主者，而君所主者何事也？"平谢曰："主臣！陛下不知其驽下，使待罪宰相。宰相者，上佐天子理阴阳，顺四时，下育万物之宜，外镇抚四夷诸侯，内亲附百姓，使卿大夫各得任其职焉。"孝文帝乃称善。右丞相大惭，出而让陈平曰："君独不素教我对！"

陈平笑曰："君居其位，不知其任邪？且陛下即问长安中
盗贼数，君欲强对邪？"于是绛侯自知其能不如平远矣。
居顷之，绛侯谢病请免相，陈平专为一丞相。

从这段记述来看，对于汉文帝所问的两个问题，右丞相周
勃一问三不知，满面愧色无以对答；而左丞相陈平却对答如流。
不过，陈平并没有给予正面的答案，只是随口将问题转让出去，
提请汉文帝询问相关官员：若要了解判决案件情况，可以询问
廷尉；若要了解钱粮收支情况，可以询问治粟内史。乍一听，
陈平也是答非所问，汉文帝为此很不高兴，忍不住责问陈平：
既然凡事各有主管之人，那么你这个宰相到底管哪些事情？于
是，陈平简明扼要地说出了宰相的职责。汉文帝称赞他回答得
很好。周勃非常惭愧，感觉自己才能不及陈平，随后托病请求
免职，让陈平单独担任丞相。周勃到底是行伍出身，不懂得宰
相的职责也是情有可原的，可是他有自知之明并主动让贤，的
确难能可贵。

透过陈平的答对，可以看出他具有极高的政治智慧和行政
素养。作为宰相，首先要准确了解自身的职责，知道自己应该
做什么，如何对上下级负责，如何处理内政外交，如何使卿大
夫胜任各自的职务。其次要合理履行自身的职责，就是依照职
位分工行事，处理好分内事务，让相关官员打理分外事务；对
他们进行宏观管理，任其做好本职工作，不揽权，不干预。司

马迁说过，陈平原本喜好黄老之术。从本质上看，陈平的治国理念倒是源于老子的"无为而治"。所谓"无为而治"，并不是"不作为"，而是"有所为，有所不为"。有所为，就是做好职责范围内的事情；有所不为，就是不插手或干预职责范围外的事情。这样，更能各司其职，各负其责，充分发挥各方面的职能作用。比如说，廷尉负责决狱，其职责就是秉公执法。如若赋予他独立审判权，他会认真审理每个案件，力争做到司法公正；如若他缺乏独立审判权，宰相、皇亲国戚和达官贵人都可以插手或干预，那么廷尉就可能成为权贵的傀儡，难以做到秉公执法。

从某种意义上说，陈平的一番对答，算是给汉文帝上了很好的一堂课。这一课对汉文帝到底产生多大影响，我们难以进行估量。但可以肯定，汉文帝不仅当场认可了陈平的治理理念，而且在日后执政中付诸实践。汉文帝在位期间，始终坚持"清静无为""躬修节俭"，实行轻徭薄赋的政策，营造了一个"吏安其官，民乐其业"的良好社会环境。与此同时，汉文帝信奉黄老之学"赏罚信"的思想，主张严格执法。他本人就是一位不因个人意志而破坏法律的"循守成法"的皇帝。一次，汉文帝出行中路过渭桥，有人突然从桥下走出，使皇帝乘坐的车马受惊而跑。廷尉张释之判处此人交纳"罪金"，汉文帝要求处死。张释之解释说："法律是天子和天下人共同制定的，如果我们轻易地改变法律，就会使人们对法律失去信任，不知怎样做才

汉文帝

对。"汉文帝认为张释之说得对,当即收回成命。汉文帝以身作则,对于违法乱纪者,即使是皇亲国戚,绝不姑息迁就。他的舅舅薄昭,仗势骄横,竟敢杀死朝廷使者,以为崇尚"孝道"的皇帝拿他没办法。但是,汉文帝让大臣们穿着孝服,去薄昭府上哭丧,逼他伏法自刎。汉文帝依法处死舅舅,严明了朝廷的法度。此后多年,那些骄横的大臣、外戚都不敢目无法纪、胆大妄为。

托尔斯泰有一句名言:"幸福的家庭都是相似的,不幸的家庭都有各自的不幸。"国家亦如此,所有的盛世也都相似,那就是"善治"的成就。就唐代而言，最高统治者以老子的后代自居，也崇尚黄老之术，其施政理念与汉代相似。从中央层面看，除了皇权，国家权力分配给三省掌管。中书省负责决策，拟定诏书或命令；门下省负责审议，经过复核，诏书或命令方可生效；尚书省负责执行，率领所属六部履行各自的职能。宰相的职权，分别由三省长官履行，遇到重大事项，三省举行联席会议定夺。这样的制度设计，体现了分权的原则，职责明确，相互制约，相互协作，集体领导，确保权力有序运行，使国家得到很好的治理，故而出现"贞观之治""开元盛世"。

到了宋代，在三省之外，设有枢密院，军事、财政、用人三权都有分割和制衡，但是，宰相职权被削弱，皇权得到加强；皇帝履行了宰相的职权，中央包揽了地方的事务。宋代几乎没有正式的地方行政长官，朝廷只是指派中央官员暂时兼管地方事务；从中央到地方，管理都比较零散、混乱，故而宋代尽管经济文化发达，但是在政治、军事上没有什么作为，远没有汉唐那么强大。到了明代，朱元璋干脆废除宰相职位，皇帝一人大权独揽。即便是皇帝专断，仍对大臣不放心，所以设置东厂、锦衣卫，实行"特务"监控。明代皇权大包大揽，致使有些皇帝成天忙得焦头烂额，而行政效能低下；有些皇帝嫌麻烦，私下让太监处理公务，结果导致太监专权，政治黑暗腐败。

——原载于 2013 年第 11 期《群言》杂志

齐威王整饬吏治

齐威王是一个很有故事的人物，与他相关的著名典故就有邹忌讽齐王纳谏、田忌赛马、一鸣惊人以及与魏王比宝等。透过这些典故，可以看出齐威王的个性。总体来看，齐威王算是一个贤明君主，能把国家治理得很好，使齐国成为经济文化繁荣、国力强盛的战国七雄之一。

不过，齐威王当初并不贤明。公元前356年，齐威王即位为田齐第四代君主。一当上国君，他就沉湎于享乐，终日花天酒地，不理政事。身为一国君主，他可以随心所欲，谁也约束不了。他纵情于声色九年，也让齐国荒废了九年，从而出现了吏治腐败、国力衰微的局面。九年之间，齐国屡遭韩、赵、魏、卫、鲁等国欺凌。昔日的东方霸主竟然沦落到如此地步，真是奇耻大辱。没办法，春秋战国时代就是凭实力说话，国家没治理好就要挨打。

眼看齐国陷入内外交困的境地，有识之士无不感到焦虑，他们想劝谏国君，却不敢当面直言。有一位叫淳于髡的侍臣，为人风趣，博学多才，能言善辩。这一天，淳于髡与齐威王游宴，见齐威王兴高采烈，就凑近他跟前低语道："国中有一只大鸟，停驻在大王的庭院，三年不飞又不鸣，大王知道这鸟何以如此？"齐威王愣了愣，回答说："这只鸟不飞则已，一飞冲天；不鸣则已，一鸣惊人！"淳于髡会心一笑，进而向齐威王建言，要使齐国振兴，必须重用人才。

稍后，平民邹忌以鼓琴求见，与齐威王切磋音乐。邹忌借

邹忌鼓琴

题发挥，趁机大谈音乐与治国相似，"琴音调天下治"。齐威王深以为然，当即决定留用邹忌，三个月后破格任命他为相国。果然高手在民间，邹忌很快实现华丽的转身，从普通百姓转变为一名杰出宰相。在邹忌、淳于髡等人辅佐下，齐威王锐意进取，奋发图强，首先从抓干部队伍入手，大力整饬吏治。

当时齐国有两位知名的地方长官，一位是即墨大夫，另一位是阿大夫。即墨大夫纯朴正直，勤于政务，真抓实干，不阿谀奉承，不巴结宫廷近臣，所以很少有人为他说好话，倒是诋毁他的风言风语不时传入齐威王耳中。但是，无论别人如何评论，他始终忠于职守，做好自己该做的事情。

阿大夫却是另一种风格，不关心民众疾苦，喜欢做表面文章，制造繁荣假象。他还热衷于公关，想方设法讨好朝中近臣，所以他在朝廷很有人脉与气场，总会有人替他在威王跟前说好话。他这样苦心经营，无非是为了博得齐威王垂青，从而得到提拔重用。

假如齐威王一如既往沉湎享乐，阿大夫很可能如愿以偿。但齐威王发誓要振作之后，一改以往的行事风格，不再把政事都交给卿大夫打理，也不一味听信近臣的话。为了掌握真实情况，他挑选可信的使者到各地明察暗访。果然，不看不知道，一看吓一跳。听了使者汇报，齐威王不禁大吃一惊，原来各地情况与他想象的迥然不同，形势并非一片大好，除了个别地方，总体上都不妙。尤其是，即墨、阿地的实际状况与他过去的印象截然相反。于是，齐威王立即下令，急召这两地长官来都城。

即墨大夫、阿大夫风尘仆仆，不日来到都城临淄。即墨大夫心平气和，带着两个随从下榻驿馆，静候国君召见。阿大夫喜形于色，满以为高升在望，带着一班随从和无数财宝四处活动，向那些近臣赠送厚礼，以感谢他们在威王面前替自己说话。

在召见即墨大夫时，齐威王和颜悦色地对他说："自从你到即墨为官之后，时常能听到诋毁你的言论。但是，我派使者去实地考察，发现即墨形势很好，人民勤于耕作，生活富裕，社会安定。这证明你治理有方，你不巴结我身边的宠臣，不沽名钓誉，难能可贵。你这样埋头实干，我绝不能让你吃亏。"齐威王说话算数，随即封万户与即墨大夫，并通报嘉奖。

在召见阿大夫时，齐威王不动声色对他说："自你镇守阿地以来，赞美你的言论源源不断。然而，我派使者去阿地暗访，发现实际情况很不好，田地荒芜，仓库空虚，民众贫苦。此外，你还疏于防务，当年赵国进攻甄地，你没有前往救援；卫国侵略薛陵，你佯装不知，不见踪影。你不惜以重金贿赂我的近臣，无非是追求好名声。"阿大夫惊慌失措，连忙跪拜求饶，齐威王厉声申斥："我已经被你们蒙蔽多时，这次决不能轻易放过……"于是齐威王下令烹煮了阿大夫，包括平日赞誉他的近臣一并处以烹刑。

即墨大夫获得封赏，阿大夫等人被处死，犹如在齐国官场爆发了一场大地震，触及大小官吏的灵魂。一时间，官场风气

齐威王旌贤去奸

大变。对于这个事件的影响，司马迁做了这样的评述："于是
齐国震惧，人人不敢饰非，务尽其诚，齐国大治。"

的确，齐威王此举让人看到新的价值取向和用人导向。对
于即墨大夫这样埋头实干的老实人，齐威王不仅不让他吃亏，
而且给予重用重赏，无疑有助于倡导并形成务实风尚；对于阿
大夫这样圆滑浮夸的官员，不仅对其本人处以重刑，而且惩治
那些吹捧者，势必遏制浮夸之风，使投机取巧者失去市场。一
旦崇尚实干、务尽其诚的风气形成，这个国家的兴盛必然指日

可待。

难能可贵的是，此后历任即墨大夫传承了实干作风，使即墨得到了良好的治理，拥有很强的综合实力。若干年以后，也就是齐湣王（威王之孙）末期，齐国遭到燕国攻击，包括首都在内多半国土被占领，唯有即墨、莒城两地得以保全。即墨大夫身先士卒，虽然英勇牺牲，但城池没有失守。故而，田单得以举即墨之力，利用牛阵进行反击，最终打败燕国军队，收复所有失地；齐国既而起死回生，逐渐恢复元气。历任即墨大夫的务实，为实干兴邦做了很好的诠释，也证明齐威王当初整饬吏治的决定极有远见。

——原载于 2015 年 1 月 15 日《湖北社会科学报》

西汉衰败何以始于汉元帝

史家认为："汉室盛衰，当以宣、元为界。"（吕思勉语）也就是说，宣帝在位及以前，西汉王朝较为兴盛；自元帝以后，国势由盛而衰。

汉元帝刘奭为西汉第八任皇帝，系汉宣帝刘询与嫡妻许平君所生之子，黄龙元年（前49年）即位，做了16年皇帝。在人们印象中，导致王朝走向衰败的君主绝非良善，要么昏庸，要么残暴。然而，汉元帝既不是昏君，也不是暴君，为何从他开始国势由盛转衰呢？

性情柔弱缺乏主见

宣帝临终前，已为元帝安排"三驾马车"辅政，以乐陵侯史高领衔，太子太傅萧望之、少傅周堪为副。史高是宣帝祖母史良娣的侄孙，宣帝幼年时养在史家，与史高关系密切。

汉元帝

重用外戚是西汉的政治传统，宣帝也不例外。萧望之、周堪都是元帝的老师，一代名儒。元帝即位后，对两位恩师格外倚重，多次宴见两人，探讨治国方略。萧望之随后又引荐宗室大儒刘更生（成帝时改名刘向）、侍中金敞参与朝政，四位儒臣"同心谋议，劝导上以古制，多所欲匡正；上甚乡纳之"（《资治通鉴·汉纪二十》）。

元帝的信任与支持，似乎让萧望之等儒臣看到施展抱负的希望。然而，元帝与儒臣相得益彰的好景并不久长。元帝对两位老师特别信任，无疑让儒臣的影响力与日俱增，同时也让被冷落的史高心理失衡，并与萧望之产生嫌隙，权力斗争的阴影随即笼罩朝廷。史高与宦官里外呼应，坚持按照故事或惯例办事，反对萧望之推行改革。萧望之忧虑外戚放纵、宦官擅权，于是向元帝建议：中书机构是国家政事之本，应由贤明公正之士掌管，武帝优游饮宴于后庭，任用宦官掌管中书，不合乎国家旧制，且违反"古不近刑人之义"，必须予以纠正。元帝初即位，由于谦让，不敢作出调整、议论久而不决。萧望之提出此动议，却招致宦官中书令弘恭、仆射石显等人嫉恨，于是他们与史、许两姓外戚联手，共同对付萧望之。

碰巧有一个叫郑朋的"墙头草"，起初依附并吹捧萧望之，萧望之发现他行为不端，断绝与他来往；郑朋转而投靠外戚许章，扬言萧望之有过失五条、大罪一桩。石显认为时机到了，趁萧望之休假之际让人上奏元帝，元帝将此事交给弘恭处理。面对弘恭询问，萧望之坦言，外戚当权多有不法之处，之所以弹劾他们，意在匡正朝纲，并非阴谋与离间。为此，弘恭、石显向元帝报告说，萧望之结党营私，多次攻击朝中大臣，企图独揽大权，建议"谒者召致廷尉"（即逮捕入狱）。元帝不明白召致廷尉为下狱，当即批准了。后来元帝发现不对劲，敦促将萧望之释放并复职。石显从中作梗，萧望之虽被释放，但革职为民。数月以后，元帝觉得过意不去，下诏封萧望之为关内侯并准备起用他为丞相。萧望之儿子萧伋听说元帝要起用父亲，就上书为父亲之前入狱鸣冤，弘恭、石显便在元帝面前竭力诋毁萧望之，并唆使元帝下达拘捕令。萧望之性情刚直，不愿忍受再入狱的羞辱，在家饮鸩自杀。只用两个回合，萧望之就被逼死。

萧望之饮鸩自杀，元帝非常震惊，为之痛哭流涕，责怪弘恭、石显等人害死自己的贤傅。师傅含冤身亡，让元帝终生难以释怀，追念不已。此后每年忌日，他都派使者前往萧望之墓地祠祭。尽管他们师生感情颇深，但元帝对萧望之的死负有不可推卸的责任。在这个事件上，元帝的性格缺点暴露无遗。如果他坚信萧望之贤良忠诚，完全可以使他免遭小人陷害。可是元帝耳根软，缺乏主见，容易被宦官左右。两次让萧望之下狱，都是听信小人谗言而草率下诏。第一次是他不知"招致廷尉为下狱"，轻易被宦官忽悠；第二次是他明知师傅性情刚烈，仍被宦官牵着鼻子走，让师傅再次蒙羞。再者，他已然知晓师傅清白无辜，却没有惩治逼死师傅的幕后推手，只是口头责问弘恭、石显等人，使其"免冠谢"而已，事后对他们宠信如故。如此宽仁，实则是非不分、赏罚不明，使得宦官有恃无恐，日后更为放纵。

从萧望之之死，也能看出元帝政治上的短视与低能，空怀匡正理想，而缺乏战略眼光与政治谋略。毫无疑问，元帝若要推行新政有所作为，必须将儒臣作为主要依靠力量。毕竟萧望之等儒臣不仅胸怀治国平天下的理想，而且具有较高的治理能力与道德修养。而宦官、外戚主要在乎自身的利益，既缺乏对天下的担当，又缺乏做人的操守，只要满足一己私欲，哪管死后洪水滔天。元帝居然让宦官逼死萧望之，放逐其他儒臣，无异于自废武功，自断臂膀。尽管他后来起用了不少儒臣，但只有依附宦官的儒臣才得以保全，他们或者与宦官沆瀣一气，或者明哲保身、尸位素餐；而那些不依附宦官的儒臣，不是被坑害致死，就是被挤出朝廷。所以，综观元帝一生，其"好儒"如同叶公好龙，并没有组建以儒臣为枢纽的领导班底，自身虽然躬行恭俭，却让宦官主导朝政，故不能推出一系列善政，更谈不上实行善治。

倚重宦官威权旁落

外戚、儒臣、宦官三股势力角逐，宦官最终成了大赢家。萧望之死后不久，中书令弘恭当年病死，石显继任中书令。此后，中枢权力急剧失衡，向石显一方倾斜。出于对石显的信任及自身健康原因，元帝将朝政全部委托他处理，事无大小，都由他汇报决断。于是石显威权日盛，贵幸倾朝，公卿以下无不畏惧他。石显俨然一言九鼎，"重足一迹"。元帝虽为天子，权柄却握在石显手中，一切任石显说了算。

元帝之所以特别宠信宦官，主要基于一种天真的想法，认为宦官没有家室，不会缔结"外党"。但这是一种错觉，石显之流其实颇擅长"结党"，他不仅与宫廷太监结为"内党"，而且勾结史丹、许嘉等外戚，并拉拢那些见风使舵的匡衡、贡禹、五鹿充宗等儒臣，结为"外党"；内外呼应，兴风作浪，党同伐异。易学大师京房曾提醒元帝不要宠信佞臣，元帝却执迷不悟，依然听任石显专权；京房触怒石显，很快被逐出朝廷，随后又因"非谤政治"而被处死。

当然，石显能得到元帝信赖，必然有他的过人之处。此人聪慧灵巧，熟稔事务，精通法典，善于探知皇上心意。但是，他心理阴暗，狡诈毒辣，报复心强，故而掌权之后，他把心力都用于巩固权势，结党营私，排斥异己。

元帝"好儒"，石显乐于投其所好。萧望之含冤而死，朝廷内外议论纷纷，石显为了逃避责任，转而向儒士示好，极力向元帝推荐大儒贡禹，让他担任御史大夫。此举，收到一箭三雕的效果：一则迎合元帝意趣，二则讨好天下儒士，三则博得举贤任能的好名声。此后，凡是依附石显的儒士，都会得到重用，官运亨通。如匡衡、五鹿充宗，分别官拜丞相、尚书令。如果不依附或反对石显，即使是元帝亲自选用的，也要被他排除。元帝重新起用周堪，并提拔其学生张猛，石显不是在元帝面前谮毁，就是暗中捣鬼，使元帝无所适从，逐渐疏远两人。周堪后来含恨病逝，张猛被逼自杀。

石显心狠手辣，睚眦必报，手段高超。凡得罪过他的，他绝不放过，并且善于走法律程序惩治他人，让人哑巴吃黄连，有苦说不出，有冤无法诉。他总能在不动声色中置人于死地，既能获得儒士的好感，又能得到皇帝的信任。许多事情，一经

他插手，就会弄得真假难辨，似是而非，以致连当事人也摸不着头脑。元帝常被他糊弄，无法明辨是非。石显心知肚明，自己只是狐假虎威，借元帝宠信才得以弄权，如果哪一天失宠，也就失去一切。为此，他不时在元帝面前表现出忠诚，以巩固元帝对自己的信任。有一次，石显借奉命到各官府协调事宜之际，请求元帝说："臣恐怕回来晚了，宫门已关闭，请准许我以奉诏命为由叫开宫门。"元帝同意了。石显于是故意到半夜才回宫，然后以诏命叫开宫门。后来果然有人上书弹劾石显"矫诏开宫门"。元帝看了奏章，笑着拿给石显看，石显趁机痛哭流涕，说自己承蒙天子厚爱，担当重任，不免引起诸多大臣嫉妒，招致无端陷害，为了保全性命，情愿在后宫做扫除杂役。元帝眼看他受了委屈，给予安慰与赏赐，依然对他宠信有加。就这样，石显略施小技，就把宽厚的元帝搞定。

尽管石显熟悉法典，精于权术，但缺乏治国理政才能。如此心术不正的人，虽然不能造福于国家与民众，却能追求个人利益最大化，成为贪腐的"大老虎"。据史料记载，石显接受赏赐与贿赂的钱财总共超过一万万钱，这在当时绝对是一个天文数字。更可怕的是，在这个"大老虎"擅权期间，纲纪紊乱，吏治腐败，欺上罔下，贿赂公行，奸佞得势，正气不畅。王昭君因为不愿出钱行贿，画师便将她丑化，使其不得不出塞远嫁匈奴；当元帝发现她貌若天仙时，已然悔之晚矣，纵使处死画师，却永远失去第一美人。

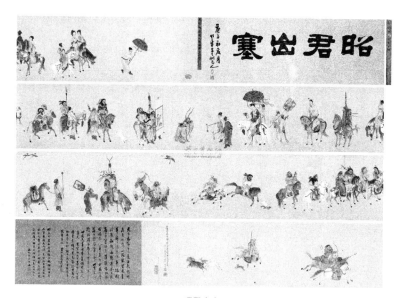

昭君出塞

失去王昭君，虽为一大憾事，倒让元帝顿时惊悟。然而，对于宦官危害国家，他始终未能悟察。司马光在书写这段历史的时候，禁不住感叹："甚矣，孝元之为君，易欺而难悟也。"说白了，元帝太好糊弄，居然让石显玩弄于股掌之间。在帝制时代，大权旁落乃为君之大忌，尤其是想要有所作为的君主，必须善用最高权力施展抱负。所以，意大利著名政论家马基雅维里在《君主论》中指出，君主应懂得权谋，既要有狮子般勇敢，又要有狐狸般狡猾，不能被谄媚者蒙蔽或左右。其实，中国先秦时代法家早就提出类似的观点，可惜汉元帝不懂得为君之道，一味宠信宦官，甘愿大权旁落，自觉或不自觉地在为西汉衰败埋下伏笔。

治乱兴衰何以难免

汉元帝去世之后，太子刘骜即位，是为汉成帝。进入成帝时代，石显被逐出朝廷，宦官势力急剧弱化。成帝荒淫奢侈，个人品德远不及元帝，而优柔寡断却有过之而无不及。"汉治陵夷，始于元帝，而其大坏则自成帝。"（吕思勉语）究其原因，就是成帝过于倚重外戚，权柄被外戚掌控。太后王政君的八位兄弟（除王曼早逝外）无不位高权重，其中五人居然同日被封侯；王氏子弟分别为卿、大夫、侍中、诸曹，占据要职，遍布朝廷。外戚得势，专横跋扈，骄奢淫逸，政治日益腐败。西汉政权最终难以为继，以致外戚王莽取而代之。经过重新洗牌，政权又落入刘氏手中，东汉王朝得以建立。不过，东汉免不了重复西汉的故事，几位有为君主开创"中兴"局面之后，继任君主又开始重用外戚与宦官，到了桓、灵两帝时期，宦官、外戚两股势力已将国家折腾得千疮百孔，不可避免地土崩瓦解，从而进入战乱频仍的三国时代。

客观地说，汉元帝不失为一位多才多艺、品行不错的好人。但是，好人不一定是好君。作为君主，汉元帝谈不上优秀，主要是性格与能力问题。史书说他："柔仁好儒。"一个君主胸怀宽弘柔软，主张行仁政，偏好重用儒臣，应该是好事。问题是，汉元帝的宽柔最终表现为优柔寡断、软弱可欺，不能驾驭局势，听任宦官专权，败坏纲纪，危害社稷。

但是，若要深入思考，就会发现病灶其实源于汉武帝，或者说是汉武帝埋下了宦官专权的祸根。汉武帝后期为了强化皇权专制，同时兼顾个人享乐，特地建立中书、尚书制度，任用宦官担任中书令，朝位在丞相之上，从而降低丞相地位，削弱丞相职权，进而形成"内廷"与"外朝"，重大事项由"内廷"决策，"外朝"只是奉旨行事。这样的制度安排显然不合理，但汉武帝是颇有雄才大略的强人，可以收放自如，宦官职权再大，只能牵制丞相，而不能动摇他的权威，如同孙悟空跳不出如来佛的手心。后来汉昭帝即位，由强势的霍光执政，也不会出问题；汉宣帝聪慧睿智，刚柔相济，也能掌握大局。而元帝优柔寡断，过于宽厚，重用宦官的问题就不免暴露出来。石显之所以"议论常持故事"，就是秉承武帝时故事或先例，为自己擅权寻找法理依据。同理，汉武帝重用外戚不出问题，宣帝重用外戚也不出问题，而成帝重用外戚就出问题，关键在于汉成帝只是元帝式的常人，而不是武帝式的强人。

综观历史，也不能过于责怪汉武帝作出那样的制度安排。毕竟被宦官祸害的王朝不只是西汉、东汉，除了宋朝，汉人所建立的大一统王朝，几乎都葬送于宦官手里。秦朝急剧灭亡，宦官赵高无疑是罪魁祸首。大唐分崩离析，病根在于宦官与藩镇两股势力。明朝走向衰败，也与宦官专权分不开。有意思的是，太祖朱元璋明确立下"宦官不得干政"的禁令，告诫子孙必须遵循。而有明一代，宦官干政最为猖獗，为害最为剧烈。所以，从更深层次反思，宦官干政问题，并不在于宦官本身，而应从根本制度（帝制）找原因。毕竟宦官依附皇帝而存在，并倚仗皇帝而发挥作用。对于古代皇帝而言，稳固自身皇位是其核心利益，为此会有诸多顾忌。重用皇族宗室，担忧他们觊觎皇位；重用士大夫，害怕出现权臣；而宦官是自己身边人，他们没有家室，似乎值得信任。殊不知，宦官这种受过宫刑的特殊群体，人格与心理已然变态，重用他们势必带来更大危害。遗憾的是，这样的故事在帝制时代不断发生，明知前朝因此衰亡，后世君主却仍旧效仿，重蹈覆辙。

回头再看汉元帝，既然在他前后都出现过宦官为害问题，那么就不完全是他个人原因。如若国家兴亡仅维系于某一个人，说明这个制度安排有问题。毕竟好的制度安排，即便是常人，也能进行有效治理。而古代帝制，似乎只有明君或强人才能"治"，否则就会"乱"，这充分证明帝制本身有问题，毕竟明君或强人可遇而不可求，更多的是常人。所以，要使国家长治久安，关键在于根本制度的安排。只有构建科学合理的治理体系，并确保该体系有效运行，才能走出兴衰交替、治乱循环的怪圈。

——原载于 2015 年第 9 期《文史天地》杂志

汉灵帝卖官误国

卖官鬻爵，在中国可谓历史悠久，最早能追溯到秦代。据《史记·秦始皇本纪》记载：秦始皇四年（前218年），"蝗虫从东方来，蔽天，天下疫；百姓纳粟千石，拜爵一级"。这意味着，百姓每缴纳千石粮食，可以授予一级爵位，朝廷借卖爵赈灾。汉武帝时期，由于对外连年征战导致国库空虚，朝廷决定缴纳钱粮者可以获得官爵或赎罪。秦汉以后，如若出现财政危机，一些王朝也会通过卖官鬻爵创收。到清代中晚期，官职买卖渐趋正规化、常态化，捐钱买官已成为进入仕途的一大门径；不过，捐官的级别不得超过四品道台。

综观历史，最热衷于卖官鬻爵的皇帝莫过于汉灵帝。

汉灵帝刘宏（156—189年），系汉章帝刘炟之玄孙、河间孝王刘开之曾孙。他生长于冀州河间（今河北深州），世袭解渎亭侯，父亲刘苌早逝，在母亲董氏照料下，度过不太快乐的童年。167年冬天，没有子嗣的汉桓帝逝世，12岁的刘宏忽然

汉灵帝

时来运转，经侍御史刘儵推荐、被外戚窦武与窦太后确定为接班人。第二年正月，刘宏正式即位，改元建宁（168年），成为东汉第十一任皇帝（庙号汉灵帝）。

光和元年（178年），在位十年的汉灵帝依然年轻，正处于人生的黄金时段，如若励精图治，或许有所作为。但这一年，这个年轻的皇帝却将注意力投向卖官，一门心思搞起创收。

《资治通鉴·汉纪四十九》记载："是岁，初开西邸卖官，入钱各有差：二千石二千万；四百石四百万；其以德次应选者半之，或三分之一；于西园立库以贮之。或诣阙上书占令长，随县好丑，丰约有价。富者则先入钱，贫者到官然后倍输。又私令左右卖公卿，公千万，卿五百万。"由此可见，汉灵帝一开始就出手不凡，所出售的官职级别之高、涉及范围之广，绝对是空前绝后的。

在汉代，三公九卿是中央政府常设官职，简称公卿。三公分别为司徒、司空、司马，司徒协助皇帝处理国家政务，司空下达皇帝诏书、掌管群臣奏章、兼理监察事务，司马管理军事。三公乃掌管国家军政大权的要员，其级别之高、地位之重不言而喻。如此级别的官职竟然拿出来买卖，恐怕只有汉灵帝想得出来。有道是，"不怕做不到，只怕想不到。"既然皇帝出台了卖官的好政策，哪怕级别再高的"三公"也会有人购买。

不过，理想与现实总会存在差距。汉灵帝明码标价，"二千石"（郡守级官职）售价二千万钱，"四百石"（县级官职）售价四百万钱；依此类推，"三公"的售价可高达一个亿。然而，汉灵帝即位以来，一直没有摆脱宦官专权的阴影，由于大兴"党锢之祸"，许多德才兼备的士大夫被杀害或禁锢，奸佞小人掌权，政治腐败，社会混乱，经济衰落，财富缩水；即便是富豪，其购买力也相当有限。如果严格按照标价卖官，势必出现"有价无市"的局面。好在灵帝颇为机灵，自己制定政策自己灵活掌握，私下跟身边人交代，只要有人付出五百万或一千万，就可以获得公卿职位。

当时，专权的宦官巧取豪夺，占有巨额财富，所以"三公"

官位大都被他们抢购。曹嵩（曹操之父）系宦官曹腾养子，就是靠花钱买得"三公"要职。名士崔烈以五百万钱获得司徒职位，汉灵帝亲自出席他的就职仪式，看到崔烈踌躇满志的样子，他顿时感觉这笔买卖不划算，回头对身边的近臣说："我后悔欠考虑，这职位起码要卖一千万钱。"灵帝乳母程夫人在一旁回应说："崔公可是冀州名士，起初他不肯买官，幸亏我做他思想工作，他才同意出钱的！"崔烈虽然花钱升居高位，而他的声誉却急剧下降，士大夫嘲讽他身上散发铜臭味。

汉灵帝卖官的范围极其广泛，从中央到地方，各层次官职均可出售。此外，哪怕是朝廷正常任命或调整的官员，也得缴纳一定的费用，才能走马上任。这个费用，自然难不到贪官污吏，而于清廉官员则是难以承受之重。比如，司马直被任命为钜鹿太守，考虑到他为官清正，适当减免其任职费用。即便如此，他还是支付不起。所以，他接到了委任状，心里充满惆怅，顿时陷入艰难的抉择：要不要筹款缴费，走马上任呢？想来想去，他禁不住仰天长叹："身为父母官反而要去盘剥百姓，我实在于心不忍。"最后他决定递交辞呈，拒绝上任。途经孟津，他写好一份批评当局过失的奏折，随即服药自杀。

汉灵帝何以如此热衷于卖官创收？《资治通鉴》给出的答案是："初，帝为侯时常苦贫，及即位，每叹桓帝不能作家居，曾无私钱，故卖官聚钱以为私藏。"灵帝早年虽贵为王侯，由于父亲早逝，少年时代生活相对贫苦，幼小心灵便种下"厌贫""好货"的情结;尤其是当上皇帝后,发现前任皇帝竟然没有私钱以应付家居,不由得萌生积聚私钱的意愿。想来想去,觉得卖官不失为脱贫致富的捷径,于是就大张旗鼓地敞开卖官的大门。

然而,汉灵帝并不局限于卖官赚钱,为了满足对财富的占有欲,他广泛收集天下珍宝,凡是郡国贡献宝物,都直接输入内宫,美其名曰"导行费"。以往惯例,郡国贡献宝物都放入宫外国库收藏,而汉灵帝却以为,财宝只有放在自己身边才算真正拥有,心里才感觉踏实。中常侍吕强上疏劝谏:"天下之财,莫不生之阴阳,归之陛下,岂有公私?"可是,汉灵帝置之不理,一味打小算盘,拼命敛聚金银财宝以充实个人私藏。这真是利令智昏,身为富有天下的皇帝,却像市井无赖一样贪婪。

汉灵帝大肆卖官敛财,只是为了贪图享乐,穷奢极欲。他在西园大兴土木,建造宫室一千间,楼台水榭,奇花异石,美轮美奂。

在玩乐方面,他往往别出心裁,玩出新花样。光和四年(181年),他在后宫仿设集贸市场,仿造街市、店铺,让宫女嫔妃一部分扮成商人在叫卖,另一部分扮成顾客,还有的扮成卖唱的、杂耍的;而他自己则穿上商人服装,在集市上游逛,或在酒店中饮酒作乐,或与店主、顾客谈生意相互争吵,好不热闹。此外,他还在西园玩狗,让狗头戴官帽,身披绶带,人模狗样地溜达。在宦官的唆使下,他让驴子走进宫苑,亲自驾驶着四头驴拉的车子,在园内来回奔驰。京城洛阳的人竞相仿效,致使驴的售价急剧上涨，进而与马价相当。

不消说，汉灵帝卖官无疑产生诸多负面效应。首先是导致官员素质下降，官职凭钱获得，即为"唯财是举"，而不是"唯才是举"；提"钱"进步的官员，是否有才姑且不论，至少绝非德才兼备，因为能用巨款买官的大都是贪官或富豪，贪官可能有才却肯定无德，富豪虽有经济头脑却未必擅长政务。其次是导致行政效能低下，官员花钱任职后，往往会考虑"投入产出"，力争把买官的钱尽快捞回来，因此便疏于治理，乱作为或不作为。最后是导致民众负担加重，官员不直接创造财富，他们要弥补买官的支出并获得更多收益，势必想方设法盘剥百姓，"羊毛出在羊身上"，最终都要老百姓埋单。因此搞得民不聊生，甚至官逼民反，激化社会矛盾。

上述负面效应，所带来的后果极其严重。中平元年（184年），黄巾起义爆发，八州连锁反应。起义虽然被镇压了，而东汉王朝从此陷入分崩离析、军阀混战、生灵涂炭的局面。表面看，东汉王朝最终亡于汉献帝，归根到底，祸根则是其父汉灵帝埋下的。前期"党锢之祸"、中后期卖官敛财，就是汉灵帝亲手种的两大祸根，从而动摇东汉王朝的根本，使之滑入灭亡的轨道，渐行渐远，终究无法逆转。

——原载于2014年2月17日《学习时报》

惩小纵大　后患无穷
——晋武帝反贪不力的教训

西晋，是晋武帝司马炎所建立的王朝。与历代王朝一样，西晋也存在严重的贪腐现象，而晋武帝也未能予以有效整治。究其原因，关键在于他缺乏消弭贪腐的决心，只拍"苍蝇"而不打"老虎"，以至于"大老虎"充斥朝廷，竞相贪墨炫富，出现了历史上著名的斗富比阔的"太康奢华"之风。

惩小纵大，选择性反贪

泰始三年（267年），司录校尉李憙上奏：原立进县令刘友、前尚书山涛、中山王司马睦、故尚书仆射武陔各自侵占官府三更稻田，请求免去山涛、司马睦等官职；武陔已死，请追贬其谥号。李憙所弹劾的山涛、司马睦，一个是武帝的亲信大臣，一个是武帝的宗室兄弟，武帝不忍将他俩治罪，于是发布诏书：法者，天下之所以取正，必须不避亲贵，然后才能施行，我岂

晋武帝

敢枉纵于其间！但案察此事，皆是刘友所为。侵剥百姓，缪惑
朝士，奸吏居然敢做此事！应当严办刘友，以惩邪佞。至于山
涛等人，如若不再犯错，可不必追究问罪。与此同时，诏书中
还对李憙予以褒扬：亢志在公，可谓邦之司直。

　　不难看出，晋武帝诿过于小县官刘友，是在为自己的权贵
亲信开脱罪责。实际上，避贵施贱，惩小纵大，是晋武帝的一

贯做法。他曾公开表示："尚书郎以下，我无所纵舍。"也就是说，尚书郎以下的小官贪腐，他会毫不留情地惩治，位高权重的贪官却纵容包庇。对此，司马光在《资治通鉴》中评论："政之大本，在于刑赏，刑赏不明，政何以成！晋武帝赦山涛而褒李憙，其于刑赏两失之。使憙所言为是，则涛不可赦；所言为非，则憙不足褒。褒之使言，言而不用，怨结于下，威玩于上，将安用之？且四臣同罪，刘友伏诛而涛等不问，避贵施贱，可谓政乎？"

司马伦（司马懿第九子、晋武帝叔父）为人贪婪，曾指使散骑将刘缉买通宫中工匠盗窃御裘。案发后，廷尉杜友依法判处刘缉死刑弃市，司马伦应与刘缉同罪。有司认为司马伦爵位隆重，又是皇帝近亲，不可治罪。对此，谏议大夫刘毅驳议说："王法赏罚，只有不论贵贱，才可以齐礼制、明刑典。司马伦明知御裘非常人所用，而隐匿不向狱卒供述，与刘缉既已同罪，可按亲贵地位评议减罪，但不能阙而不咎。"晋武帝虽然赞同刘毅的驳议，但仍以司马伦为皇室近亲，特地下诏赦免了他。

中护军、散骑常侍羊琇，与晋武帝有旧恩，掌管禁军、参与机密十多年，恃宠骄侈，多次犯法。司隶校尉刘毅劾奏，应将他治罪处死。晋武帝随即指派齐王司马攸出面，为羊琇求情。都官从事程卫迅速驰入护军营，拿羊琇的下属拷问，查清其犯罪事实，向刘毅报告。晋武帝迫不得已，只好免去羊琇官职。不久以后，又让他官复原职。

侍中王戎出身于琅琊大族，为当时名士，曾接受南郡太守
刘肇的贿赂，被司隶校尉纠察弹劾；王戎闻风而动，及时退还
赃物。晋武帝庇护王戎，没有将他治罪，引起朝士非议。于是
晋武帝对朝中大臣说："王戎的行为，岂能算是怀私贪得？只
是不愿做异于他人的另类而已。"作为皇帝竟然默许官场贿赂
潜规则，真是令人匪夷所思。

吏治腐败，奢华风盛行

晋武帝的庇护与纵容，导致吏治日益腐败，贪墨奢侈之风
极为盛行，众多"老虎"云集于朝堂之上。这些"老虎"巧取
豪夺，大肆聚敛钱财，以贪腐为能，以奢华为荣。当时，石崇、
王恺、羊琇等达官显贵热衷于炫耀，争豪斗富。石崇与王恺比阔，
着实让人大开眼界：王恺以糖浆洗锅，石崇即以蜡代薪；王恺
以紫丝布做步障四十里，石崇即用锦绣做步障五十里超越；石
崇以花椒粉涂屋，王恺便用赤石腊粉饰。晋武帝时常挺舅父王
恺，曾赐他一棵高三尺许、枝柯抉疏、世所罕见的珊瑚树；王
恺十分得意，把这棵珊瑚树拿到石崇面前炫耀，石崇二话没说，
竟用铁如意将它击碎。王恺以为石崇嫉妒自己的宝贝，惋惜之
余，不禁声色俱厉予以斥责。石崇淡然一笑，漫不经心地劝慰道：
你不值得这样气恼，我现在就偿还。随即令手下把家藏的珊瑚
树都搬过来，其中高三四尺、条干精美、光彩夺目的就有六七株，

石崇

类似王恺那品相的则更多。王恺看了，双眼迷离，十分失意。

石崇何以如此富有？因为他就是一只名副其实的"大老虎"。

石崇乃西晋开国功臣石苞之子，石苞临死前将其财产分给诸子，唯独不予石崇。其妻为石崇求情，石苞说："此儿虽小，后自能得。"石崇二十余岁做武修令，从此历任散骑郎、阳城太守、黄门郎、侍中、荆州刺史、领南蛮校尉、加鹰杨将军等职，后来官至太仆、卫尉，以功臣之子且伐吴有功而深得晋武帝器重。无论在地方亦或朝廷为官，他都表现得聪明能干，同时也很任侠与任性，行为不检点。他在荆州任刺史期间，不断掠取往来商人的货物，甚至连外国使者的贡物也强加劫夺，一路贪腐下来，竟成全国首屈一指的巨富。《晋书·石崇传》如此描述他的富有："财产丰积，室宇宏丽。后房百数，皆曳纨绣、珥金翠。丝竹尽当时之选，庖膳穷水陆之珍。"

与石崇竞相斗富的王恺、羊琇均为皇亲国戚，凭借晋武帝的特殊关照，也就自然而然富位居"巨富"（实为"老虎"）行列。上文提到的王戎，后来官至司徒（相当于宰相），却不能尽职理政，而贪图虚名、钱财与享乐。他的所作所为，为后世所不齿，受到司马光严厉批评："戎为三公，与时沉浮，无所匡救，委事僚寀，轻出游放。性复贪吝，园田遍天下，每自执牙筹，昼夜会计，常若不足。家有好李，卖之恐人得种，常钻其核。凡所赏拔，专事虚名。"（《资治通鉴·晋纪四》）王戎高居三公之位，竟然比市侩还市侩！

"老虎"如云，埋崩溃祸根

客观地说，晋武帝算是颇有作为的开国君主，在平定天下、革新政治、发展经济、繁荣文化上都有建树。他前期厉行节俭，虚心纳谏，用人唯贤，励精图治。但是，自从平定孙吴统一全国以后，他就开始怠于政事，耽于游宴，纵情声色。其后宫妃嫔众多，佳丽数以万计，每晚要临幸哪个妃子就成为头痛的问题。于是他想出一个办法，乘坐羊车在宫苑随意行走，羊在哪里停下，他就在哪里宠幸嫔妃。于是，宫人用竹叶插户，用盐水洒地，以吸引羊车停留。

太康三年（282年）春，晋武帝"亲祀南郊"完毕，询问刘毅："你以为我可比汉代哪个皇帝？"刘毅当即对答："可比桓、灵二帝。"桓、灵二帝非常昏庸，他们在位年间，是东汉最为腐败黑暗的时期，也是王朝迅速走向崩溃的时期。

听到自己被比作昏君，晋武帝很不高兴，禁不住反问："不至如此吧？我德虽不及古人，犹克己为政。又平吴会，混一天下，桓、灵二帝岂能与我相提并论。"刘毅从容回应："桓、灵卖官钱入官库，陛下卖官钱入私门，如此说来，恐怕还不如。"晋武帝面红耳赤，只好自我解嘲："桓、灵之世，不闻此言，如今我有你这样的直臣，证明我胜过他们。"

透过刘毅的对答，可知晋武帝已从有为之君蜕化为卖官捞钱的腐败分子（堪称"超级大老虎"）。作为超级大老虎，需要众多老虎的阿谀与供奉，所以他对贪腐保持极大宽容，听凭大小老虎任性妄为；即便查处腐败分子，也是选择性的，惩小纵大，不能刮骨疗毒。皇帝骄奢淫逸，卖官敛财，无疑产生示范作用，上行下效，贪财奢靡之风弥漫朝野。当时官场乃至社会均以奢华相尚，权贵无不贪图享乐，嗜钱如命，聚敛无厌，不惜贪赃枉法，不择手段谋取钱财。

　　晋武帝去世，惠帝司马衷即位，宫廷内斗频仍，最终引发"八王之乱"。这次战乱，极大地消耗了西晋的国力，促成西晋王朝加剧土崩瓦解，致使北方游牧民族占据中原，国家陷入战乱与分裂，给人民带来巨大创痛，"祸难之极，振古未闻"。《晋书·八王传序》分析此次祸乱原因时指出："付托失所，授任乖方，政令不恒，赏罚斯滥，或有才而不任，或无罪而见诛。朝为伊周，夕为莽卓，机权失于上，横乱作于下。"除了错选白痴司马衷作为接班人外，其他问题都可以归结为腐败问题。晋武帝选择性反贪，纵容老虎，致使腐败愈演愈烈。王公外戚也好，达官贵人也好，不仅攫取钱财，沉湎享乐，而且尔虞我诈，争权夺利。这些大老虎在危难时刻，只顾个人利益，相互残杀。《红楼梦》中贾探春说过："可知这样大族人家，若从外头杀来，一时是杀不死的，这是古人曾说的'百足之虫、死而不僵'，必须先从家里自杀自灭起来，才能一败涂地！"诚然如此，西晋的灭亡无疑是自身腐败与自相残杀所致，其病根不能不追溯到晋武帝。

——原载于 2015 年 4 月 24 日《中国纪检监察报》

北魏孝文帝的改革与反贪

北魏孝文帝拓跋宏（元宏）是一位颇有作为的君主。公元471年，年仅5岁的拓跋宏因父亲献文帝禅让而即位，成为北魏王朝第六位皇帝。孝文帝年幼时，其祖母冯太后称制，改革朝政，推行汉化。孝文帝亲政之后，秉承冯太后执政理念，不遗余力地推进改革，严厉惩治贪官污吏，促进了北魏王朝的文明进步，经济与文化都有了很大发展，综合国力日益增强。

文明的瓶颈

西晋灭亡之后，中国北方陷入大动乱，进入五胡十六国时期。匈奴、鲜卑、羯、氐、羌这五个民族与汉人先后建立了前赵、后赵、前秦、后秦、西秦、前凉、后凉、南凉、西凉、北凉、前燕、后燕、南燕、北燕、夏、成汉十六个割据政权，此外，还有仇池、代国、高句丽、冉魏、西燕、吐谷浑、谯蜀、翟魏等。

五胡十六国，或相互对峙，或兼并重组，兴衰交替，相当

孝文帝礼佛图（浮雕）

繁乱；有的称雄一时，有的昙花一现，终究都是过眼云烟。鲜卑族拓跋氏自漠北兴起，逐渐向南拓展，进而统一中国北方，建立了北魏政权，结束了北方诸王国割据纷争的局面。中国历史从此进入南北对峙的南北朝时期。

北魏皇室拓跋氏虽然自称为黄帝后裔，其实是一支草原游牧部落，在汉人眼里仍是胡族之一。较之农耕民族，游牧民族更善于骑射，更强悍骁勇，在冷兵器时代，这是游牧民族的相对优势。鲜卑人充分发挥自身优势，一路奋力打拼，击败一个个对手，终于打出一片天下，入主华夏文明发源地中原。但是，游牧民族也有其局限性，除了武力之外，缺乏先进的文化与制度。北魏王朝在建国之前，只是一个庞大的部落联盟，社会发展还处于部落文明阶段，而中原地区早已创造高度的文明，并出现过文化发达、国力强盛的大汉王朝。

"马上"得天下，但不能"马上"治之。五胡十国的更替，对这个历史教训作出了很好的证明。后赵石勒、前秦符坚、后秦姚兴这三位算是明智的君主，还能把国家治理得像模像样。除此之外，其他大小君主多为无道昏君，一个比一个荒淫残暴，把国家搞得昏天黑地，宛如人间地狱。那些昏君之所以昏暗，关键在于缺乏清醒的文化自觉，只顾满足本能与权力的欲望，而不能主动学习先进的中原文化与制度。来自相对落后民族的统治者，若不脱胎换骨地与文明接轨，其统治注定不会长久。

鲜卑人拓跋氏建立北魏王朝之后，同样面临着如何治理胡汉混杂国家的问题。相对其他胡族而言，拓跋氏更有文化自觉性，他们不仅自称为黄帝后裔，而且主动拥抱华夏文明。自拓跋力微开始，拓跋氏从部落过渡到国家的过程，也是不断汉化的过程。道武帝拓跋珪攻克后燕，进入中原，更加速汉化。登国十年（395年），拓跋珪大败慕容宝于参合陂，"于俘虏之中，擢其才识者贾彝、贾闰、晁崇等，与参谋议，宪章故实"（《魏书·太祖纪》）。皇始元年（396年），建置百官，封拜官爵，重用后燕降人崔逞、高湖、封懿等。明元帝拓跋嗣好览史传，精通汉学，曾下诏求贤，征用有文武才干之士。太武帝拓跋焘时，于平城东建立了太学，祀孔子，以颜渊配祭；拓跋焘还特地征召汉人的士族才俊担任要职，任命清河崔浩修订典章制度。

尽管北魏初期统治者实行了汉化，但尚未与华夏文明完全接轨。拓跋氏进驻中原之后，带来了落后的生产关系，仍旧保存着奴隶制的残余。北魏初年还将大量战俘作为奴婢，分赐百官，供主子役使。尤其在农村，北魏没有建立基层组织，未能进行有效治理。"魏无乡党之法，唯立宗主督护；民多隐冒，三五十家始为一户。"（《资治通鉴》卷第一百三十六）"魏初，民多荫附；荫附者皆无官役，而豪强征敛倍于公赋。"（《魏书·食货志》）此外，由于尚未建立完备的法律制度，致使官员贪赃枉法，肆无忌惮地盘剥民众，加上统治者依然任性残暴，无疑容易激化社会矛盾，引起民变事件不时发生。

残存的部落文明面临着瓶颈问题，若要维持拓跋氏的长久统治，就必须缓解社会矛盾，为此必须改变统治办法，改革落后的制度，摒弃粗鄙的文化，接受汉人先进的文明。否则，北魏王朝将重蹈五胡十国覆辙，短暂强盛后就灰飞烟灭。

全面的改革

要突破文明的瓶颈，除了改革，别无选择。年轻的孝文帝审时度势，积极主动地推行改革。实际上，在冯太后称制期间，已然启动了改革，推出了一些新政。相对而言，孝文帝所推行的改革更为全面更为彻底。当然，孝文帝并非另起炉灶，而是以汉人的文明为参照，全面吸纳与仿效，故而他的改革又称为"汉化运动"。这个汉化运动，涉及政治、经济、文化、社会习俗等领域。

在政治上，主要是改革官制，依照魏晋官制，在中央设置三师、三公、尚书、中书、四征、四镇和九卿等文武官职，地方上则州设刺史，郡设太守，县设县令。其次整饬吏治，加强对官员的考核与监督，经常指派官员巡行州郡，采访牧守政绩与得失：在任较久，且治绩好的，满一年升迁一级；治绩不好的即使就任不久，也要受到处罚，甚至降级。再次完善法制，陆续革去酷刑和滥罚，在务从宽仁的原则下建立了新的系统性律令，这就是太和年间完成的《北魏律》。这套律令借鉴前代经验，由中书令高闾集中中书省和秘书省的属官拟定草案，逐条细致修订，交群臣集体讨论，集思广益，最后由孝文帝审定。最重要的是迁都洛阳，太和十七年（493 年），孝文帝以南伐为借口，率领 30 万大军进驻洛阳，经过巧妙的斡旋与激烈的斗争，最终把国都从平城（今山西大同）迁到洛阳。这是政治上的一件大事，此举的成功，有利于推进其他的汉化工作。

在经济上，主要是实行均田制，太和九年，颁布了均田令，对不同性别的成年百姓和奴婢、耕牛都作了详尽的受田规定。授田有露田、桑田之别。露田种植谷物，不得买卖，七十岁时交还国家。桑田种植桑、榆、枣树，不须交还国家，可以出卖多余的部分，买进不足的部分。还授土地时对老少残疾鳏寡都给予适当的照顾。这项制度颁行后，第二年又推出三长制和新的租调制。设立乡党三长制，用以取代过去的宗主督护制，使得"课有常准，赋有恒分，包荫之户可出，侥幸之人可止"（《魏书·李冲传》）。新的租调制是与均田制相适应的赋役制度，它规定度以一夫一妇为征收单位，每年交调帛一匹，粟二石，比均田前户调帛二匹、絮二斤、丝一斤，粟二十石，要少得多。过去荫附户口很多，他们不向国家交纳租赋，却向地主豪强作出大量贡献。通过一系列改革，推行轻徭薄赋，既减轻了民众的负担，又增加了国家财政收入，可谓实现"双赢"。

在文化、社会习俗上，孝文帝重视推行汉人的礼乐文化，并亲自下笔制订礼仪律令。迁都洛阳后，孝文帝加速汉化进程，禁胡语胡服；朝廷上禁鲜卑语，改说汉语，"不得以北俗之语言于朝廷，若有违者，免所居官"（《魏书·高祖纪》）。鲜卑人不得编发左衽，无论男女都改穿汉装。鲜卑贵族在洛阳去世，不得归葬平城，并改他们的籍贯为河南洛阳。改鲜卑姓为汉姓，太和二十年，皇室拓跋氏改为元氏，太祖以来的八大著姓，都改为汉姓。禁止鲜卑人同姓通婚，使鲜卑贵族与汉人著姓望族通婚，通过婚姻关系，使鲜卑贵族与汉人士族高门结合起来；这不仅有利于消除双方的文化隔膜，而且使双方在血缘上相互交融，实现基因的强强组合，有利于人种的优化。

历史时常相似，孝文帝搞改革也曾遇到种种阻力，毕竟改革打破了原有格局，不仅要革除积习难改的风俗，而且要触及权贵豪强的利益。如迁都洛阳时，"旧人怀土，多所不愿"

（《魏书·李冲传》）。一些王公大臣（包括太子元恂）竭力反对迁都，并联合起来抵抗。孝文帝毫不妥协，针锋相对，处死太子元恂，打击保守势力，确保迁都成功。不管阻力有多大，只要他认为改革有利于江山社稷与文明进步，就会坚定不移地推行。做到这一点，无疑需要壮士断臂、刮骨疗毒的勇气与决心。

强力的反贪

孝文帝在大力推行改革的同时，面临着另一个重大问题，就是如何治理腐败。北魏从立国至孝文帝的三十多年间，一直没有建立完善的俸禄制度，起初靠战争抢夺财富以分赏官兵。随着中国北方的逐渐统一，战争逐渐减少，掠夺财富的可能性趋近于零。于是各级官员不得不变换手法，利用职权搜刮、贪污、经商以谋取钱财。官员贪赃枉法，百姓遭受盘剥，政治日益腐败。

其实，献文帝在位时已着手惩治腐败。皇兴四年（470年），献文帝发布诏令，规定官吏受贿羊一头、酒一斛者，罪至大辟，参预者以从坐论处。由于贪腐积重难返，加上缺乏正常的俸禄保障，即便严刑峻法，也无法遏制贪腐盛行的势头。当时，给事中张白泽曾向献文帝上奏，提出班禄酬廉的方案。但未能引起献文帝及时重视，加上献文帝过早禅位，事情就被搁置下来。

为了有效治理贪腐，孝文帝于太和八年（484年）正式下诏实行俸禄制。诏书明确规定了由班禄而增收的赋调定额，固定官司之禄所需的总额，从而减少了官吏从中截留贪污的机会。班行俸禄，让官吏拥有合法的收入保障，使得北魏官吏数十年习惯于掠夺、搜刮、贪腐的行为丧失了正当的理由或借口。所以，当时重臣中书监高闾认为，此举为制止贪腐的根本之策，"君班其俸，垂惠则厚，臣受其禄，感恩则深；于是贪残之心止""若不班禄，则贪者肆其奸情，清者无以自保"（《魏书·高闾传》）。

班行俸禄，意味着为官吏的合理需求与正当利益开"绿灯"。与此同时，孝文帝划出一道红线："禄行之后，赃满一匹者死。"既然开了绿灯，那就禁止闯红灯。"闯红灯"也好，"灯下黑"也好，都必须付出代价。为此，孝文帝采取一系列措施，整顿吏治，惩治腐败。这一年，孝文帝派遣使者巡视各地，发现问题及时查处，处死贪官达40余人。

在反贪问题上，孝文帝态度坚决，毫不含糊。无论皇亲国戚，还是功臣英雄，只要触犯了"红线"，一律加以惩处。秦益二州刺史李洪之，是孝文帝的亲舅祖，有司奏劾他"受赃狼藉，又以酷暴"，孝文帝在太华殿召集群臣讨论，决定让李洪之在家自裁。皇室成员临淮王拓跋提、章武王拓跋彬、汝阴王拓跋天赐、京兆王拓跋太兴、济阳王拓跋郁、赵郡王拓跋干等人，由于贪墨腐化，先后以"贪纵""贪婪""贪残""聚敛肆情""赎货""贪淫"等罪被惩处。幽州刺史张赦提，曾是功勋卓著的剿匪英雄，由于纵容妻子受贿，逐渐蜕化为贪官。散中大夫李真香出使幽州，发

皇帝吊比干文碑（北魏）

现张敕提贪赃枉法，随即上奏朝廷。张妻自恃朝中有人，反而进京诬告李真香。事实澄清之后，张敕提被判大辟极刑，孝文帝念他任游徼军将时剿寇有功，赐他在家自尽。齐州刺史高遵，性极贪鄙，四处敲诈勒索，亲属倚仗他的权势，横行乡里，争取货利；高遵的罪行被举报到朝廷，他用大量钱财请人出面说情，寄希望于宽大处理，但遭到孝文帝的拒绝，当即被处赐死。

孝文帝强力推行改革与反贪，给北魏政治带来了清新的局面。史书称赞孝文帝时代："肃明纲纪，赏罚必行，肇革旧轨，时多奉法。"（《魏书·良吏传序》）事实已然如此，说明孝文帝的改革是成功的，反贪是有效的。改革之所以成功，关键在于他具有高度的自觉性与坚定性，毅然肇革部落文明的旧轨，对接华夏文明的新轨；反贪之所以有效，关键在于肃明纲纪，完善制度（俸禄制）与法律（北魏律），承认并保障官吏的合法利益，依法惩治贪腐，做到赏罚必行。

尽管北魏王朝与中国所有封建王朝一样，最终难逃土崩瓦解的命运，但孝文帝却给后世留下弥足珍贵的政治文化遗产。可以说，后来隋唐的统一与强盛，直接受益于孝文帝的汉化改革。随着汉化的不断深入，汉人与胡人在血缘与文化上相互交融，渐渐形成关陇贵族集团。关陇贵族成员，"融治胡汉民族之有武力才智者""入则为相，出则为将"（陈寅恪语）。他们先后建立了北周、大隋、大唐三个帝国，其中具有鲜卑血统的李氏家族所建立的大唐帝国最为文明富强，谱写了中华文明史上最为恢宏、华贵、强盛的篇章。

——原载于 2015 年第 8 期《群言》杂志

隋代刮过浮夸风

隋炀帝杨广无疑是一个颇具争议的人物，尽管他对隋朝的灭亡负有不可推卸的责任，但不能因此否认他的功绩与才能。魏徵在《隋书》中说："炀帝爰在弱龄，早有令闻，南平吴会，北却匈奴，昆弟之中，独著声绩。"可见，炀帝年轻时也是出类拔萃的。即位之后，他在文治武功上均有建树，尤其是开凿大运河、开创科举制度，堪称功利千秋的伟业。

如此有为之君何以导致亡国，历代史家自有评说。不过，一滴水照见太阳的光辉，透过某一个事件，似乎也能找到问题的答案。据《资治通鉴》记载，大业六年（610年），隋朝当局曾刮起一阵浮夸风，整个事件着实耐人寻味，也令人啼笑皆非。

这一年正月十五，东都洛阳举行盛大的节日庆典。诸蕃酋长（外邦首领）及使节应邀观摩，隋炀帝亲切会见并宴请他们。来自全国各地的数万名文艺工作者汇集洛阳，参加各种文艺演出。当日，"于端门街盛陈百戏，戏场周围五千步，执丝竹者万八千人，声闻数十里，自昏至旦，灯火光烛天地"。这样闹腾了半个月，"所费巨万"。从此以后，闹元宵"岁以为常"，并成为中国传统节日。

演艺盛况与灯火辉煌，足以令人叹为观止。但是，当局并不满足于此，为了展现盛世的风采，还要营造更为繁华的景象，以便让外国人大开眼界。当时洛阳已是国际化都市，云集了众多西域胡人，经隋炀帝批准，特许胡人直接进入外郭城丰都市场参观或交易。市场事先被整饬一新，所有店铺都做了装饰，张灯结彩，盛设帷帐，店里珍货充积，琳琅满目，店主衣着华丽，神采奕奕；即便是卖菜的小贩，也会在店铺里铺上地毯。外国客人路过酒店，都会被邀请入坐，美酒佳肴款待；客人吃好喝好了，可以拍屁股走路，不必埋单；客人若要付钱，店主会婉拒说："咱中原大国很富足，老百姓进餐馆从来不用付钱。"想必，官方提前承诺给补贴，要不店家何以如此大方？

醉眼朦胧的胡人离开酒店，摇摇晃晃行走，一头撞上路边的树干。奇怪的是，他没感觉到疼痛，睁开醉眼一看，原来路边的树干都被丝绸所缠绕。胡人脑子没撞晕，心里一愣，禁不住询问路过的市民："我也见过中国有穷人，他们衣不蔽体，为什么不把这些丝绸给他们做衣服，而用于缠树呢？"市民默不作声，脸上浮现出惭愧的神情。这真是百密一疏，假如有关方面把那些穷人搜捕遣散到荒郊野外，胡人就不至于看出破绽。

隋炀帝这样大肆铺张，无非是忽悠外国人，让他们见识大

隋炀帝

隋帝国的繁荣富强，证明自己是英明伟大的圣王。说实话，那时候的隋炀帝颇有骄傲的本钱。即位以来，帝国的经济总量、人口数量、综合国力都呈现递增趋势；东都建设、运河开凿，体现了大手笔；对突厥、吐谷浑、契丹作战，取得了新胜利；开创科举、整饬吏治，焕发了新活力。但在成绩面前，隋炀帝不禁自我膨胀，乃至飘飘然。他曾经自负地对侍臣说："天下人都以为我是生在皇家而继承皇位拥有四海，但我并不完全认同，假若让我与天下士大夫公开比试，以文韬武略竞选皇位，我会当之无愧获胜成为天子！"进入极端自负与膨胀状态之后，隋炀帝俨然有了更远大的抱负与追求：要建立旷世伟业，使大隋帝国成为"四夷宾服"的霸主，自己成为"万邦来朝"的世界领袖。这一次元宵盛典，就是他迈向更高追求的起点。

不过，盛典虽然繁华，却难以掩饰做秀的痕迹，所以外国人未必信以为真。倒是隋炀帝被自己营造的假象所陶醉，一心沉醉于建立伟业的梦想。在他看来，凡是自己想做的事情，都可以动用全国资源办成。好大喜功的他当然不会计较成本，但对于天下百姓来说，每件事情都要付出苦涩与艰辛。据史料记载，此前完成的三大工程耗费惊人：大业元年修东都洛阳，历时十个月，每月用工两百万；大业三年修长城，征用民工百余万；大业元年至六年修大运河，动用民工三百余万。

众多工程的兴建与几次对外用兵，已然消耗大量人力物力。如果隋炀帝不再追求更高的梦想，让民众休养生息，也许能保持稳定与繁荣。可是，他急于使"四夷宾服"，西线无战事之后，于大业八年发动对高丽的战争。这次隋朝出动一百多万军队，却大败而归。隋炀帝不甘心失败，随后又两次出兵高丽，均无功而返。

为了成就自己的伟业，他绑架了国家和人民，使全国处于全民皆兵、全民皆役的状态，使社会滑入崩溃的深渊，也使自己走到穷途末路。史书记述当时境况，"丁男不供，始役妇人"（男子不够用，拉妇女当差）。无休止的征战与劳役，导致"百姓穷困，财力俱竭""因之以饥馑，流离道路，转死沟壑，十八九焉。于是相聚葎蒲，猬毛而起，大则跨州连郡，称帝称王，小则千百为群，攻城剽邑，流血成川泽，死人如乱麻，炊者不及析骸，食者不遑易子。茫茫九土，并为麋鹿之场……"大隋王朝终于在动乱中坍塌，炀帝及其家族成了改朝换代的牺牲品，难以逃脱杀身灭族的厄运。

那次豪华盛典，除了半点门面，并没有实际意义。在人民饱受磨难与痛苦的时候，隋炀帝却穷奢极欲，纵情享乐。他早已摘下争夺太子前的面具，不再伪装成不好声色、勤俭好德的样子。为了过着骄奢淫逸的生活，他不惜耗费天下财力，"广立池台，多营宫观"；即便后期财力枯竭，依然"东西行幸，靡有定居；每以供费不给，逆收数年之赋。所至，唯与后宫流连耽湎，惟日不足"。

其实，凭借父辈打下的良好基础与自己创造的卓越成就，隋炀帝完全可望成为名垂青史的伟大圣王。遗憾的是，在一些重大问题的处理上，他没有把握好适度原则，而是顾此失彼。在个人功绩与人民福祉上，他倾向于前者而忽视后者，以致完成利及千秋的大运河等伟业，却因此失去了民心，激化了社会矛盾；在个人享乐与勤俭治国上，他倾向于前者而忽视后者，以致于落下荒淫无度的骂名，也埋下透支国力的祸根；在急功近利与统筹兼顾上，他倾向于前者而忽视了后者，因此不惜发动战争与做秀，以致欲速则不达。所以，他的梦想终究是梦想，不可能真正实现。

——原载于 2014 年第 2 期《群言》杂志

略谈唐代兴盛的制度原因

唐代（618—907 年），是中国历史上最为强盛而文明的一个朝代。有唐一代，出现过"贞观之治""开元盛世"，创造了政治清明、军事强盛、经济繁荣、文化发达的大唐气象，唐人因此充满自信和自豪。

有史以来，能成就"盛世"的王朝屈指可数，更多的是在"其兴也勃、其亡也忽"的怪圈里打转。唐代之所以出现两度盛世，固然与两位君主（唐太宗、唐玄宗）的英明密不可分，但其中关键不外乎制度原因。与中国所有王朝一样，唐代尽管也是实行帝制，但较之其他王朝，其制度设计及治理体系更为合理。

从中央层面看，唐代基本沿用隋代的创制，但权力配置与运行更为完善。具体来说，行政权力分配给中书、门下、尚书三省执掌，一并向皇帝负责。中书省是决策机构，长官为中书令，副官为中书侍郎，另有中书舍人若干人，负责起草诏书或命令。门下省是议事机构，长官侍中，副官为门下侍郎，另有给事中

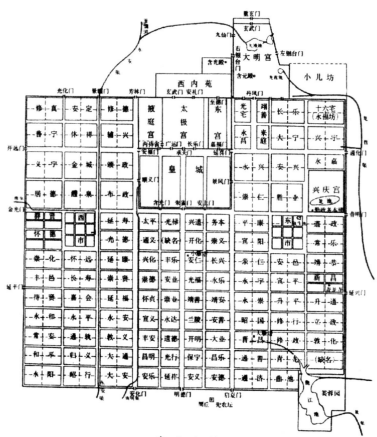

唐 长 安 图

唐代长安图

若干人，负责审议诏书或命令，签署章奏，有封驳之权；也就是说，所有诏书或命令，必须门下省审议副署才可生效，若门下省反对某项诏书，即将原诏书批注送还，提交中书省重拟。尚书省是执行机构，长官为尚书令（由于唐太宗曾任尚书令后来一般不设此职），副官为左右仆射，尚书省下设吏、户、礼、兵、刑、工六部，六部长官为尚书，副官为侍郎，尚书省及其六部履行政府行政职能。三省运作程序为，中书省拟旨出命，门下省审议副署，尚书省负责执行。

唐代的三省长官，实际履行宰相的职权，这意味着唐代宰相为委员制，有别于汉代领袖制。领袖制表现为个人裁决，委员制表现为分权、制衡与集体决策。为避免中书、门下二省相互龃龉，提高决策效能，唐代制度还规定，凡是重大决策，先由门下省与中令省举行联席会议（会议场所为政事堂）。中书、门下二省长官、侍郎皆与会，有时也邀请尚书省长官参加，政事堂因此成为最高权力机构。民间所谓的"圣旨"，在唐代叫"敕"，其实并非出自皇帝个人的旨意。凡属皇帝命令，在"敕"字之下，必须加盖"中书门下之印"，即由政事堂会议通过，才能送交尚书省执行。如果未经政事堂讨论，而皇帝本人直接发号施令，在当时会被看作不合法，不能为官方衙门所承认。可见，这样的制度设计，充分体现了分权、制衡与集体领导等原则，能够保障国家权力规范而有序地运行，从而避免帝王独断专行及重大决策失误。

在上述宏观制度之外，唐代还建立了一些极为精细而重要的微观制度。例如，《资治通鉴·唐纪二十七》记载："贞观之制，中书、门下及三品官入奏事，必使谏官、史官随之，有失则匡正，美恶必记之。诸司皆于正牙奏事，御史弹百官，服豸冠，对仗读弹文，故大臣不得专君而小臣不为谗慝。"如此安排，体现了对权力的监督与约束，确保权力公开公正地运行，使得大臣不能轻易蒙蔽或忽悠君主，也使侍臣不能随意进谗言。

唐代的官员选拔与任用实行考试制度，面向社会公开选拔。士子参加礼部举行的考试，及格即为进士及第，取得做官的资格。正式做官，还要经过吏部的身、言、书、判四事考试，合格者才能任职。大体上，礼部考的是才学，吏部考的是干练。只有通过公开公平的考试，才能进入体制内任职，从而保证官员队伍的素质。此外，官员的升迁也有严格制度规定："三品以上册授，五品以上制授，六品以下敕授，皆委尚书省奏拟，文属吏部，武属兵部。"经中书、门下批准，才能正式任命。即便是皇帝，也不能私自封官。唐中宗私自任命官员，只能使用"斜封"，所书"敕"字，也不敢用朱笔，而改用墨笔；此类墨敕"斜封官"，当时就让人瞧不起，也是睿宗上台后被精简的对象。

军力强大是唐代兴盛时期一大亮点，这背后也有其制度原因。唐初，兵役制度沿用了府兵制（创始于西魏时期）。府兵之府是指在地方行政区域州县之外设置的一种军事区域，当时称之为折冲府。折冲府共分三等，上府一千二百人，中府一千人，下府八百人。根据当时法令，只有中上等民户子弟才有资格当兵。当兵人家的租庸徭役被豁免，此外没有饷给，一切随身武装，也由军人自办。这样的人家集合上千家，即为一府（相当于现代军区）。当时全国大约有六百到八百个府，总兵力四十万以上。所有府兵，几乎不需要国家供养，因为他们自己有田地，一边保卫国家，一边生产自给。平时务农，农闲习武，战时则出征。朝廷直辖十六卫，各卫设有大将军；府兵轮流到长安宿卫，由各卫将军分领。出兵征防则由朝廷调遣，必须持兵部所下鱼符，经州刺史与折冲府将领勘合后，才得发兵。战事结束，则兵还于府，将归于卫。武将不干预政治，也不能就地坐大。

府兵制的最重要特点是兵农合一，既保障军队战斗力，又减轻国家财政负担，同时也避免武将拥兵自重。这一制度，在太宗、高宗时期得到有效实行，也成就唐太宗"天可汗"的威名。武后时府兵制逐渐破坏，玄宗时终于废止，究其原因，主要是后来运行中出现诸多弊端，导致府兵流失，军府空虚。府兵制的终结，既为"安史之乱"埋下伏笔，也助长了中晚唐藩镇的尾大不掉。从此以后，唐王朝难以驾驭地方军阀势力，以至于内乱不休，不仅不能重振盛唐以前的国威，而且直接被藩镇所毁灭。

总而言之，唐代的兴盛乃是制度所成就。限于篇幅，不再详述其他具体制度。当然，任何制度关键在于执行，否则再好的制度都形同虚设。据《资治通鉴》记载，许敬宗、李义府担任宰相期间，"政多私僻，奏事官多俟仗下，于御坐前屏左右密奏，监奏御史及待制官远立以俟其退；谏官、御史皆随仗出，仗下后事，不复预闻。"他们不依制度规则行事，意在玩弄权术。一代奸相李林甫有过之而无不及，为了蒙蔽皇帝以便个人专权，他居然召集谏官训话："今明主在上，群臣将顺之不暇，乌用多言！"同时，他还发话威胁谏官，对于敢于直谏者，予以陷害打击。李林甫堵塞言路，妒贤忌能，排斥异己，导致玄宗后期政治腐败，最终引发"安史之乱"，唐朝从此一蹶不振。宪宗时虽然出现过"中兴"，却难以再现盛唐气象。可见，好制度需要人设计，更需要人执行。

——原载于 2014 年第 6 期《中国党政干部论坛》

唐太宗缘何赏赐贪官

　　贪渎现象，无疑是由人性中自私、贪婪的一面引发的，它几乎与人类社会的历史一样悠久。透过最早的文字记述，可以看到商周时期就有行贿、受贿、索贿等现象发生。秦汉以后，官吏的贪渎日益猖獗，上至朝廷宰辅权臣，下至县乡下僚小吏，其中都不乏"老虎"与"苍蝇"。

　　毫无疑问，贪渎行为不仅侵害人民群众的利益，而且也会危及国家政权的稳定，所以历朝历代对贪渎行为都持否定的态度，并采取一系列措施予以整治。秦朝奉行法家的重刑思想，对官吏贪赃枉法给予严办。到了唐宋时期，反贪立法大体定型，中国古代的主要贪赃罪名都见于《唐律疏议》。明代对贪官惩处之重为历代之最，太祖朱元璋制定的《大诰》中就列举了60个官吏贪赃案，均被处以斩决、枭首、凌迟、族诛等极刑。清代基本上沿用明代的法典，并且有所补充，惩贪之法更为严密完备。

步辇图

耐人寻味的是，明清两代对贪官惩处最为严厉，而这两代的贪渎现象最为严重。明代的严嵩，被抄家时搜出黄金3万余两，白银200万余两，查抄的清单达6万多字，另有隐没未抄的没统计。清代的和珅，聚敛钱财超过8.8亿两白银，相当于当时全国十年财政收入的总和。除了上述两个超级"大老虎"，明清还涌现出众多的"大老虎"，至于"苍蝇"更是多如牛毛，遍布全国所有衙门。每当朝廷重拳打击之后，贪渎现象会有所收敛，过一段时间又会卷土重来，前腐后继，甚至愈演愈烈。如同水中按葫芦，一会儿按下去，一会儿又浮上来。可见，贪渎是中国古代社会的一大顽症，没有哪种药方能把它治愈。所以，著名学者王亚南说："历史家昌言中国一部二十四史是相砍史，但从另一个视野去看，则又实是一部贪污史。"

虽说二十四史里充满着贪渎的污点，但也曾出现过政治清明、官吏清廉的亮点。比如，唐太宗在位期间就曾较好地解决了贪渎问题，从而创造出富强而文明的"贞观之治"。其实，唐太宗的反贪并不强硬，较之明清两代的严厉，显得过于松软；用现在话说，他的反贪非常另类。

据《资治通鉴·唐纪八》记载：贞观元年（627 年），右骁卫大将军长孙顺德收受他人馈赠的绢匹，事情败露之后，唐太宗说："顺德如果能有益于国家，我可以与他共享国库财宝，何必冒着风险贪受贿赂！"由于怜惜长孙顺德立过大功，唐太宗不忍心对他治罪，只是在殿廷上公开赏赐绢布数十匹。大理寺少卿胡演不以为然地说："顺德枉法受贿，罪不可赦，怎么还赐给他绢匹？！"唐太宗说："他若有人性，会觉得这赐绢的耻辱更重于受刑；如果他不知羞愧，犹如一禽兽，这样的人杀之何益！"另据《贞观政要·论贪鄙》记载：贞观六年，右卫将军陈万福从九成宫赶赴京城，违规取用驿站的几石麦麸。此事被告发，唐太宗也没直接处罚陈万福，而是在宫殿上赏赐他麦麸，命令他自己背回家，让他感到羞耻。

贪图绢匹的，赐予他绢匹；贪占麦麸的，赐予他麦麸。这么做，虽然有些黑色幽默，但绝非纵容贪渎。毫无疑义，唐太宗的用意是借此羞辱贪官，从而唤起他们的廉耻之心，以达到自我戒贪的目的。如此反贪是否有效？答案是肯定的，前提是在贞观时期。因为当时已然形成注重精神品位与道德操守的大气候，绝大多数官吏以崇尚俭约清廉为荣，以追求奢侈贪渎为耻。贞观一朝，各级官吏都非常清廉。最可贵的是，那些位高权重的宰辅大臣倾心于治国理政，很少考虑经营家产，更没想到以权谋私，除了法定的俸禄，他们没有任何灰色收入。因此，他们的物质生活非常简朴，甚至有些清贫。这一点，可以从诸多的史料史事为证。

岑文本任中书令时，家里房屋潮湿，毫无帷账之类的装饰。有人劝他置办一些家产，他叹息道："我本汉南一布衣，没有什么汗马功劳，仅靠文墨做了中书令，这也算是登峰造极了。如今享受那么多的俸禄，心里都觉得不踏实，又何必置办家产呢？"

温彦博为尚书右仆射时，家里穷得连一间正屋都没有。等到他去世的时候，灵柩只好停放在旁室。唐太宗听说后非常感慨，立即命令有关部门赶紧建造正屋，并赐给一些财物以办理丧事。

魏徵家里原先没有正堂屋，等到他生病的时候，唐太宗才知其家宅窘迫。适逢宫内拟建一小殿，于是太宗决定停建小殿，用已有的材料为魏徵建造堂屋，五天就建好了。魏徵去世后，唐太宗提出要将他厚葬，魏徵夫人却婉言谢绝，因为这有悖魏徵尚俭从简的心愿。

戴胄做过吏部尚书、户部尚书及宰辅，掌握过人事、财政大权，始终两袖清风。他家房屋非常简陋，等到他去世了，连个祭奠的地方也没有。唐太宗为之动容，下令有关部门特地为他建造一座家庙。

这些宰辅大臣如此寒碜，并不是做秀装穷，而是清廉所致。他们之所以清廉，是因为他们有道德操守和精神追求，身为朝廷重臣，他们心中以治国安民为重，以个人利益为轻，以"我瘦天下肥"为荣。当朝廷充满清廉大臣的时候，就会营造清正的官场生态，形成正当的荣辱观与价值取向。如此大背景下，贪渎就与社会主流格格不入，个别贪渎的官吏，犹如米饭中的老鼠屎，不仅容易被发现，而且会被鄙视与摒弃。所以，唐太宗公开赏赐贪官，就是鞭笞他们的灵魂，让他们知耻而悔过自新；如果他们恬不知耻仍旧贪赃枉法，将会被人视为禽兽，终究身败名裂。相反，如果朝廷充满贪婪的佞臣，势必形成恶浊的官场生态，贪官污吏就会不顾廉耻，热衷于贪污受贿。即使有些贪官被查处，他们绝不感到羞耻，只觉得自己倒霉，不怪自己贪腐，而恨他人跟自己过不去。从根本上说，贪腐乃权力缺乏有效监督与制约所导致。若不清除产生贪腐的病灶，而主要靠重刑反贪，只能消除贪渎的性命，却不能消弭贪渎的阴魂，故而会显现"野火烧不尽，春风吹又生"态势。

客观地说，贞观时期大臣清廉自然与唐太宗紧密关联。诚如司马光所说："君者表也，臣者景也，表动则景随矣。"君主与大臣之间存在函数关系，大臣的价值取向与行为方式主要受君主影响，随着君主的变化而变化。唐太宗即位之后，力戒贪奢之风，自身躬行节俭，经常对臣下进行戒贪倡廉的教育，故而形成崇尚清廉的大气候。唐太宗之所以戒贪奢且身体力行，

唐太宗开馆亲贤

关键是以史为鉴，尤其是从隋朝因贪奢而灭亡中汲取教训。不过，唐太宗作为明君并非时刻处于英明状态。贞观中期，随着国家形势越来越好，唐太宗逐渐淡忘创业初期的困苦，也逐渐减弱励精图治的锐气，滋长了帝王的奢侈之心。贞观十一年（637年），唐太宗去洛阳，常因生活供应不好，发脾气责罚臣下。好在有魏徵及时劝谏，唐太宗猛然醒悟。魏徵以忠直敢言闻名，前后向太宗进谏两百多次，始终贯穿"居安思危、节奢以俭"的思想，对贞观时期的政治产生重大影响。所以，魏徵死后，唐太宗对群臣感叹："以铜为镜，可以正衣冠；以古为镜，可以见兴替；以人为镜，可以知得失。今魏徵没，朕亡一镜矣！"

古往今来，人性没有发生多大变化，而贞观时期官吏何以大都清廉？从某种意义上说，主要是遇到明君治理有方。归根到底，还是制度原因使然。与历代王朝一样，唐代也是实行帝制，但较之其他王朝，其制度设计及治理体系更为合理。从中央层面看，国家权力分配给中书、门下、尚书三省执掌，一并向皇帝负责。三省运作程序为，中书拟旨出命，门下省审议副署，尚书省负责执行。皇帝所下达的诏令，通常都是经过中书省拟定与门下省复议而出台。这样的制度安排，有利于发挥宰辅大臣的集体智慧，有利于约束皇权并防止其滥用，而皇帝并不能以个人意志决定一切。

除了权力有节制地运行，唐初还有宽松的言论环境，没有思想禁锢与"文字狱"。言论是一个社会的声纳系统，可以探测各方面运行状况并发挥预警作用，有助于当局纠绳过错。唐太宗广开言路，虚心纳谏，就是接收预警，维护国家机体健康运行。因此，魏徵等人敢于上书直言，指明皇帝的过失。皇帝尚且受到制约，官吏肯定不能例外，滥用职权或贪污受贿势必容易败露。陈万福贪占几石麦麸，居然惊动皇帝，就是很好的例证。明清式重刑反贪之所以治标不治本，关键在于皇权极为专制，既没有较好约束权力的治理体系，也没有起码的言论自由，社会声纳系统失灵，故而难以遏制贪腐的滋生。唐太宗的另类反贪之所以有效，不能不归于当时治理体系与声纳系统的较为完好，从而形成清明的政治生态与清廉的文化土壤。

——原载于 2015 年 2 月 13 日《中国纪检监察报》

唐中宗李显徇私封官

    唐中宗李显（656—710 年），曾经两度担任唐朝皇帝。第一次在位 36 天，旋即被废为庐陵王；第二次是在武则天退位后再度登基，名副其实做了 6 年皇帝。

    两度为帝的李显，一生几乎毫无亮点。第一次在位受制于强势母亲做儿皇帝，无所作为，倒也情有可原。第二次在位可以当家作主，仍无所作为，倒是令人遗憾。虽说他无所作为，但还是有所为，只是这些所为，基本属于乱作为。其乱作为，主要表现在徇私封官方面，短短数年违规"斜封"官员成千上万，乃至给自身与国家带来诸多祸患。

    一般人看来，古代帝王贵为天子富有天下，想给谁封官，就给谁封官，此乃天经地义、理所当然。其实这个看法并不尽然，因为唐代制度比较健全，所有重大事项必须按规则与程序办理，并不是皇帝一人说了算。就官员任用而言，文官由吏部铨选，武官由兵部铨选，提名上报中书省，中书省草拟文书，送皇帝批阅裁定，经门下省审核副署，方可生效；门下省认为不妥，有权否决，驳回再拟。也就是说，官员任免权其实取决于中书、门下两省长官（宰相）。唐代沿用了隋代创立的科举制度，官员的选用必须具备相应的任职条件，讲究选贤任能、论功行赏。

唐中宗任用官员，并非出于公心，而是徇于私情。他心知肚明，被他提拔的官员大多不符合当时的干部政策或任职条件，而中书、门下二省的宰臣有制度意识，原则性强，加上他本人缺乏武则天那样的绝对权威，难以通过正常程序任命那些官员。所以，他采用变通手法，不经过二省而私自封官。由于底气不足，他所装置诏敕的封袋，不敢按常规格式封发，而改用斜封；书写"敕"字，也不敢用朱笔，而改用墨笔。当时，人们称之为"斜封墨敕"，所任命的官员叫做"斜封官"。据史料记载，唐中宗仅通过吏部员外郎李朝隐一人暗箱操作，就破格提拔"斜封官"1400余人。

刨根问底，唐中宗究竟为谁而徇私封官呢？

答案是，为了他身边的女人。具体地说，主要有三个女人，皇后韦氏、安乐公主、昭容上官婉儿。

韦氏是李显元配夫人，李显幽禁于均州、房州期间，她一直陪伴着，两人患难与共，感情甚笃。武则天曾派使者前往探视，李显惊惶失措要自杀，幸亏韦氏劝慰，情绪才得以稳定。李显当时就对韦氏发誓："将来有幸重见天日，一定会让你随心所欲，不受任何限制。"他是这么说的，也是这么做的。再做皇帝，

虢国夫人游春图

他就听任韦氏弄权，无论韦氏要给谁封官，他都一概答应；不仅如此，哪怕韦氏给他戴绿帽子，他也睁一眼闭一眼，充耳不闻。

安乐公主是李显与韦氏的小女儿，出生于李显流放房州途中，姿色美艳，聪明伶俐。李显与韦氏对她十分宠爱，自幼听其所欲，无不允许，故而养成骄横脾气。中宗复位后，她恃宠骄恣，穷奢极欲，大兴土木，花钱如流水。她把卖官鬻爵作为敛财的渠道，大肆收受贿赂；随着胆子渐大，后来她竟私自起草任命官职的制敕呈送中宗，中宗不分青红皂白，欣然提笔签字，一批批"斜封官"就这样轻易出炉。数年间，她跃升为官帽"批发商"，史书称"宰相以下多出其门"。

上官婉儿曾是武则天身边红人，掌管宫中制诰多年，有"巾帼宰相"之称。中宗欣赏她的才华，仍以她为心腹，加封昭容，让她以皇妃的身份执掌机要文书，权势益重。史书记载，"上官婕妤及后宫多立外第，出入无节，朝士往往从之游处，以求进达"。只要打通上官婉儿这一环节，就能获得一官半职；崔湜容仪俊美，与上官婉儿"拍拖"之后，居然被提升为中书侍郎兼知吏部侍郎、同平章事（宰相）。

除了上述三人，还可以列出一串名字，如韦后妹郕国夫人，尚宫柴氏、贺娄氏，女巫第五英儿、陇西夫人赵氏，甚至包括上官婉儿母亲郑氏。这些女人，都与中宗沾亲带故，只要向其中某人行贿30万，就可以成为"斜封官"，享受唐朝国家干部待遇。

毫无疑义，唐中宗违规任用官员，在当时就造成极为恶劣的影响，也给自身和国家带来极大祸患。就他自身而言，由于听任妻女卖官鬻爵，不断滋长她们的权欲与野心。尝到弄权的甜头，韦氏和安乐公主的权欲急剧膨胀，最终并不满足于借中宗名义封官，而是要直接走上前台，仿效武则天掌握最高权力。为此，母女俩不惜践踏人伦底线，合伙将中宗毒害。中宗绝未料到，他所宠爱的妻女，不仅向他要官，而且向他要命。就国家而言，由于"斜封官"不由两省所授，导致"政出多门，滥官充溢"。最为恶劣的是，它破坏了规则，败坏了风气，助长人们投机取巧，不依规章制度办事，导致贿赂公行，歪风邪气滋生。此外，供养大量的"斜封官"，更是国家难以承受的负担。

中宗去世之后，李隆基（唐玄宗）发动政变，韦氏、安乐公主、上官婉儿均被诛杀，唐睿宗李旦即位。对于睿宗来说，前任所遗留的"斜封官"，无疑是非常烫手的"山芋"，让他左右为

唐玄宗

难。起初,睿宗采纳姚崇等人的建议,将所有斜封官全部撤职,致使那些官员牢骚满腹,怨言沸腾。于是有些大臣向睿宗进言:鉴于被解职官员心生怨恨,可能引发事变,为了安定团结起见,宜将斜封官妥善处理,一部分下岗分流,一部分量材叙用。睿宗也认为,兄长前头做好人,自己后头做恶人,确实不太妥当,故而同意重新安置。但是,由于姚崇、宋璟被罢免,执掌两省的宰相韦安石、李日知徇私枉法,败坏纲纪,使得善于投机的斜封官大都官复原职。为此，又有大臣上疏指出："斜封官皆因仆妾汲引，岂出孝和之意！陛下一切黜之，天下莫不称明。一旦忽尽收叙，善恶不定，反覆相攻，何陛下政令之不一也！"这个遗留问题，使睿宗感到无所适从，压力很大。面对各种压力，睿宗最终选择了退却，让儿子李隆基坐上皇位，自己做逍遥的太上皇，至于斜封官等麻烦事，任凭儿子消化处理。

实际上，对于那些斜封官来说，虽然花钱获得一官半职，最终可能得不偿失。因为当时主流社会看重正途出身、正规任命的官员，而斜封官压根儿被人看不起，人格尊严自然低人一等；再者，随着最高领导人变换，干部政策也会随之改变，他们随时面临着被精简分流的危险，即便朝廷容许重新叙用，也得拿出干货展现才能，要么就跑关系走后门，还得破费钱财，何苦呢？

总而言之，办任何事情都要有好的制度与规则。如果有好的制度与规则，而不能很好地执行，必然会落下祸根。唐中宗违规徇私封官，就是一个沉痛的教训。

——原载于 2015 年 3 月 16 日《学习时报》

神策军的蜕化

北斗七星高，哥舒夜带刀。

至今窥牧马，不敢过临洮。

这是一首起源于唐代西部边陲的民歌，也是一首流传千古的名诗，诗句中的"哥舒"是指唐代名将哥舒翰。

本文不谈哥舒翰的英勇善战，只说他所创建的神策军。《唐会要》（卷七十八）记载："天宝十三载七月十七日，陇右节度哥舒翰，以前年收黄河九曲，请分其地置洮阳郡。内置军焉。以成如璆为太守，充神策军使。"神策军之名即始于此，起初只是唐王朝为防遏吐蕃而设置的戍边军队。安史之乱中，这支军队千余人由军将卫伯玉率领入援，参加了乾元二年（759年）攻围安庆绪的相州之战。唐军溃败，卫伯玉与宦官观军容使鱼朝恩退守陕州。这时神策军故地已被吐蕃占领，卫伯玉所统之军仍沿用神策军的名号，伯玉为兵马使。伯玉入朝，此军归陕州节度使郭英乂；英乂入朝，神策军遂属鱼朝恩。广德元年（763

柳公权书神策军碑文（部分）

年），吐蕃进犯长安，代宗奔陕州，鱼朝恩率此军护卫代宗，随入长安，从此成为禁军。

建中四年（783年），节度史朱泚发动叛乱（史称"泾原之变"），唐德宗出奔，流亡到奉天（今陕西乾县）。在这场平乱战役中，神策军表现得极其英勇，孤军奋战，剪灭朱泚，收复京城，迎接德宗回朝，使唐王朝转危为安。在泾原乱兵占据京城、唐德宗出奔流亡期间，文臣武将逃亡、投敌者甚多，侍从宦官却无一人叛变，忠心耿耿，随驾扈从。唐德宗由此深信，只有神策军最为可靠，宦官最为可信。于是，决定把神策军交由宦官执掌。

神策军因护卫有功，倍受唐德宗器重，待遇十分优厚。鉴于神策军举足轻重，后来的唐朝皇帝无不另眼相看，赋予诸多的特权。从生活待遇看，神策军的给养三倍于其他军队，还有一些额外收入；每遇大赦或新皇帝登基，首先要犒劳神策军。从政治待遇看，神策军将吏有优先迁转升任的权利，甚至可以破格提拔。《资治通鉴》记载："（唐文宗）开成以来，神策将吏迁官，多不闻奏，直牒中书令覆奏施行，迁改殆无虚日。"《旧唐书·高瑀传》反映："自大历以来，节制之除拜，多出禁军中尉。"这表明，禁军中尉（神策军主帅）可以决定节度使（藩镇大员）的任用；神策军将校若能贿赂中尉，就可以获得显赫高位。

由于神策军地位高待遇好，那些权贵豪门子弟便纷纷加入神策军，有的为了获得军籍，甚至不惜重金行贿，于是一大批纨绔子弟充斥于神策军。与此同时，神策军也逐渐滑入蜕化变质的轨道。主帅中尉恃宠骄横，培植私党，擅权枉法；将校专横跋扈，侵害百姓，藐视官府，甚至放肆到辱骂朝廷命官、撕毁官府文书的地步；士兵纪律涣散，吃喝玩乐，疏于训练。穆宗以后，神策军很少出镇征战，京城驻军久无战事，多习"角抵、杂戏"，陪同皇帝游乐，或淘池造楼，营建宫阙。

唐僖宗广明元年（880年），黄巢起义大军攻破洛阳，直逼京城长安。危难之际，唐僖宗召见大将张承范，命他率领神

敦煌壁画《河西节度使张议潮统军出行图》（部分）

策军迎击。当张承范征选弓箭手的时候，却令他大失所望，因为他发现神策军已是中看不中用的"银样蜡枪头"。当时神策军军士几乎是清一色的长安富家子弟，他们都是通过贿赂宦官而取得军籍，享受优厚待遇，一个个衣着华丽，骑着高头大马，看上去神气活现，却从未经受过战争考验；听说要开赴潼关作战，他们吓得抱头大哭，泪流满面。为了逃逸征战，他们又以重金雇佣别人来冒名顶替。这些冒名顶替的无非是贫困户或老弱病残，压根就没摸过兵器，实在不堪一击。于是，潼关很快被黄巢部队攻克，京城长安随即失陷，唐僖宗只好仓皇出逃。

此一时，彼一时，神策军虽然还叫神策军，可是没有当年那么神勇，眼睁睁看着京城沦陷，只是束手无策，再也不能力挽狂澜。经历了黄巢起义，大唐王朝再次元气大伤，苟延残息二十余年，最终走向灭亡。当然，大唐帝国的衰亡，其实是诸多原因促成的结果，不是一支神策军所能挽救的。不过，神策军也是大唐帝国的缩影，其兴衰成败，关联着帝国的命运。

神策军，这支曾经骁勇善战的王牌劲旅，最终蜕变为不堪一击的纨绔部队，着实令人大跌眼镜。但是，从神策军身上，人们倒是能获得有益的启示：任何事物都是发展变化的，即使是王牌劲旅也不例外。过去是王牌劲旅，并不意味着现在是王牌劲旅；现在是王牌劲旅，也不意味着将来是王牌劲旅。王牌劲旅是实践或实战磨砺出来的，想要保持或提高战斗力，就必须不断秣马厉兵，勇猛精进。

——原载于 2012 年 11 月 12 日《学习时报》

庆历新政何以失败
——兼谈北宋"朋党之争"

　　自与契丹签订澶渊之盟以后，北宋进入比较安定的和平时期，至宋仁宗庆历年间，经济、文化都有很大的发展，俨然一派盛世景象。这时候，宋仁宗满以为能够解决西夏的边患问题，于是北宋与西夏进行了全面战争。结果却令人大跌眼镜，北宋军队三战皆败，同时国内还出现诸多兵变、叛乱和民变事件。

　　仔细观察，所谓"盛世"恐怕名不副实，甚至可谓"金玉其外，败絮其中"。就拿武备来说，宋太祖开国时只有20万军队，太宗时有66万，到仁宗时有了125万，军队数量成倍增长，而战斗力不升反降。再看吏治，宋代"重文轻武"，注重科举取士，随着文化教育发达，士人日益增多，朝廷不得不设置许多冗官。早在元宝二年（1039年），宋祁就指出："州县不广于前，而官五倍于旧。"如此人浮于事，不但没有提高行政效能，反而增加了国家财政负担。"三冗"（冗官、冗兵、冗费）问题，成为大宋难以承受之重。

宋仁宗

　　宋仁宗并非昏君，面对内忧外患的局势，他没有无动于衷，而是力图化解危机。庆历三年（1043 年），宰相吕夷简病退，宋仁宗起用范仲淹、韩琦、富弼等人，让他们主持朝政，"兴致太平"。当年九月，宋仁宗召见范仲淹、富弼，给笔札，责令条奏政事。范、富二人随即提出了十项改革主张，谏官欧阳修等人也纷纷上疏言事，宋仁宗大都予以采纳，并渐次颁布实施，史称"庆历新政"。

庆历新政主要体现在范、富二人所提出的十项主张里，具体内容分别为：

一曰明黜陟：即严明官吏升降制度，改革文官三年一次循资升迁的磨勘法，注重以实绩与德行提拔官员，淘汰非才、贪浊、老懦者。

二曰抑侥幸：即严格控制侥幸做官的渠道（恩荫制），限制高级官员推荐自家子弟入仕的特权，防止权贵子弟垄断要职，尸位素餐，滥竽充数。

三曰精贡举：即改革贡举制，令州县立学，士子必须在学校学习一定时间方可应举。改变专以诗赋、墨义取士的旧制，注重策论与操行，以录用有真才实学者。

四曰择长官：即合理选择各级地方长官，朝廷派员到各路巡察，考核地方业绩，奖励能员，罢免不才；选派地方官要通过认真地推荐和审查，以防止冗滥。

五曰均公田：公田，即职田，是北宋地方官的定额收入之一，但分配往往高低不均；因此重新核定官员的职田，没有职田的官员，按等级授予他们，以"责其廉节"，防止贪赃枉法。

六曰厚农桑：即重视农耕生产，要求各级政府和人民兴利除弊，兴修水利，防备灾害，并制定一套奖励人民、考核官员的制度长期实行。

七曰修武备：即改变现行募兵制，建议恢复唐代的府兵制，先从京畿实行，再渐及诸路。

八曰减徭役：针对有些地方户口较少、民间徭役过重的情况，

范仲淹

应将户口少的县裁减为镇，同时让各州官署与军事机关合署办公，让一些州城兵士承担部分杂役，将那些本不该承担公役的人，放回农村。

九曰推恩信：即广泛落实朝廷的惠政和信义。主管部门若有人拖延或违反赦文施行，要依法查处；此外，向各路派遣使臣，巡察朝廷惠民政策的执行情况，防止阻隔皇恩的现象。

十曰重命令：针对朝廷过去颁布法令"繁而无信"的弊病，提出今后颁布条令事先必须详议，"删去繁冗"，审定之后再颁行天下；一旦颁行，必须遵守，不得随意更改，否则要受到惩处。

不难看出，以上"药方"可谓对症下药，意在整饬吏治、厉行法治、富国强兵。除了恢复府兵制，因"辅臣共以为不可而止"，大多主张都在宋仁宗的认可下得以施行。

庆历三年年底，范仲淹选派了一批精明干练的按察使去各路考察，自己坐镇中央，每当得到按察使的报告，他就翻开各路官员的花名册，将不称职者的名字勾掉。枢密副使富弼见他毫不留情地罢免一个又一个官员，不免替他担心，于是婉言提醒："您一笔勾下去，就会有一家人在痛哭呢！"范仲淹坚决地说："一家人哭，岂能与一路人哭相比！"经过严格考核，一大批碌碌无为或贪腐的官员被除淘汰，一批务实能员被提拔到重要岗位，官府行政效能提高了，财政、漕运等状况有所改善，萎靡的政局开始有了起色。正直的士大夫纷纷赋诗填词，赞扬新政；民众也为之欢欣鼓舞，仿佛看到了复兴的希望。

当然，任何改革总会对权力、利益重新进行调整与分配。庆历新政所推行的种种改革，在方方面面或多或少触犯了权贵们的既得利益，尤其是限制了大官僚的特权。因此，不肯让权让利的保守势力十分痛恨新政，以致迁怒于新政的主导者及支持者范仲淹、富弼、欧阳修等人，并试图将他们赶下台，逐出朝廷，以中止新政。

保守势力的代表人物叫夏竦，他是一个资深大员，曾做过镇守西北的主帅。宰相吕夷简病退时，他以为凭资历自己可接任宰相，没料想在欧阳修、石介的干预下，不仅没有当上宰相，连枢密使的职位也得而复失。于是他恼羞成怒，把矛头指向改革派人物，给予猛烈攻击。他串通保守势力，到处煽风点火，散布范仲淹、富弼、欧阳修等人结为"朋党"的流言，还勾结太监在仁宗面前进献谗言，诬陷范仲淹私树党羽。一时间，"朋党"之说甚嚣尘上，范仲淹等人感到压力很大。

"朋党"何以成为攻击对手的利器？说来话长，自汉武帝"独尊儒术"之后，儒家思想就成为历代主流意识形态，儒家习惯以"君子"与"小人"评判人物，孔子说"君子不党"，反过来说，结党者即为"小人"。夏竦等人指责范仲淹等人结交"朋党"，意在将范仲淹等改革派人物划为"小人"。一旦将对方办成"小人"，我方便占据道德制高点，因而获得道义上的优势；既然对方是结党营私、品德恶劣的"小人"，那么驱逐或法办他们就是理所当然。此外，夏竦之流还懂得，封建帝王对"朋党"最为敏感，如若大臣拉帮结派形成"朋党"，势必弱化其权威，甚至危及其统治，"卧榻之侧"岂容他人坐大？所以，只要不是白痴，任何帝王都不容许身边有"朋党"存在。可见，扣"朋党"帽子的用心，无非是挑动帝王敏感的神经，借帝王的猜忌与疑虑，给对手以致命打击。

面对政敌抛出"朋党"之说，范仲淹非但没有胆怯退缩，而且提出"小人之党、君子之党"的说法予以反击。与此同时，欧阳修特地撰写《朋党论》一文上奏仁宗，重新诠释"朋党"的概念，声称君子有党，"以同道为朋""为人君者，但当退小人之伪朋，用君子之真朋，则天下治矣"。庆历四年四月，宋仁宗召见范仲淹时说："自昔小人多为朋党，亦有君子之党乎？"范仲淹答对："臣在边时，见好战者自为党，而怯战者亦自为党；其在朝廷，邪正之党亦然，惟圣心所察耳。苟朋而为善，于国家何害也！"

对于范仲淹、欧阳修的"君子有党"之说，宋仁宗半信半疑，摇摆不定。最终由于夏竦使出小人的伎俩，促使仁宗下定决心，于庆历五年初将范仲淹、韩琦、富弼、欧阳修等人逐出朝廷，为期一年四个月的庆历新政不幸夭折。事情的起因是，夏竦让家中一个使女天天临摹石介的笔迹，等到能够以假乱真时，便伪造一封石介写给富弼的密信，信里说要废掉仁宗。夏竦借题发挥，传播流言，诬陷范仲淹、富弼、欧阳修、石介等人阴谋另立皇帝，犯下大逆不道之罪。于是，流言四起，人心惶惶。宋仁宗也许不相信流言，但是他不得不有所顾忌，毕竟保住皇位才是他的核心利益，况且范仲淹做过戍边统帅，是文武兼备的全才，如果放手让他推行新政，日后功高震主，甚至黄袍加身，这样于他个人或赵家何益？为此，他只好作出痛苦而无奈的决定，打发范仲淹等人到地方任职，并中止新政。

回头反思，庆历新政之所以失败，也是情势使然。当时情势是，除了少数锐意进取的有识之士，官僚、地主、富商等既得利益阶层大都满足于现状，只顾个人利益和眼前利益，而不顾国家利益和长远利益，一旦新政触犯了自身利益，他们就坚决反对，群起而攻之。随着新政的推进，反对的声浪不断高涨，包括受到仁宗信任的宰相章得象也加入反对队伍中，攻击范仲淹等人为"朋党"。

"朋党"之所以被当作打击的利器，是因为使用者心知肚明，宋仁宗也有私心，也有其核心利益。在他们看来，只要仁宗信任并支持范仲淹等人，想要废除新政绝不可能；所以，他们要绑架当今皇帝，指控范仲淹等人为"朋党"，从而引起仁宗的反感与猜忌，因为"朋党"会危及皇帝的权威，触犯其核心利益。宋仁宗虽为天子，也有其平庸自私的一面，为确保个人的核心利益，宁可放弃国家长远利益；只要自己在位期间太平无事就行，至于身后是否"洪水滔天"，反正与我无关。

朋党之争，一直是困扰北宋政局的死结，并且延宕到南宋时期。庆历新政因为朋党之争而夭折，王安石变法也因为新旧党争而失败。究其原因，根源在于儒家思想存在漏洞，朋党之说基于君子与小人的观念，孔子认为：君子不党，小人结党；君子喻于义，小人喻于利，等等。这是简单对立、非此即彼的思想观念，并不能客观准确地反应人性或人格；在现实生活中，结党的未必是小人，言利或谋利的也未必不是君子。儒家思想存在这样那样的疏漏，一旦被提升为国家主流意识形态，就会被一些政客用作打击政敌的武器，而且极具杀伤力。范仲淹、王安石都先后中枪，导致新政、变法失败。安于现状而不能锐意改革的北宋王朝最终被金兵打垮，丧失半壁江山。

——原载于 2014 年 3 月 17 日《学习时报》

宋代何以武备不振

英国史学家汤因比似曾说过："宋朝是最适应人类生活的朝代,如果让我选择,我愿意生活在中国的宋朝。"陈寅恪先生曾赞叹："华夏民族之文化,历数千载之演进,造极于赵宋之世。"余秋雨也曾表示："我最向往的朝代就是宋朝。"

为什么有不少人向往宋朝生活呢?一看张择端的《清明上河图》,就可以直观感觉到宋代的经济、文化何等繁荣。最令人向往的是,宋朝政治颇为清明,历任皇帝都比较温厚,几乎没有暴君,他们遵守太祖"不杀大臣"的遗训,有宽松的言论环境。宋代没有文字狱,虽然出现过"乌台诗案",但苏轼还是有惊无险地保住了性命。宋朝社会也算开放自由,尽管理学家倡导"存天理、灭人欲",但并不影响文人雅士风花雪月舞文弄墨。

但是,宋朝也有宋朝的缺陷。且不说它存在《水浒传》所描述的腐败黑暗,仅仅从北宋亡于金、南宋亡于元来看,就知道这是一个差强人意的"黄金时代"。整个宋代，边境先后出现过契丹、党项、女真、蒙古等游牧民族政权；宋朝与之对峙，基本上处于劣势，往往负多胜少，被动挨打，饱受屈辱。既然GDP位居世界第一，综合国力自然强于周边国家，那么大宋何以屡屡挨打，先是丢失半壁江山，后来居然整体亡国？答案在于，军事是宋朝一大薄弱环节，武备不振是导致其被异族征服的根本原因。

宋代何以武备不振？笼统地说，有主客观两方面因素。

从客观上看，首先是种族的先天差异。由于生活习俗、饮食结构不同，导致中原农耕民族不及周边游牧民族强悍；较之文弱的宋人，那些游牧民族更加骁勇，更善于骑射。但是，这个客观原因并不能成为军事薄弱的借口。同样是以中原农耕民族（汉人）为主体的汉唐，在军事上却相当强盛。西汉时期汉兵的战斗力几乎五倍于胡兵，一战成名的陈汤曾经指出："夫胡兵五而当汉兵一，何者？兵刃朴钝，弓弩不利。今闻颇得汉巧，犹三而当一。"贞观时期唐朝击溃西域强敌，威镇四方，唐太宗因而被尊为"天可汗"。春秋战国时期，即便尚未成立大一统的国家，中原一诸侯国也能独当一面抵御或战胜游牧部落的入侵。可见，华夏民族并非自古就软弱可欺。

第二个是国土资源局限。在冷兵器时代，骑兵是决定战争胜负的关键因素，而战马是必不可少的要件。骑兵所需的战马，只有两个地方出产的最好。一在东北蓟北之野，一在西北河套一带，这两地长山大谷，空旷辽阔，有甘泉，有肥草，能养育优良战马。遗憾的是，宋朝立国之初，上述两地都未纳入中国版图，一块被契丹掌控，一块被西夏占有。缺乏优良战马，一直是困扰大宋武备的难题。此外，由于版图面积局限，使宋朝难以占据一些战略要地并建立牢固的防线。比如，自居庸关至山海关一带都掌控在契丹人手里，让宋朝缺乏天然屏障，给国防建设带来诸多麻烦。宋真宗时与辽订立澶渊之盟，两国讲和以后，宋人不便正式布防，只好鼓励民间种水田，多开渠道，在渠边种植榆杨，以便打仗时作障碍，稍微抵挡敌人的骑兵；可是，辽方不时制止宋人种水田、开沟渠，且常在冬季放出小股军队骚扰，进入宋朝边境乡村烧杀抢掠。

从主观上看，也有多方面原因，但主要是顶层设计问题。"重文抑武"（或重文轻武）是宋代的基本国策，并以此进行顶层设计与制度安排。这一点，也是事出有因。中晚唐时期，地方节度使往往拥兵自重，不受中央节制，以致出现军阀割据、战乱不休的局面；唐朝灭亡以后，中国进入五代十国时期，中央政权和地方王国都落入军阀手里，乱世英雄起四方，有枪就是草头王，大小军阀相互征伐，政权频繁更迭。宋太祖赵匡胤行武出身，周世宗时担任掌管禁军殿前都点检，960年发动陈桥兵变，黄袍加身，取代后周而称帝。为了避免重蹈唐末五代的覆辙，宋太祖选择"重文抑武"的方略，并作出一系列制度安排，加强中央集权，防止武将拥兵自重甚至黄袍加身。

建隆二年三月，宋太祖削去都点检这个重要的禁军职位。同年七月，宋太祖通过杯酒释兵权，将禁军领导机构改为殿前司和侍卫司，分别由殿前都指挥使、步军都指挥使和马军都指挥使（三帅）统领。但是，三帅没有发兵之权。宋初设立枢密院掌管国家军务，与中书门下并称二府。枢密院直接对皇帝负责，包括宰相在内的官员也不得过问。枢密院虽能调动军队，但不能直接统军，造成统兵权与调兵权相分离。同时，为了防止出现军阀势力，朝廷经常更换统兵将领，从而导致"兵不知将，将不识兵"，在一定程度上影响军队的战斗力。战时武将领兵出征，朝廷要指派文官督战、太监监军，改变作战计划必须经过皇帝同意，这样"外行领导内行"，不利于发挥军事将领的能动性，对战局带来诸多的负面影响。

实践证明，对武将的过度防范与抑制，不利于强军与作战。狄青是北宋罕见的名将，宋仁宗欲拜他为枢密使，朝野舆论哗然，宰相庞籍等人援引本朝"祖宗之法"竭力反对。尽管仁宗仍破例任用狄青为枢密使，但迫于朝野舆论，不久还是解除其枢密使的职务；狄青终究难以承受巨大的舆论压力，翌年暴病身亡。其实，唐朝武将出将入相很寻常，而宋朝对武将过于戒备，表明自身心虚而不自信。后人认为，宋朝对统兵将帅限制太多，"权任轻而法制密"，将不专兵，动相牵掣，"元戎不知其将校之能否，将校不知三军之勇怯，各不相管辖，以谦让自任""宋朝之待武臣也，厚其禄而薄其礼"。王夫之指出："宋所忌者，宣力之武臣耳，非偷生邀宠之文士也。"

除了顶层设计之外，宋代兵制也有缺陷。《宋史·兵志》载："宋之兵制，大概有三：天子之卫兵，以守京师，备征戍，曰禁军；诸州之镇兵，以分给役使，曰厢军；选于户籍或应募，使之团结训练，以为在所防守，则曰乡兵。"无论是禁军、厢军，还是乡兵，宋代都采取招募的办法，又叫募兵制。灾年招募流民和饥民当兵，是宋朝一项传统国策。另外，壮健的罪犯也刺配当兵，特别是充当厢兵，如《水浒传》所记述，林冲、宋江、武松等人犯罪都被发配充军。灾民或罪犯一旦招募入伍，轻易不能离开，直至60岁才退役。

宋代实行募兵制，将灾民和罪犯吸纳到军队中，可谓用心良苦，其初衷也是为了国家长治久安。可以想见，灾民到处流离游荡，没有饭吃，很容易铤而走险，聚众造反闹事；将他们招募到军队，既给他们以生路，又消除了不稳定因素。再说罪犯，他们本来就犯有罪过，国家不能白白地供养他们，把他们刺配到异地充军，算是充分利用人力资源；即便他们上战场牺牲了，也算是将功赎罪。但是，历史似乎证明，这样的募兵制存在一些问题。

首先，兵源良莠不齐、鱼龙混杂，必然导致军队整体素质低下。且不说灾民大都是文盲或半文盲，具有浓厚的游民习气，就是罪犯当中有技能或素质高的，也未必值得信赖。那时候的罪犯不外乎有两种，一种是确实犯过罪的真罪犯，一种是并未犯过罪的假罪犯。真罪犯大都不是良民，他们一般具有反社会的倾向，充军后能否转变为合适的军人，非常值得怀疑。假罪犯根本就没有犯罪，他们是遭到陷害或司法不公的牺牲品，心里肯定充满屈辱与愤恨，甚至迁怒于官府与朝廷。不分青红皂白将灾民和罪犯吸纳到军中，表明兵源就不优良；即便他们经过训练，可以提高军事技能，但思想素质却未必过硬。

其次，服役年限过长，容易导致军纪涣散，冗员过多，缺乏战斗力。作为一名军人，最好的年华应为20岁到30岁。一般来说，在军伍10来年，就会出现精神疲软；再继续混二三十年，就会混成"兵痞""老油条"。这些"老油条"是不管用的，只好不断招收新兵入伍，于是军队规模越来越大。当局也意识到这样的厢军靠不住，所以又从中挑选身强力壮者充实禁军。禁军队伍也因此逐年膨胀，宋太祖开国时只有20万，太宗时有66万，仁宗时超过120万。军队冗员多了，弄不好会引起内乱。原本倚仗军队来维护江山社稷的稳定，最终军队本身倒成了"维稳"的对象，国家不得不拿出大量钱财供养，并根据形势发展，不断提高他们的福利待遇，否则会招致军人不满，闹出"兵变"的事端。供养如此规模庞大而缺乏战斗力的军队，于是便成为大宋难以承受却又不得不承受的重负。

再次，募兵门槛过低，兵员从事力役，极大降低了军人的社会地位。灾民和罪犯，不是贫贱，就是有问题。让他们充斥军队，不仅贬低了军人的职业地位，而且得不到社会的尊重。

李公麟《免胄图》（局部）

试想，流民、饥民和罪犯都可以当兵，社会各界会怎样看待军队呢？或许在民众看来，军队就是大箩筐，破铜烂铁都可装。宋代戍边作战主要由禁军担当，地方厢军不用上阵打仗，只是做些与军事无关的杂活，甚至当苦力使用。今天某个长官家造宅第可以抽调兵员干活，明天哪个权贵修花园也能抽调兵员帮忙。这样，军人不仅不以当兵为荣，而且会感到自卑。与此同时，社会上对军人也不待见；"好铁不打钉，好男不当兵"，这句民间俗语，就是从宋朝开始流传下来的，也是那个时代"重文轻武"的写照。实际上，先秦时期军人（战士）属于贵族阶层，平民或奴隶没有资格当兵，只有贵族中的"士"，才有资格当兵作战；平民和奴隶可以上战场，但不能打仗，只是为"战士"做一些牵马、背东西之类杂活。所以，那时候当兵很光荣；身为战士，既感到自豪，又受到世人尊重，其社会地位如同古希腊战士和欧洲中世纪骑士。

在古代社会，国与国之间主要凭武力说话。宋代的武备不振，导致军事上屡屡失败。面对强悍横蛮的对手，泱泱大国只能委曲求全俯首称臣，不得不向人家进贡黄金白银。靖康年间，金兵大举南侵，攻陷大宋京城，俘获徽、钦二帝，宣告北宋灭亡。金兵所到之处，烧杀抢掠，无恶不作；金银财宝掳掠一空，平民百姓惨遭涂炭，金兵"杀人如刈麻，臭闻数百里"，罪行滔天，令人发指。若干年后，蒙古铁骑践踏南宋，随着崖山之战结束，宋军全军覆没，宋朝全然终结。

"崖山之后无中国"。大中国竟全然亡于自己的子孙手中，宋太祖如若地下有知，不知有何感想。不消说，宋太祖当初采取"重文抑武"的国策肯定包含私心，无非是防范武将坐大，以免外人篡夺赵家的天下。然而世事难测，他怎会料到自己突然暴亡，皇位落入弟弟手里？怎会料到北宋亡于异族而非异姓？客观地说，"重文轻武"的顶层设计及相关制度安排，使宋代较好地避免了藩镇割据、军阀混战的"内忧"，并且促进了文化教育的繁荣，但也导致军事力量的疲软，无法解除来自异族入侵与凌辱的"外患"。

文治武功，是古代国家赖以生存与发展的基石。二者不可偏颇，只有并驾齐驱，才能保障国家长治久安。宋太祖倡导"重文轻武"，终究顾此失彼，着实发人深省。不过，宋太祖也有他的苦衷，毕竟古代军人缺乏忠于国家与人民的品质，"耗子腰里别了一把枪，就会起打猫的心思"。鉴于晚唐五代频繁出现"耗子"打"猫"事件，宋太祖不得不引以为戒，不得不严加防范。只可惜矫枉过正，导致宋朝武备不振，一个经济文化高度繁荣的大国却饱受野蛮邻居欺凌。

不过，家天下时代，任何王朝都不能摆脱衰亡的宿命。中外历史证明，一个国家只有实现家天下到公天下的转型，并真正推行民主法治，才能保持长久繁荣与安定；唯其如此，才不至于被野蛮的外敌征服，才不至于自我腐烂沉沦。

——原载于 2014 年第 9 期《学习月刊》

年少君臣千古恨

元朝，是有史以来版图面积最大的帝国，也是当时世界武力最强的帝国。曾几何时，这个强大帝国的最高权力掌握在两个年轻人手里，他们风华正茂，锐意进取，渴望大有作为。这两个年轻人，就是元英宗和他的宰相拜住。但是，雄才大略、思想开明的君臣二人却惨死于一场政变当中。那么，政变因何发生？凶手为何要铤而走险去弑君？又为什么有那么多的蒙古贵族参与其中呢？

志同道合双子星

元英宗（1303—1323年），全名为孛儿只斤·硕德八剌，是元朝第五任皇帝，蒙古帝国大汗。他虽然是元仁宗的长子，却并非名正言顺地继承皇位，因为元仁宗与兄长元武宗有过"兄终弟及、叔侄相传"的约定。也就是说，武宗死后传位于弟弟仁宗，仁宗死后传位于侄子（武宗的儿子）。

元英宗

然而，仁宗并没有信守这个约定，于延祐三年（1316）将自己长子立为皇太子。延祐七年正月，元仁宗崩于光天宫，享年36岁。二个月以后，皇太子硕德八剌即位登基，成为当时世界上最大帝国的最高统治者（至少名义上），日后庙号为元英宗。

元仁宗是一位颇有作为的皇帝，在位期间，减裁冗员，整顿朝政，编撰法典，恢复科举，推行"以儒治国"政策。魏源在《元史新编》中评价他："仁宗初政，首革尚书省敝政，在位九年，仁心仁闻，恭俭慈厚，有汉文帝之风。"不过，仁宗后期梳于治理，朝政渐趋腐败。

元英宗接管庞大帝国的时候，只有十八岁，名副其实的少年天子。他自幼受过良好教育，身为蒙古人而热爱汉文化，精通儒学经史。尽管生长在深宫，但他体察民情，懂得创业不易、守业更难。俗话说："一个篱笆三个桩，一个好汉三个帮。"元英宗自知，这么庞大的帝国，凭借一己之力是难以支撑的，至少要有一两个得力助手；若能找到一个志同道合、德才兼备的大臣辅佐，必将起到如虎添翼、事半功倍的效力。果真天随人愿，当时有一个叫拜住的年轻大臣，正好进入他的法眼。即位不久，元英宗就破格提拔拜住，任命他为左丞相。

年轻的拜住之所以步步高升，主要取决于他的卓越政治才能，而不是官宦世家的荫蔽。早在东宫当太子的时候，元英宗就听说了拜住的贤能，很想与他交往；考虑太子私交大臣，会引起皇上猜疑，只好作罢。做了皇帝，再没有这样的顾虑，英宗便迫不及待地重用拜住，将他视为自己的肱股。

两个年轻人立志要治理好大元帝国。据《元史·英宗纪》记载：一次，英宗与拜住谈心说："朕以幼冲，嗣承大业，锦衣玉食，何求不得。惟我祖宗栉风沐雨，戡定万方，曾有此乐邪？卿元勋之裔，当体朕至怀，毋忝尔祖。"拜住欣慰感叹："创业惟艰，守成不易，陛下睿思及此，亿兆之福也。"

里外受制难作为

　　然而，理想与现实总是存在差距的。即位之初，英宗名义上是帝国最高统治者，实际上还不能当家作主。里里外外受制于两个人，一个是太皇太后答己，一个是中书右丞相铁木迭儿。答己是前两任皇帝武宗、仁宗的生母，亦即英宗的祖母。她十分聪慧，曾以皇太后身份辅佐武宗、仁宗，经历过大风大浪，老而弥坚。英宗初出茅庐，不能与祖母抗衡，只好揣着明白装糊涂，听任她干预朝政。

　　仁宗死后第四天，答己就让时为太子的英宗罢免中书右丞相伯答沙，以铁木迭儿为中书右丞相。铁木迭儿历事五位君主，是一个老奸巨滑的权臣。重新出任宰相，他就急于打击报复政敌，《元史·铁木迭儿传》说他"恃其权宠，乘间肆毒，睚眦之私，无有不报"。

　　铁木迭儿先是诬诣中书省参议韩若愚有罪，请求处以极刑。太子知道韩若愚冤枉，拒绝了这一请求，但慑于答己太后和铁木迭儿的淫威，不得不将韩若愚革职。二月，铁木迭儿又先后把不依附于自己的中书平章赤斤铁木儿，御史大夫脱欢，中书平章李孟、兀伯都剌、阿礼海牙等罢官、夺爵、降职。

　　四川行省平章赵世延曾弹劾过铁木迭儿。这时，铁木迭儿便唆使手下诬告他有罪，同时又暗示他只要咬出同党就可以得到高官厚禄。赵世延严辞拒绝。铁木迭儿便给他加上违背诏书、大不敬等罪名，拟处死刑。太子明知其冤枉，但也只能说赵世延犯罪是在大赦之前，应该有所宽大。铁木迭儿要求追究当年和赵世延一起弹劾过自己的人。太子仍以这些事发生在大赦之前，不应该追究来搪塞。铁木迭儿一再要求处死赵世延，英宗就是不同意。于是，负责审讯的官员为了讨好铁木迭儿，千方百计地折磨赵世延，企图使他因不堪凌辱而自杀。不料赵世延既不招供，也不自杀。铁木迭儿只好将他长期关押狱中。

铁木迭儿在诛除政敌的同时，大批提拔亲信，把江浙行省左丞相哈律、陕西行省平章赵世荣提升为中书平章。他的党羽、宣徽院使失列门以答己太后的名义要求太子大规模更换朝臣。太子以"先帝旧臣，岂宜轻动"为理由加以拒绝。中书左丞张思明也劝铁木迭儿不要闹得人心惶惶，引起诸王、驸马们的不满。这样，铁木迭儿才稍加收敛。

铁木迭儿专横跋扈，让太子非常窝火，却又拿他无可奈何。从太子到登基成为皇帝，英宗依旧韬光养晦，隐忍不发。为了麻痹对手，英宗加封铁木迭儿为上柱国、太师，并且下诏禁止官员非议铁木迭儿。与此同时，英宗任命拜住为中书左丞相，"委以心腹"，并着手培植自己的人马，以积聚力量。于是朝中形成新旧两大阵营，一方以太皇太后、铁木迭儿为代表，一方以英宗、拜住为核心。

形成了自己的势力后，在拜住的策划下，英宗开始打击铁木迭儿的爪牙，以阴谋废立皇帝的罪名将阿散、哈律、脱忒脱、失列门等人处死并抄家。铁木迭儿也不示弱，他"广树朋党，凡不附己者，必以事去之"；他多次在太皇太后面前诬告拜住，欲置之死地而后快。英宗非但不予理睬，而且对拜住信任有加。铁木迭儿阴谋未得逞，故而称病在家，英宗提醒他："卿年老，宜自爱。"

铁木迭儿称病在家，但他的党羽广布于朝中，朝中有任何风吹草动都会迅速传到他的耳朵里。而且，太皇太后答己还在宫里，她与铁木迭儿犹如两只猛虎盘踞在朝堂上下，迫使英宗、拜住只能与之巧妙周旋，而不能放手施展其政治主张。

怎么办？等待。时间是最厉害的武器，谁也无法战胜时间。

赵雍《人马图》

答己、铁木迭儿虽然威势依旧，但年事已高，日薄西山。而英宗、拜住是那么年轻，恰似早晨八九点钟的太阳，充满活力与希望。他俩有时间等待，终有一天，他们会成为帝国的主宰。

至治二年，即公元1322年秋，右丞相铁木迭儿、太皇太后答己相继病逝。

珠联璧合现身手

两只拦路虎去世，英宗任命拜住为中书右丞相，不再设左丞相。这表明英宗对拜住无比信赖，让他作为唯一的宰相，与自己一起分享最高权力。从此，世上最庞大的帝国就掌控在这两个年轻人手里。他们可以放开手脚，锐意改革，全面整顿。

英宗掌握朝政后，尊重人才，先从人事改革入手，大规模起用汉族儒臣。《元史·拜住传》记载，拜住"首荐张珪，复平章政事，召用致仕老臣，优其禄秩，议事中书"。紧接着，汉人吴元珪、王约、韩从益、赵居信、吴澄、王结等，陆续被擢拔到集贤院、翰林院和中书省任职。对于拜住所荐的人才，英宗全部照单接收，委以重任；并嘱咐拜住搜访山林隐逸之士，吸纳他们进入体制内任职。还发布《振举台纲制》，要求推举贤能，选拔人才。与此同时，罢汰冗员，精简机构。从至治二年十一月起，罢世祖以后设置的冗官，"锐然减罢崇祥、福寿院之属十有三署，徽政院断事官、江淮财赋之属六十余署"。

　　君臣二人关心民生,致力于减轻农民负担,让人民安居乐业。元代农民劳役繁多,负担沉重。为此,拜住曾提醒英宗:"自古帝王得天下以得民心为本,失其心则失天下。钱谷,民之膏血,多取则民困而国危,薄敛则民足而国安。"英宗深以为然,旋即下诏"行助役法,遣使考视税籍高下,出田若干亩,使应役之人更掌之,收其岁入以助役费,官不得与"。所谓助役法,亦即"凡民田百亩,令以三亩入官,为受役者之助"。这样将农民的徭役负担控制在3%以内,无疑是一项很惠民的好政策,受到广大农民的欢迎。

　　元英宗登基后,重点惩治腐败,展开了一场"打老虎"行动。毫无疑问,"大老虎"便是铁木迭儿,他专权骄横,贪赃枉法,为害日久。仁宗当年知晓其罪行,曾下令逮捕审讯,由于太皇太后答己庇护,事情不了了之;铁木迭儿毫发无伤,只是丢了相位。虽然他此时已经成为"死老虎",但那些与他狼狈为奸的党羽还在,依然是穷凶极恶的"活老虎"。至治二年十二月,英宗下令处死铁木迭儿之子、宣徽院使八思吉思;第二年六月,下诏追夺铁木迭儿一切官爵,抄没其家产,将其罪行公布于天下;接着,又以贪赃罪罢免其子旺丹官职。对追随铁木迭儿的党羽予以清理,凡是贪赃枉法的坚决法办。

南坡喋血千古恨

英宗、拜住年富力强，意气风发，通过锐意改革和惩治腐败，政风焕然一新，帝国逐渐恢复元气。但是，改革与反腐触犯了一些蒙古贵族的利益，他们视英宗、拜住为眼中钉、肉中刺，必欲除之而后快。

一个罪恶的阴谋在行动，其策划者叫铁失。这个铁失，是铁木迭儿的义子兼死党。他当过宣徽院使，这是一个负责皇室生活供给的官职。利用这一职务之便，他获得太皇太后答己的宠信，后来又兼任皇室侍卫亲军的都指挥使，最后官至御史大夫。

铁失为何要铤而走险去弑君？如果此次谋弑不成功，铁失和那些蒙古贵族岂不是自取灭亡吗？铁失等人不是不知道其中的厉害关系，只是当时的局势便是我不弑君，君必杀我。因为铁失是御史大夫，英宗曾寄希望于他反腐倡廉，语重心长对他说："朕住在深宫，不能深入了解臣子的行为和百姓的疾苦，要靠你们这些人当耳目。过去，铁木迭儿贪得无厌，你们都不敢揭发。现在，他虽然死了，朕也要抄没他的家产，以对后来的人有所警诫。"

元英宗还曾严厉批评他身为御史大夫没有起到推荐贤才的本职工作，反而推荐了铁木迭儿之子八思吉思这样的贪墨之人。铁失与铁木迭儿本是一根绳上的蚂蚱，也是大老虎级的腐败贪官，听了英宗这番话，十分焦虑不安，心想皇上这样动真格反腐败，自己的劣迹迟早会露馅；与其日后被查办，不如先下手为强。于是，铁失与一些蒙古王公大臣密谋，伺机对英宗、拜住下手。

英宗在实行新政的时候处理了铁木迭儿专权乱政的罪行，却没有很好地清理铁木迭儿的党羽，才导致了后来的政变。

为了寻找新的靠山，铁失特意联络晋王也孙铁木迭儿的心腹、王府内史倒剌沙，希望获得晋王的支持。至治三年八月三日，铁失派使者告知晋王的内史，即将发动政变，事成之后，推立晋王为皇帝。晋王得悉政变密谋，下令囚禁铁失的使者，并派人奔赴上都，向英宗禀报。

铁失感到事情将要败露，于是率领自己所统辖的阿速卫兵快马加鞭，飞速向漠北进发。八月五日，英宗、拜住一行从上都出发，准备返回大都，傍晚来到距上都三十里的南坡店宿营。夜色苍茫，英宗、拜住却不知大祸即将来临。

晋王的使者尚未赶到，而铁失率领的敢死队已经逼近。随行的蒙古诸王公大臣共十六人事先已与铁失串通，等到铁失的卫兵赶来，便里应外合，大开杀戒。宰相拜住来不及反应，就被乱兵杀死。铁失闯进英宗皇帝的大帐，亲手将英宗杀害。英宗时年21岁，拜住时年25岁，大元帝国两位最高领导人就这样喋血丧命，史称"南坡之变"。

南坡之变，使得刚刚启动的"至治新政"戛然而止，由此对元朝乃至中国历史都产生了巨大而深远的影响。从此以后，大元帝国再没有出现有所作为的君主，更没有出现像英宗、拜住这样珠联璧合、相得益彰的君臣。

假如英宗、拜住手段更加老辣，对保守的政敌严加打击与防范，恐怕不至于酿成"南坡之变"。他们那么年轻，天资聪慧，雄才大略，思想开明，体恤人民；如若假以天年，或者再活二三十年，极有可能为大元帝国创造一个"至治盛世"，使它成为真正强大而文明的国家。

可惜，历史是不能假设的。

——原载于2014年第9期《文史天地》杂志

（原题名《元英宗与拜住：打"虎"手软反被"虎"害的君臣》）

小女子改变大法度

中国历史，大都是记述帝王将相的历史，这样书写倒也顺理成章。毕竟历史犹如一个大舞台，总在上演一幕幕戏剧，无论是悲剧，还是喜剧，其中的主要角色无疑是帝王将相。不过，小人物有时也会进入舞台，扮演一个重要角色，甚至改变历史进程。汉代有个叫淳于缇萦的小女子，就曾扮演了这么一个角色。

汉文帝前元 13 年（前 167 年）五月，齐国太仓令淳于意被指控有罪，朝廷下诏让狱官逮捕他，并将他押解到京城长安受刑。淳于意没有儿子，只有五个女儿，束手就擒之后，他含泪与家人话别，眼看女儿们哭哭啼啼，忍不住骂道："生了你们这些女儿，没有一个儿子，遇到紧急情况，都派不上用场！"小女儿缇萦听父亲这么说，更是悲伤不已，她抹了抹眼泪，请求狱官让自己随父亲去长安。

缇萦跟随囚车来到长安，父亲被投入监牢，她独自东奔西跑，请求有关部门宽大处理。可是，任凭她怎么哀求，得到的答复

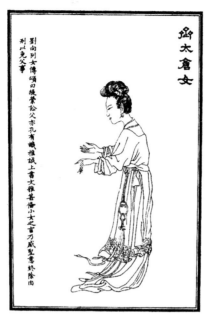

御太倉女

劉向列女頌曰緹縈訟父亦孔有識推誠上書文雅甚備小女之言乃感聖意終除肉刑以免父事

缇萦

都是爱莫能助，因为法律就那么严厉，谁也不能轻易改变，除了当今皇帝。无奈之下，缇萦只好鼓起勇气，直接上书给汉文帝。在书信中，她直言不讳地写道："我的父亲做官时，齐国民众都称赞他廉洁公平，现在犯了法，理应受到刑罚。令我哀伤的是，受了死刑的人不能再活过来，受了肉刑的人肢体不能复合还原，犯人即便想改过自新，也没有什么路可走了。因此，我愿意被收入官府做奴婢，来抵父亲应受的刑罚，使他得以悔过自新。"

汉文帝读了缇萦这封信，顿生悲悯之心。经过深思熟虑，汉文帝发布了一道诏书："盖闻有虞氏之时，画衣冠异章服以为僇，而民不犯。何则？至治也。今法有肉刑三，而奸不止，其咎安在？非乃朕德薄而教不明欤？吾甚自愧。故夫驯道不纯而愚民陷焉。诗曰'恺悌君子，民之父母'。今人有过，教未施而刑加焉，或欲改行为善而道毋由也，朕甚怜之。夫刑至断支体，刻肌肤，终身不息，何其楚痛而不德也，岂称为民父母之意哉！其除肉刑。"

一纸诏书，既使淳于意免遭肉刑，又使肉刑这一恶法得以废除。这是中国法律史上一次重大事件，不仅影响深远，而且具有进步意义。《汉书·刑法志》反映，汉文帝的诏书一发布，丞相张苍、御史大夫冯敬随即根据它修改有关法律条款，并上报汉文帝批准施行。具体来说，就是以髡钳为城旦舂（徒刑之一）代替黥刑，以笞三百代替劓刑，以笞五百代替斩左趾（刖刑），等等。汉文帝废除肉刑，其本意是想减轻刑罚。但是，在执行过程中却出现新问题，如在施行笞刑时，往往没有打到三百、五百，犯人就一命呜呼了。针对"外有轻刑之名，内实杀人"的弊端，汉文帝的继任者汉景帝先后两次下诏，对那些法律条款做了进一步修改，使之趋于合理完善。不管怎样，汉文帝废除商周以来的肉刑，是中华刑罚制度从野蛮迈向文明的重要标志，无疑具有划时代的意义。这一改革，为刑制向后来的"五刑"（笞、杖、徒、流、死）过渡奠定了基础。

殊不知，这次刑罚制度的改革是由最高统治者与世间弱女子的互动而促成的。淳于意何曾料想到，他所轻视的女儿竟然解救了自己。假如不是缇萦奋力抗争，他很难逃脱致命的重刑。

据《史记·扁鹊仓公列传》记载，淳于意"少而喜医方术"，曾得神医乘阳庆的秘传，医术非常精湛。即便他做了太仓令，仍不放弃钻研医术，不时治病救人。但他为人清高，不屑于巴结权贵。当时一些诸侯王都想聘他做私人医生，均被他婉言谢绝。后来，他干脆辞去官职，行医于民间。由于他时常拒绝去豪门出诊，招致权贵们嫉恨，故而唆使人诬告，给他罗织罪名。那时尚未实现法治，只要别人告你有罪，哪怕是"莫须有"，你也难以脱身。危难之际，淳于意后悔家中没有男儿，无非是指望有个可靠的人能为自己申辩洗刷罪名。

没想到，小女儿缇萦也敢挺身而出。她生长在闺阁之中，不了解父亲与他人的恩怨，不知道究竟犯了什么罪，也无法为父亲申冤。但是，聪慧的缇萦另辟蹊径，在承认"有罪推定"的前提下，把矛头指向肉刑。她向皇帝上书，指出肉刑的不人道、不合理，并情愿以身为奴替父救赎。从缇萦的字里行间，汉文帝不仅感受到她对父亲的一片孝心，而且感受到她对恶法的强烈批评。试想，如果没有缇萦的大声疾呼，汉文帝会主动废除暴虐的肉刑？这一点，应该为缇萦点赞。

毫无疑问，汉文帝也值得称道。毕竟他是最高统治者，若不得到他的首肯，想要废除肉刑，绝对没门。当然，汉文帝作出这样的抉择，除了他性情仁厚之外，关键是懂得民心向背关乎王朝的兴衰。早在即位后的第二年，他就对官方堵塞言论的做法表示不满，严肃指出："今法有诽谤妖言之罪，是使众臣不敢尽情，而上无由闻过失也。将何以来远方之贤良？其除之。民或祝诅上以相约结而后相谩，吏以为大逆，其有他言，而吏又以为诽谤。此细民之愚无知抵死，朕甚不取。自今以来，有犯此者勿听治。"由此可见，汉文帝反对以言论治罪，欢迎下情上达，乐于倾听民众的呼声。

耐人寻味的是，文景二帝推行黄老的"无为而治"，却成就了中国历史上第一个盛世——"文景之治"。不过，所谓"无为而治"，并不是无所作为、无所事事，而是有所为、有所不为。有所为，就是采取"轻徭薄赋""与民休息"的宏观政策，促进经济社会发展；有所不为，就是尽量不扰民、不折腾，给民众以更多的自由，使之安居乐业。相比之下，秦王朝推行"有为而治"，崇尚严刑竣法，以为靠暴力的高压可维持长治久安。"繁刑严诛，吏治刻深，赏罚不当，赋敛无度。"无论是官吏，还是民众，动辄得咎，遭致重刑，整个社会弥漫着人人自危的心态。陈胜、吴广率领一批农民工执行任务，由于遇上大雨延误期限，依照法令，将要被处死。无奈之下，他们只好揭竿而起，举起反抗的大旗。一时间，天下响应者风起云涌，秦王朝旋即土崩瓦解。由此看来，一个小女子促成了肉刑的废除，实为缇萦与父亲之大幸，更是西汉王朝之大幸。

——原载于 2013 年 9 月 2 日《学习时报》

第二编

制度比人性更可靠

　　正如邓小平同志所言，制度好可以使坏人无法任意横行，制度不好可以使好人无法充分做好事，甚至会走向反面。像裴矩这样富有才智的人，若让他处于好的制度下，绝对是多做好事的好人，不会前后自相矛盾，一时是佞臣，一时是忠臣。

张释之秉公执法

"文景之治",是中国作为大一统国家所出现的第一个盛世。所谓盛世,亦称治世,顾名思义,就是国家得到良好的治理,亦即达到"善治"。从根本上说,"善治"实现的关键取决于依法治理。"文景之治"之所以出现,固然与朝廷推崇"黄老治术"、采取"轻徭薄赋""与民休息"的政策密不可分,更重要的是这些政策及相关法令得以有效执行。汉文帝时大臣张释之以严于守法、秉公执法而闻名,他与汉文帝之间形成良性互动,从中可以窥见"治世"之一斑。

张释之早年与兄张仲一起生活,由于家财殷实,就捐钱做了骑郎,侍奉汉文帝。作为低级侍卫官,他难以接近皇帝,也无法施展才能,十年内得不到升迁,默默无闻。张释之纠结不安,与人说:"长期做郎官,白白浪费哥哥钱财,心里不踏实。"为此,他萌生辞职回家的想法。中郎将袁盎知道张释之能干,担心他离去,便推荐他做谒者(相当于皇帝通信员)。担任此

张释之秉公执法

职可与皇帝接触，张释之见了汉文帝，开口就谈论国家大政方针。汉文帝笑道："说些现实问题，不要高谈阔论，说的可行现在就实施。"于是，张释之就谈起秦汉之际往事，畅谈秦朝何以灭亡、汉朝如何兴盛。这次丝丝入扣的长谈，打动了汉文帝，张释之当即被擢拔为谒者仆射。此后，张释之伴随汉文帝左右，以其卓越才识，赢得汉文帝信任，官位不断上升。

在担任公车令时，张释之遇见太子与梁王同乘一辆车入朝，至皇宫外司马门不下车，径直入宫。张释之赶紧追上去，阻止太子、梁王直接进宫，并且上奏皇帝，弹劾他们在宫门外不下车，犯下"不敬"过错。薄太后闻知此事十分震惊，文帝只好摘下帽子向母亲致歉说："都怪我管教儿子不严。"薄太后随即派使臣送达赦免诏书，太子、梁王才得以允许入宫。张释之如此严厉执法，更让文帝刮目相看，既而任命他为中大夫。不久，又让他升任中郎将。随着了解深入，文帝发现张释之可堪大用，于是任命他为廷尉，主管朝廷司法工作。

一次，文帝出巡经过中渭桥，有一个人突然从桥下跑了出来，让拉车舆的马受惊。文帝于是命令侍卫抓捕这个人，交给廷尉张释之处理。张释之讯问，那人说："我是长安县乡下人，听说清道禁止人通行，就躲在桥下。过了好久，以为皇帝车队已经过去，就从桥下出来，眼看皇帝车队正在路过，所以才跑了起来。"张释之报告处理结果，说那人违犯清道禁令，应处以罚金。文帝发怒说："此人惊扰了我的马，幸好我的马温良柔和，换了别的马，还不把我摔伤了？而廷尉只处以罚金，岂不太轻！"张释之说："法律，是天子与天下人必须共同遵守的。现在法律规定如此，若要再加重处罚，这样法律就不能取信于民。而在当时，皇上您立刻下令把他杀了也就罢了。既然把他交给廷尉，廷尉就得依法处理。廷尉，是维护天下公平的标杆，若有所偏失，天下执法者都会仿效，任意权衡轻重，老百姓岂不手足无措？愿陛下明察。"文帝沉思许久，对张释之说："廷尉处理是对的。"

后来，有人偷了高祖庙神座前的玉环，被抓到了。文帝非常恼火，下令廷尉治罪。张释之按照偷盗宗庙服饰器物相关的法律定罪量刑，上奏皇帝，判处偷盗者死刑。文帝勃然大怒说："此人胆大妄为无法无天，竟敢偷盗先帝庙里器物！我把他交给廷尉处理，是想要给他灭族，以惩效尤。没想到你只处死偷盗者本人，这不符合我恭敬奉承宗庙的心意。"张释之脱下帽子，叩头谢罪说："这样依法治罪已经足够了。况且罪名相同时，也要区分犯罪程度轻重差别。如今偷盗宗庙器物就处以灭族，万一有愚蠢的人挖长陵一捧土，陛下将用什么刑律处决呢？"案子搁置许久，后来文帝与薄太后说起此事，经太后认可，才准许张释之的判决。

透过上述故事，可见张释之执法或处事极为公正。所以，班固在《汉书·张释之传》中记述："张释之为廷尉，天下无冤民。"张释之因此成为古代执法者之典范，不仅在当世受到天下人的称颂，而且赢得后世清官廉吏的效仿与尊崇。现在看来，张释之秉公执法依然可圈可点。

首先是，张释之信守法律，尊崇法律。人类进入文明社会，任何时候都离不开法律。法之所以为法，主要是具有合法性与权威性。而其合法性与权威性，关键取决于包括君主在内的所有国人的信奉与遵守。如果法律不被信奉与遵守，就可能变成一纸空文，难以发挥应有效力。张释之认为，法律应该为天下人共同遵守，皇帝也不能例外。正是出于对法律的绝对尊崇，使他习惯于法律思维，凡事着眼于从法律角度观察与思考。司马迁称赞他："守法不阿意。"说明他只看重法律，而不是花心思揣摩、迎合领导（文帝）意图。如果领导意图与法律发生冲突，他坚持从法理上进行解释，力争说服领导。

其次是，张释之依法办事，公正执法。他坚持以事实为依据，以法律为准绳，秉公办事，依罪量刑。之所以能做到这一点，关键是他能坚持法律面前人人平等，对任何人一视同仁，不偏不倚，不欺软怕硬。不因为太子是未来皇帝，就容许他违规失礼，该制止的坚决制止，并果断上奏弹劾。不因为乡人是弱势群体，就对他的偶然过失处以重刑，哪怕违背皇上意愿，也要依法作出裁判；不因为一个偷盗皇家宗庙的器物，就从严诛灭其家族；治罪止于罪犯本人，即便皇上有灭族的意图，也要依法维护无辜者权益。正因为如此，司马迁认为张释之十分接近《洪范》所描述的王道境界："不偏不党，王道荡荡；不党不偏，王道便便。"

古往今来，执法的最大障碍大多来自外部阻力。因为当事人双方都希望执法者作出对自己有利的判决，为此不惜利用种种关系或手段施加影响，尤其是当权者偏好干预司法。对于张释之来说，执法过程中也遇到种种阻力，有时最大阻力竟然来自最高领导人汉文帝。在帝制时代，皇帝掌握生杀予夺大权，违背他的意愿会有极大风险，轻则免职丢官，重则杀头丧命。张释之遵从法律而不顺从圣意，需要很大勇气与智慧，这一点非常难能可贵。中国文字讲究象形会意，从"灋"字上看，一边是水，一边是去。水，就在于他意味公平，要一碗水端平；去，就是去私心杂念。唯有去私，才能维持"法"的公平。张释之之所以敢于排除外部阻力，就是追求司法公平，将个人得失置之度外。如果他过多考虑个人得失，自然会刻意迎合讨好汉文帝的。

在称道张释的同时，我们也要为汉文帝点赞。作为最高统治者，他能够虚心纳谏，接受张释之合理解释，维持他公正司法，是极为明智的。假如他妄自尊大，自以为是，"顺我者昌，逆我者亡"，就会否决张释之，罢免或处决张释之，那就不可能成就张释之秉公执法的美名，更不能缔造政治清明、社会安定的"文景之治"。遗憾的是，像汉文帝之类明君在历史上屈指可数，更多的是偏听偏信的昏君庸君，喜欢阿谀奉承、曲意枉法的奸佞，而不喜欢刚正不阿、敢于直谏的贤能。所以，除了"治世"之外，更多时候是处于朝政腐败、司法不公的灰暗状态；一旦内部动荡或外敌入侵，王朝难免要分崩离析，甚至土崩瓦解。

在中国古代社会，由于缺乏有效的机制监督约束君主，很难保证君主正确行使权力。这样，大臣的刚正不阿、敢于直谏就显得格外重要而可贵。在"伴君如伴虎"境况下，张释之能做到这一点，非常不容易。不过，他心里明白明君倒是可遇不可求。所以，文帝去世，景帝即位之后，张释之感到惶恐，称病在家。想辞职离去，又担心招致杀身之祸；想向景帝当面谢罪，又不知如何办好。经过长者王生指点，他终于面见景帝并谢罪，景帝也没有责怪他。但是，张释之在景帝朝继任廷尉一年后，就被贬谪为淮南王相，原因还是景帝对做太子时被张释之阻挡弹劾的往事难以释怀。看来，景帝还不够宽宏大量，较之文帝还有差距。

——原载于 2016 年第 8 期《月读》杂志

汉代第一地方长官黄霸

汉代的地方政府分为两级，即郡与县。全国共有一百多个郡，一个郡辖十多个县。郡长官叫太守，地位与九卿平等，也是二千石。郡太守调到中央可以做九卿，再提升即为"三公"；九卿也可以放出来做郡太守。古人云："郡县治，则天下安。"郡县能否治好，地方长官至为重要。两汉的地方吏治，之所以为后世推崇与称道，除了制度安排之外，主要是诸多地方长官做过成功实践，收到良好的成效。西汉名臣黄霸，就是其中的杰出代表。

治理颖川天下第一

黄霸（前130年—前51年），字次公，淮阳阳夏（今河南太康）人，历仕汉武帝、汉昭帝、汉宣帝三朝。黄霸少学律令，志向远大。汉武帝末年，他通过捐官入仕，先后任河南太守丞、廷尉正、扬州刺史、颖川太守等官职，最后官至丞相。作为汉

像之霸公相丞漢

天资颖悟非
雨俗之趋聚
決疽宽厚并
宋俗之趋崇
爱养于徐也
崇理庭之俗
异段治於陰
也錫水火之
朝倏

黄霸

代人物，黄霸主要以善于治理郡县而闻名。他为官清廉，外宽
内明，治理有方，政绩卓著。后世将他看作"循吏"的典范，
其生平事迹被载入《汉书·循吏传》。

所谓循吏，说白了，就是奉公守法的好官。黄霸曾先后出
任颖川太守八年，将颖川治理得井然有序，显现出欣欣向荣的
局面。史书称赞："（黄）霸以外宽内明得吏民心，户口岁增，

治为天下第一。""自汉兴，言治民者，以（黄）霸为首。"
（《汉书·循吏传》）汉宣帝神爵四年（前58年）四月，朝
廷在诏书中赞扬他："颍川太守（黄）霸，宣明诏令，百姓向
化，孝子、弟弟、贞妇、顺孙日以众多，田者让畔，道不拾遗，
养视鳏寡，赡助贫穷，狱或八年无重罪囚；吏民向于教化，兴
于行谊，可谓贤人君子矣。《书》不云乎'股肱良哉'？其赐
爵关内侯、黄金百斤、秩中二千石。"（《汉书·循吏传》）

黄霸能把一个郡治好，无疑要归因于他的为政之道。所谓
为政之道，主要包括施政理念、治理方式与治理能力。综观黄
霸事迹，不难看出其施政理念源于中国古代民本思想。《尚书》
中有言："民惟邦本，本固邦宁。"大政治家管仲说过："政
之所兴，在顺民心。政之所废，在逆民心。"黄霸曾从夏侯胜
学习《尚书》，他一定深刻领悟到了民本思想的精髓，所以后
来出任地方长官付诸实践，进而取得了突出的政绩。

以民为本施政惠民

思想理念决定行为方式。正是基于民本思想，黄霸采取较
为开明、宽和、务实的方式实行治理。汉武帝末期，削弱丞相
职权，推行严刑峻法，以强化个人权威。汉昭帝即位，大将军
霍光执政，大臣争权，相互倾轧，为了稳定局势，霍光沿用武
帝时做法，实行高压统治，以严厉刑罚约束官民。于是朝廷与

地方官吏都崇尚严酷，以打压他人为能事，唯有黄霸以宽容温和风格从政行事。无论担任什么官职，黄霸始终坚持廉洁奉公，善待民众，"处议当于法，合人心"，赢得官民一致爱敬。

汉宣帝为戾太子之孙，在民间长大，了解百姓疾苦。霍光去世后，汉宣帝决意革除一些弊政，接连发布诏书，推出一系列惠民政策。当时，许多地方官吏拒不宣传诏书精神，隐瞒朝廷惠民政策，仍借苛捐杂税盘剥百姓。时任颖川太守的黄霸，却指派优秀官吏深入乡村，宣讲诏书内容，让老百姓都知道皇上恩典与朝廷惠民政策。

黄霸不仅宣讲与执行朝廷的宽松政策，而且推出一系列举措，促进地方和谐与发展。其一大力发展农业，劝导农民搞好耕种桑蚕，节俭增收，种植树木，养殖牲畜，不喂养吃谷的马匹。这些米盐之事十分繁琐，却关乎民生，黄霸付出大量心力督导推行。其二做好救困济贫，让驿站、乡里治所都喂养鸡猪，以便赡养鳏寡贫穷者。乡村有孤寡老人去世，没有后人办理丧葬，黄霸就指示乡里出面料理。其三注重民众教化，挑选德高望重的长者担任伍长，让他们在民间作为表率并进行自治，引导民众向善去恶防奸。这样有利于提升民众的道德水平，养成纯朴风尚，有德行的好人日益增多。其四维护社会治安，教化不改，然后诛罚。黄霸注重"普法"教育，将国家刑律均告之于民，达到家喻户晓，并且制定安民条款，规劝民众遵章守法，故而本郡犯罪率极低，盗贼日益减少，奸人歹徒纷纷流向它郡。

外宽内明得吏民心

黄霸取得卓越的政绩，无疑与他的个人品德、能力密不可分。史书说他"为人明察内敏，又习文法，然温良有让，知足，善御众"。

黄霸虽为一郡最高长官，却为人低调，毫无官僚习气。他勤政务实，经常深入基层，实地了解情况，故而处事十分得当。他善于调用下属，百姓之事，无论巨细，都派人详加调查并妥善办理。哪怕是老百姓的家常琐事，也会考虑周详。

黄霸断案

有一次，黄霸得知某乡有位孤寡老人去世，没有后人来安葬，就亲自督管此事。他告诉下属官吏：哪个乡的大树可以砍伐作为棺木，哪个驿站饲养的猪可以用来祭祀。下属依言前去，证实他所说的一言不差，叹服他有如神明。另据史书记载，黄霸曾经安排一名年长清廉的属吏出行访察。属吏一路风尘仆仆，不敢在邮亭进餐，饿了就在路边吃自带的食物，一只乌鸦忽然飞过来，叼走他手里的肉。恰巧有人要去郡衙，看到了这一幕，就告知于黄霸。属吏回来后，黄霸迎上去慰问道："您出差太辛苦了，在路上吃饭还被乌鸦抢走了肉。"下属大惊，以为黄霸对其行踪了如指掌，故而如实汇报情况，丝毫不敢有所隐瞒。

黄霸不仅体恤民众，而且关爱下属官吏。许县有一位县丞年纪老了，耳朵也聋了，督邮报告黄霸，要将他辞退。黄霸不同意，决定留用那个县丞，于是对督邮说："这县丞是一个廉洁的官吏，虽然上了年纪，还能应付官场拜起送迎之类公事，即使聋了，又有何妨？还是给予帮助关照，不要让贤德之人失意。"有人请教其中缘故，黄霸解释说："一再更换长吏，送旧迎新的费用，以及狡猾官吏乘机销毁账簿文书而盗窃财物，对于公私都是很大损失，所有费用都得百姓埋单；换上的新官未必贤良，也许还不如前任，如此反而加剧混乱。大凡治民之道，不要做得太过头即可。"黄霸真是深思熟虑，此举可谓一举两得，既照顾了老同志，又节约了财政支出。他的外宽内明，富有人情味，故而"得吏民心"。

两样施政结果迥异

黄霸"善治"颖川，赢得官民爱戴，获得朝廷赞誉，而当时的河南太守严延年对他并不认可。与黄霸一样，严延年少时好学法律，担任过郡吏。二人同为地方长官，为人处事风格、施政理念与治理方式却迥然不同。黄霸以"宽和"而闻名，以善待他人受吏民爱敬；严延年以严酷而著称，以"多刑杀人"来树立威信。黄霸治颖川，郡中太平，连年丰收；皇帝认为他贤能，下诏予以表彰并赏金赐爵。对此，在邻郡做太守的严延年心里很不平衡。

史书称严延年"为人短小精悍，敏捷于事"。尽管他可以把地方整治得路不拾遗，却不能获得吏民拥护，官吏对其敬而远之，民众对他望而生畏。因为他"阴鸷酷烈，众人所谓当死者一朝出之，所谓当生者诡杀之，吏民莫能测其意深浅，战栗不敢犯禁"（《资治通鉴·汉纪十九》）。每年冬月，他都要下令处决罪犯——"传属县囚会论府上，流血数里，河南号曰'屠伯'"。

严延年如此严酷，他的母亲并不赞同。一次，严母从东海赶到洛阳，准备与严延年一起过腊节，正遇见奏报处决囚犯。严母顿时大惊，便停留都亭，不肯进入郡府。严延年到都亭拜谒，她闭阁不见。严延年在阁下摘去帽子叩头，许久，母亲才见他，当即数说他的过错并大加指责，说他身为治理千里的郡守不施行仁爱教化，安抚百姓，反而滥用刑罚杀人立威，岂是为民父母官的表现？严延年重重叩头认错，亲自赶车将母亲接到府舍。过完腊节，严母对严延年说："天道神明，杀人太多必遭报应。我不愿在老年时看见儿子受刑被戮！我走了，离开你回东海郡，等待他日为你扫墓。"果然不出所料，一年后副职同僚向朝廷举报严延年，然后服药自杀；御史中丞负责按验，查实严延年所犯数事，处以弃市。偏好刑戮的酷吏，终究亲身体验刑戮的滋味。

　　当然，黄霸并非完人，也有他的局限性。因治理颍川有功，黄霸被征召进京，担任太子太傅，随后又为御史大夫。五凤三年（前55年），丞相丙吉去世，黄霸接任为丞相，封建成侯。丞相为政府首脑，统领百官，总揽朝纲，发号施令，既要知人善用，又要驾驭全局。在丞相职位上，黄霸表现得并不卓越，风采不及魏相、丙吉、于定国等名相。不过，黄霸擅长于在地方为官治民，治理颍川的政绩有口皆碑，不愧为汉代第一地方长官。

——原载于 2015 年 3 月 2 日《学习时报》

陶渊明何以自炒鱿鱼

东晋义熙元年（405年）冬月，江州郡督邮例行公事，到辖区各县巡察。督邮是一郡最高长官太守的属吏，官位虽然不高，却很有权势。督邮下基层，通常代表太守视察县乡，宣达政令，督导政务，兼理司法。年关将近，督邮此次巡行，还兼有年度考核使命。

不消说，各地都非常重视督邮大人的巡察。所到之处，无不隆重接待，礼遇有加。县令率属僚亲自去城郊恭迎，参与接待全过程，洗尘宴、接待宴、饯行宴，餐餐山珍海味、美酒佳酿伺候；末了，县令又亲送客人到城外。督邮大人"挥手一别，不带走一片云彩"，只有那驾行李车带走当地土特产和一笔钱财。一般来说，督邮巡行要出动"三驾马车"，一驾为督邮专座，一驾为随从副座，一驾为行李车。行李车，美其名曰携带行李，其实是负载各地的馈赠。

然而，出乎督邮大人意外的是，在他进入彭泽县城之前，并没有看到县令在城郊恭候。等了好一会，迟迟不见县令出来迎接，他不禁询问随从是否提前通知彭泽县。随从很肯定地说，通知三天前就送达了。督邮大人顿时一愣，想必该县令是有意不给面子；不恭候也罢，咱大人大量不跟你计较。尽管心里不悦，他还是摆出淡定的样子，吩咐左右直奔县衙而去。从道理上讲，督邮大人也不能跟人家计较，因为今年皇帝重新复位，朝廷整饬吏治，倡导轻车简从；督邮的官位并不高于县令，县令到城郊恭迎督邮，原本不合礼数。可是，别人那样，你却这样，就显得另类。督邮大人一路寻思：彭泽县令，小小县令，久闻其名而不见其人，今天我倒要见识见识你是怎样的人！

彭泽县令何许人也？他就是著名诗人陶渊明。不过，当时他还不太著名，只是后来梁太子萧统极力表扬，他才名声大振。那时候他尽管年过四十，做县令却不足三月，官场资历还很浅。在接到督邮将来本县巡察的消息时，一个资深属吏就提醒陶县令，一定要做好接待工作，并且叮嘱他："应束带见之，还得……"属吏尚未交代完毕，陶县令就打断他："这只是一次例行公事而已，一切听我安排。"

督邮一行来到县衙，只见陶县令及属僚站在门口迎接，却不见学童们夹道欢迎，也不见写着"热烈欢迎督邮大人前来督察！祝督邮大人身体健康！"的欢迎牌。太没有欢迎气氛了。督邮有些窝火，让他莫名其妙的是，陶县令与他照面时，抱拳一揖，微笑道："好都邮督！"督邮不明就里，心里嘀咕：好

耻事二姓克全三明
高志远识播之词章

陶渊明

陶渊明

什么好！其实，陶渊明是在向他问好，那句话反过来就是："督邮都好？"可惜，他不懂陶渊明的幽默。有的专家可以考证，陶渊明可能懂英语，那句话应为"How do you do"的音译，包含着"您好""幸会"的意思。

寒暄之后，督邮被迎进会客厅，随即切入正题。督邮大人首先作重要讲话，传达上面指示精神，说明这次督察意头；陶县令接着作述职报告，汇报其施政履职情况；最后搞了一个测评，就是让属僚对县令进行评价，以九个等次之一给予评判。

走完程序，已过晌午。陶县令提议，大家一起共进午餐，督邮大人点头允诺。通往县衙食堂的路上，督邮大人琢磨，假若午宴办得丰盛，欢迎礼数不周就可以原谅。进入食堂，督邮大人不禁大失所望，呈现在眼前的居然是几桌"梅花餐"，也就是"五菜一汤"。尽管鸡鸭鱼肉皆有，相对外县的盛宴而言，简直就是打发叫花子。督邮大人有些恼火，却不便当面发作，只好虚情假意地应付，因为朝廷有规定，公务接待不能铺张浪费，"梅花餐"是合乎标准的。陶县令倒不觉得寒碜，向客人一一敬酒，推杯换盏，落拓大方。

进餐完毕，督邮大人告知陶县令，由于时间紧张，不便在彭泽久留，下午即往别处巡行。可以想见，督邮大人颇不满意，不过心里仍存一线希望，假若临别时收到一份厚礼，薄宴待客也可忽略不计。但是，当他离开县衙将要告辞的时候，却不见陶县令有奉送钱物的意思。好一个陶渊明，你竟然恃才傲物，不把本官放在眼里，太狂妄了！督邮大人心里打鼓，怒火已然按捺不住，脸面呈现出猪肝色。出于官场礼仪，督邮大人没有开口呵斥，只是招呼陶县令到跟前，郑重其事地耳语几句，刻意吐露一些信息：考评情况很不好，多半属僚给陶县令划了下下等；另外，在来彭泽途中，督邮大人遇到一伙强人拦截，幸亏有随从护卫，才免遭抢劫。

不言而喻，督邮大人是向陶渊明宣示，你这个县令得不到同僚认可，境内治安状况不好，说明你治理无方，不称职。果真如此吗？当然，事实并非如此。同僚当中的确有人给陶县令划为下下等，但不占多数；说多半人为之，其实是督邮大人夸大其词，添油加醋，意在打压陶渊明的傲气。实际上，那些人之所以划陶县令为下下等，也是出于个人恩怨：因为陶渊明上任之后，就致力于反腐倡廉，革除官场陋习，推行"养廉田"。所谓"养廉田"，就是将公家闲置田地交给官吏耕种，一部分上缴公家，一部分补贴家用。按说这是一项很好的举措，让官吏既体验劳作之不易，又能增加收入，还减轻官库和农民负担。可是，这项举措却让一些官吏不高兴，他们早已习惯不劳而获，偏好借盘剥、克扣或索贿谋取私利，"灰色收入"来得多、快；而今封闭"灰色通道"，让他们也像农夫那样"锄禾日当午，汗滴禾下土"，不免迁怒于陶渊明。不过，那些有良知的官吏认为，自己及家眷耕种"养廉田"，收获辛勤劳动成果，心里感觉到清白踏实。至于说，境内有强人活动，纯属督邮大人凭空捏造。当时彭泽民风质朴，加上近年风调雨顺，并没有强人出没。督邮大人如此信口开河，无非是抹黑陶县令，对他进行恐吓和讹诈，因为社会治安事关重大，可以一票否决"乌纱帽"。

在上车离开之前，督邮大人对陶县令狡黠地笑道：我等先到驿馆歇息一会，陶大人好自为之，好自为之。这是暗示陶渊明，本官给你留有余地，如果你识相的话，赶紧备上钱物送到驿馆，咱们不伤和气，你好，我好，大家都好；如果你玩清高，不按潜规则行事，那就对不起，本官在太守面前说道一番，即便不炒你鱿鱼，也让你吃不了兜着走。督邮的潜台词，陶渊明心知肚明，但他并不屈从其威逼利诱，依然神情自若地话别：督邮大人一路走好，恕不远送！

督邮走后，有属僚向陶渊明建言，尽快给人家补送礼物，陶渊明断然拒绝。属僚解释说："历年督邮巡行，历任县令都会孝敬，这已是约定俗成的例规，陶大人可不要破例。"陶渊明说："这是官场恶规陋习，陶某人不想遵从。"属僚劝导说："该花销的就得花销，反正羊毛出在羊身上，来年向老百姓多征收一点就行了。"陶渊明反问道："为了讨好一个督邮，就不惜盘剥全县百姓？"属僚坦言道："大人的官印不是百姓给的，他们决定不了大人的去留；督邮就不同，他在太守大人面前嘀咕几句，就可以摘您的乌纱帽，或让您穿小鞋子。陶大人，看在仕途要紧的分上，您委曲求全一回吧。"陶渊明叹道："对不起，我不会为了五斗米，向这个乡里小儿折腰！"

陶渊明说完，随即挥毫写下辞呈，然后带上官印，骑马奔向驿馆。看见陶渊明赶到，督邮大人眉开眼笑，以为他前来补送礼物。没想到，陶渊明将辞呈和官印递交给督邮，一言不发，就策马离去。督邮大人一时莫名其妙，看了陶渊明的辞呈，不禁勃然大怒，朝着他的背影呼喊："陶渊明，好一个陶渊明，你这是咎由自取！"

随着陶渊明的背影消失，督邮大人的火气也烟消云散。仔细想来，他觉得陶渊明还算知趣，用不着他打小报告，就主动辞职了。说实话，彭泽县一毛不拔并无大碍，别的县馈赠礼物

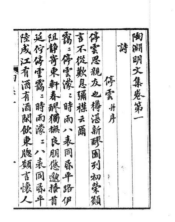

陶渊明文集书影及小像

已将行李车装得满满的，足以让督邮和太守两家欢欢喜喜过大年。当然，督邮大人并非欠缺一个县令孝敬，问题在于像陶渊明这样不按惯例出牌，势必破坏或触犯官场潜规则，如果别的县令也如此效尤，岂不断了上司的财路？毫无疑义，官场是不容许另类存在的。所以，即使陶渊明不主动离开，上司也要清理门户，将他淘汰出局。

现在看来，陶渊明之所以不为五斗米折腰，主动炒自己的鱿鱼，既是当时情势所迫，也是自身品格使然。梁太子萧统非常仰慕陶渊明，曾经坦言："余爱嗜其文，不能释手，尚想其德，恨不同时。"称赞他"安道苦节，不以躬耕为耻，不以无财为病"。在《五柳先生传》中，陶渊明也表明自己 "不慕荣利" "不戚戚于贫贱，不汲汲于富贵"。

性格决定命运，陶渊明不为五斗米折腰，无疑与他的高尚品性密不可分。但是，陶渊明毕竟也活在尘世，他的主动辞职，其实也包含诸多深层原因，并非一时冲动，率性而为。个人认为，除了品性原因，至少还有以下因素：

其一是家世的渊源。尽管陶渊明家境贫寒，却是世家子弟——其曾祖父陶侃是一代名将，官拜大司马，为稳定东晋政局立过大功；外祖父孟嘉也非等闲之辈，做过大将军桓温的长史。陶侃虽以武功闻名，实质上却是一个文人，时人称赞他"神机明鉴似魏武，忠顺勤劳似孔明，陆抗诸人不能及"；而孟嘉也是清操自守、博雅平旷的高士。陶渊明虽然没有从这些先辈那里继承到官位和财产，却秉承了他们的清操和气节，养成了高雅的风度。尽管身为小邑县令，陶渊明却心高气傲，所以当督邮借巡察索贿之时，他会觉得这一举动很卑劣，故称之为乡里小儿，深感不齿。那一刻，督邮在他眼里如此渺小，就是打死他也不会低头弯腰。

其二是家人的理解。陶渊明不迷恋官位，不追求富贵，自然也离不开家人的理解和支持。尤其是妻子翟氏，"亦能安勤苦，与其同志"。陶渊明在彭泽推行"养廉田"，她积极响应，主动申请耕种，"使二顷五十亩种秫，五十亩种粳"。陶渊明几次辞去公职，她都表示理解和支持，从不责怪和抱怨；她无怨无悔地支持陶渊明，与他一起自食其力，过着夫妻恩爱苦也甜的日子。试想，假若家人贪图物质享受，陶渊明能多次辞去公职，轻易放弃县令官位吗？

其三是衣食的保障。这一点，主要取决于田地支撑。正因为家乡有田地可以耕种，陶渊明才能不为五斗米折腰，才能远离混浊的官场，进退自如地生活。家乡的田地，不仅为他解决衣食问题，而且给他以精神安慰。"采菊东篱下，悠然见南山""晨兴理荒秽，带月荷锄归""相见无杂言，但道桑麻长"。这既是生活，也是诗篇，一种充满诗意的生活。假如没有田地，陶渊明何以安身立命，何以保持人格独立？总不能靠喝西北风过日子吧。

不过，在那个年代，私家田产并非神圣不可侵犯，官府要修理一个人倒是轻而易举，如同践踏一只蚂蚁那么简单。所以，陶渊明在辞去彭泽县令之后，并没有发帖子揭露官场腐败黑暗，以免触怒官府而失去耕种的权利和自由。在《归去来兮》一文中，他也没有说明辞官的真相，只是以妹妹去世为借口而敷衍。史书也没有详细记载，寥寥数语，让人觉得唐突，不合常理。其实，当初太守推举陶渊明为官，意在让他脱贫致富，也是出于一片好心。既然不愿同流合污，也不能把人家的好心当作驴肝肺，为此他选择了沉默。但是，在《感士不遇赋》里，追忆前代高洁之士遭遇坎坷，他禁不住感叹悲泣，"泪琳浪以洒袂"。

可以断言，陶渊明当时同意做官，也含有改善自身处境的因素，但他更倾向于有所作为。遗憾的是，凭借一己之力，他无法改变混浊的官场。假若他能主动适应或委曲求全，照样可以升官发财，活得很滋润。然而，陶渊明毕竟是陶渊明，"宁固穷以济意，不委曲而累己"。为了心灵的自由和人格的尊严，他情愿自炒鱿鱼。此举，使官场缺少了一个陶姓县令，却成就一个伟大的田园诗人。我们既感到庆幸，也感到悲哀，因为以后的官场仍在重复昨天的故事，并不因为陶渊明的辞职而有所反省有所改进，依然按照陈规陋习运行。

——原载于 2013 年第 5 期《群言》杂志

前后判若两人的裴矩

在中国古代，人们习惯于以二元对立、非此即彼的思维方式评判人物，往往将大臣划分为奸佞与忠良两大类。然而，社会与人性是复杂的，有些人物是不能简单归类的。比如裴矩，历仕隋唐两代，在隋末表现为奸佞，在唐初表现为忠良，前后竟然判若两人，这一现象着实耐人寻味。

裴矩（547—627 年），原名裴世矩，后因避唐太宗名讳而改为裴矩。他出身于官宦之家，博学多才，擅长谋划。杨坚任北周定州总管时，他应召为幕僚，颇受亲敬。杨坚建立隋朝后，他参与灭陈之战及平定广州叛乱，累迁吏部侍郎。随后他受命经营西域十余年，几乎走遍西域各地，熟悉西域山川地理风俗人情。这期间，他展现出外交家、战略家的才智，利用计谋离间突厥，使这个强盛的草原帝国实质上分裂为东西两大汗国，借内耗削弱其实力，从而减轻对中原的威胁，也为日后唐朝战胜突厥埋下伏笔。与此同时，他致力于中西商贸和文化交流，使西域四十国臣服朝贡于隋朝。

隋炀帝即位后，裴矩仍受重用，参预朝政。毫无疑问，凭借自身经验与才能，裴矩做过不少有益于国家的事情，尤其在外交策略、安定边境方面立下卓越功勋。与此同时，裴矩善于揣摩隋炀帝的心思，往往投其所好。隋炀帝曾称赞裴矩："大识朕意，凡所陈奏，皆朕之成算，未发之倾，则矩以闻；若非奉国用心，孰能若是！"裴矩洞悉隋炀帝心理，为迎合他的好大喜功，居然出了不少"馊主意"，既为自己换来佞臣名声，也在客观上危害隋朝国运。大业六年（610年），裴矩建议在东都洛阳举行元宵庆典，向戎狄展示国家繁荣富强。全国数万名艺人被召集到洛阳汇演，丝竹喧嚣，灯火辉煌，闹腾一个月，耗费惊人；此外，把街道市场整饬一新，店铺铺上地毯，树木缠上丝绸；为炫耀富有，免费向外国人提供食宿，外国人享用美酒佳肴，不用付钱就拍屁股走人。如此做秀，既浪费钱财，又滋生浮夸风。为助炀帝成就"四夷宾服、万邦来朝"的梦想，他不顾国内民变频起的局势，支持发动对高丽的战争，三次出兵过百万，终究无功而返，严重消耗国力，动摇国本。大业末年，裴矩随炀帝出巡江都，当时义军四起，卫兵士气低落，逃跑不断；于是他向炀帝出点子，把江都女子征集起来，分配给卫士们"恣欲"，以稳定军心鼓舞士气；炀帝大喜，立即下令照办，包括尼姑、道姑在内的众多女子顿时成为"慰安妇"。

隋炀帝被弑后，裴矩被宇文化及任命为河北道安抚使，随

唐太宗喻政

后又被河北义军俘获，为窦建德所用；窦建德兵败被杀，裴矩率余部降唐，此后又被李渊父子委以重任，先后任殿中侍御史、民部尚书。供职于唐廷，裴矩似乎变成了另一个人，恪尽职守，秉公办事。唐太宗即位之初，裴矩更能净言直谏，敢于为皇帝纠错。有一次，唐太宗得知许多官员涉嫌受贿，决意惩治腐败，于是暗中派人以财物行贿，测试他们是否廉洁。有个官员接受了一匹绢缯，太宗很生气，要把他杀了。裴矩进谏说："官员接受贿赂，确实应该严惩，但陛下使用财物试探他们，让人落入犯法的陷阱，恐怕不符合'道之以德，齐之以礼'的圣训。"太宗觉得裴矩言之有理，欣然纳谏，并召集五品以上的官员褒奖他说："裴矩当官能力争，不看朕脸色行事；如果每件事都能如此，何愁天下不治！"

针对裴矩在隋唐的不同表现，司马光这样评述："古人有言：君明臣直。裴矩佞于隋而忠于唐，非其性之有变也。君恶闻其过，则忠化为佞；君乐闻直言，则佞化为忠。是知君者表也，臣者景也，表动则景随也。"

司马光的见解十分精辟，他认为裴矩前后判若两人并不矛盾，只是遇到不同的君主，作出不同的反应。其实，司马光的观点可用现代数学模型表达，即每个人都以复合函数形式而存在。具体表达式为：

$$y = f(u) \text{ 或 } y = f[g(x)]$$

式中 $u = g(x)$，为中间变量；x 称为自变量，y 为因变量（即函数）。

对于普通人来说，只能通过中间变量 u，与君主产生函数关系。就君主身边大臣而言，表达式可以简化为：$y = f(x)$。用司马光话说，"君者表也"，即君主是外部条件，是自变量 x；"臣者景也"，即臣子是君主的影子，是因变量 y。建立了数学模型，就不难看出"表动则景随"，就容易理解裴矩何以前后判若两人。

或许有人质疑，为什么君主是自变量？答案是不言而喻的，因为君主拥有至高无上的权力，处于主导与支配地位，是天下臣民不可改变或难以改变的自变量。面对这个客观存在，人们只能去适应它，却不能或难以改变它，更多的时候是改变自我。对于裴矩来说，你不可能让李世民改名为李民，只能将原名裴世矩改为裴矩，因为你没有让君主改名的权力，臣民避君主名讳在古代是理所当然，也是礼所当然。

从函数关系看，"君明臣直"即为显而易见。英明的君主，能以包容的心态面对事物的多样性和复杂性，愿意倾听不同的声音，力求客观理性作出决断或评判，并且善待每个进言者，故而形成宽松的言论环境；这样臣子就敢于直言、就敢于讲真话，因为他们没有后顾之忧，不必担心动辄得咎，不会遭致牢狱之灾或杀身之祸。相反，君主若不英明，或者说比较昏庸，则喜欢臣子阿谀奉承，听到逆耳之言就不高兴，进而打击进言的臣子，轻则摘除其头上的乌纱帽，重则取其头颅。一旦直言或讲真话要付出代价，臣子往往权衡利弊，作出相应的选择，要么保持沉默，要么投其所好。所以，历代昏君身边总会聚集一批佞臣。隋炀帝并非昏君，但是他自视甚高，刚愎自用，好大喜功，不能虚心纳谏，加上刻薄暴虐，也容易滋生迎合君主的佞臣。

裴矩前后看似判若两人，其实是函数演算的正常结果。两个结果的不同，只是因为两个自变量发生了变化而已。

当 x 为隋炀帝，y（裴矩）＝佞臣；

当 x 为唐太宗，y（裴矩）＝忠臣。

实际上，除了裴矩，换了任何人（包括魏徵），两个等式都成立。因为人性基本相同，面对外在环境，都会以趋利避害的方式作出选择。即使是魏徵，也会优先顾及身家性命，他曾经对唐太宗说："愿使臣为良臣，勿为忠臣。"明确表示不愿做面折廷争、身诛留名的忠臣。假如魏徵侍奉隋炀帝，或许像裴矩那样做佞臣，因为他也是理性人，侍候太子李建成的时候，就曾为他出过谋害李世民的主意，这不能说不是为李建成和自己着想，毕竟两人是一根绳上的蚂蚱。正是因为唐太宗不计前嫌、虚心纳谏，才能成就魏徵敢于直言的美名。

众所周知，在君主专制时代，君主的贤明与否，在很大程度上决定国运兴衰。因此，公众心里莫不向往明君，指望身逢盛世享太平；朝廷大臣，尤其是心系苍生的贤臣更希望遇到明君，那样可以坦言直谏，纠正君主的错误，弥补政策的缺陷。狄仁杰曾经说过："犯颜直谏，自古以为难。遇桀纣则难，遇尧舜则易。"问题在于，尧舜式明君在历史的天空寥若晨星，更多的是不似人君的昏庸之辈。即便像唐太宗这样首屈一指的明君，也不能时时处于英明状态。据史料记载，唐太宗也曾因魏徵犯颜直谏而恼羞成怒，表示要杀掉那个田舍翁，幸好长孙

《贞观政要》书影

皇后耐心劝慰，才使魏徵免遭杀身之祸。毕竟明君是人不是神，是人，就有人性的弱点，就有可能犯错误。所以，不能完全寄希望于明君。

真正可以寄予希望的，恐怕只有法律与制度，准确地说，是良法与善制。正如邓小平同志所言，制度好可以使坏人无法任意横行，制度不好可以使好人无法充分做好事，甚至会走向反面。像裴矩这样富有才智的人，若让他处于好的制度下，绝对是多做好事的好人，不会前后自相矛盾，一时是佞臣，一时是忠臣。

——原载于 2014 年 7 月 7 日《学习时报》

戴胄的廉直

在《贞观政要·论俭约》后面,有四段文字简要记述了岑文本、戴胄、温彦博和魏徵等人的俭朴品行。作为官至宰相的大人物,他们之所以俭朴是由于清贫,而他们之所以清贫是由于清廉。试想,他们要是以权谋私的话,绝对不会落到清贫地步。所以,假如评选感动大唐的廉政人物,他们应当之无愧地入选。不过,同是廉政人物,各人性格事迹不尽相同。本文将要推介的是戴胄,且看他何以成为清官廉吏。

史料记载,戴胄为人坚贞正直,办事干练,熟知律法,通晓文案。隋末,他曾任门下录事,得到纳言苏威、黄门侍郎裴矩的赏识。隋炀帝遇害后,王世充在洛阳立越王杨侗为帝,戴胄被任命为给事郎。王世充试图篡位,戴胄直言劝阻,王世充点头同意,觊觎之心并未收起。不久,王世充胁迫小皇帝为自己加九锡殊礼,戴胄再次劝谏;王世充恼羞成怒,将戴胄贬为郑州长史,让他与王行本一同守卫虎牢。稍后,王世充废杨侗

戴胄

而自立称帝，国号为郑。唐武德四年（621年），秦王李世民攻克武牢，戴胄被引入秦王府任士曹参军。

贞观元年（627年），大理寺少卿（最高审判机关副职）出缺，唐太宗首先想到了戴胄："大理寺少卿，是关系到人命的官职，戴胄清廉正直，正是最佳人选。"戴胄刚被任命为大理寺少卿，随即遇到一件麻烦事。有一天，长孙无忌应召参见皇帝，没有解下佩刀就进入皇宫的东侧门，出了阁以后，走到东门口，守门的校尉才发觉。尚书右仆射（宰相）封德彝认为，守门校尉没有及时发觉问题，应当处死刑；长孙无忌失误带刀入内，应

長孫輔機像

长孙无忌

判徒刑二年，罚铜二十斤。唐太宗同意这个意见。戴胄反驳说："长孙无忌带刀入宫，校尉没有发觉，同为失误；但臣子对于皇帝不能以过失推脱责任。按照法律规定：供奉皇帝汤药、饮食、舟船之人，发生任何差错都要处以死罪。陛下如因长孙无忌有功而从宽处理，这就不是司法机关可以议定的；如果依法处理，那么罚铜是不合适的。"唐太宗说："法律不是我一人的法律，是天下的法律。怎能因为长孙无忌是皇亲国戚，就可以徇私枉法？"于是下令重新审议。封德彝坚持最初的意见，唐太宗默认。戴胄再次辩驳说："校尉因长孙无忌而获罪，依法应当从轻处理；就过失而言，两者情节严重程度相同，而判决却有生死之别，这样显失公平，我斗胆请求宽恕校尉。"唐太宗觉得戴胄言之有理，也就免除了校尉的死刑。

戴胄就是这样正直，凡事总是秉公而断，依法处理。哪怕自己意见与皇帝相左，只要有法理依据，他坚决据理力争，绝不曲意枉法而迎合皇上。当时朝廷大力选举人才，有人为了上进竟然伪造身份资历篡改谱牒。唐太宗特地下诏，允许作伪者自首，凡不自首的，一经查出，死罪论处。不久，有一位作伪者事情败露，戴胄负责受理此事，依法判处此人流放，并报告皇上。唐太宗召见戴胄，当面斥责道："我当初下诏令，说不自首者处死，你现在按法律判他流放，这不是向天下表明我说话不算数吗？"戴胄回答："陛下如果当即下令处死他，臣下自然无法干预。既然走司法程序，为臣就不敢违背法律。"太宗质问："你只顾自己遵守法律，却让我失信于天下？"戴胄解释："法律是国家为布信天下人而定的，言语是一时喜怒说出来的。陛下凭借一时忿怒而杀人，其实心里也知道这样不妥，故而交给臣下依法论处，这叫做忍小忿而存大信。如果曲从个人情绪而违背法律的信用，臣为陛下感到惋惜。"太宗顿时醒悟，欣然采纳戴胄的意见，并对他说："我在法律上有所失误，你能予以纠正，我就没什么忧虑了。"

的确，戴胄参与办理任何案件，都以法令条文为依据，分析周密细致，逐条厘清罪证，言辞如泉涌，极富说服力。为了维护公正，他多次犯颜直谏。好在唐太宗为从善如流的明君，不仅没有迁怒于他，反而不断予以提拔重用。继大理寺少卿之后，戴胄升任尚书左丞。贞观二年，唐太宗又让他与魏徵一同担任谏议大夫，检点朝政得失。贞观三年，戴胄升任民部尚书，兼任检校太子左庶子。杜如晦病逝后，唐太宗遂让戴胄代理吏部尚书，仍旧担任民部尚书、太子左庶子、谏议大夫。贞观四年，戴胄不再代理吏部尚书，以民部尚书之职参预朝政，成为宰辅大臣。

值得注意的是，尽管戴胄的官位不断上升，但他还是一如既往地严守法度，从不以权谋私，从不经营产业，除了法定俸禄及皇帝赏赐，没有任何灰色收入。所以，戴胄虽贵为宰辅，却住着简陋的房子，过着简朴的生活。贞观七年，当戴胄因病去世的时候，他家因为房屋简陋而狭小，竟然连祭奠的地方也没有。如此寒碜，皇上也不禁为之动容；为了哀悼这位清廉正直的大臣，唐太宗罢朝三日，下令官府特地为其建造一座家庙，并命虞世南撰写碑文祭奠。

现实生活中，不少人"给点阳光就灿烂"，只要握有一点权力，就挖空心思以权谋私。且不说那些位高权重的"大老虎"，就是那些级别较低的"苍蝇"，借用手中仅有的职权也能攫取巨额钱财。相对而言，戴胄担任过朝廷重要部门吏部（管理官员）、民部（管理财政）的一把手，并且以民部尚书身份履行宰相职责，论地位与权势，不能说不显赫。掌握人事、财政大权，日子何以过得那么寒碜？同样是做官，差距怎么那么大呢？究竟什么原因导致戴胄的清廉？

或许有人认为，戴胄受儒家文化熏陶有君子操守，没有贪腐的动机，不想贪。其实，戴胄并不精通经史，受儒家思想影响不大，任职吏部时，他奖掖法吏，抑制文士，颇受争议；况且自实行科举制以后，很多以儒入仕的官僚都沦为贪官污吏，可见儒学教化并非为官清廉的先决条件。或许有人认为，戴胄的清廉是因为他循规蹈矩、胆小怕事，不敢贪。在帝制时代，帝王拥有生杀予夺大权，惹恼帝王随时有生命危险，戴胄多次在皇帝面前犯颜直言，表明他绝非胆小怕事的懦夫。或许有人认为，戴胄的清廉其实是政治生态使然，因为当时政治清明，不能贪。这个说法，无疑是有道理的。

不过，就戴胄而言，其清廉关键在于内因。《旧唐书》也好，《新唐书》也好，戴胄本传中并没有涉及他的廉政事迹，而是用大部分篇幅介绍前述二则他秉公执法的故事。透过两则故事，不难看出他是一个极为正直、极讲规矩、极度守法的人。古往今来，所有贪腐行为无不是违法乱纪行为。由此可以逻辑推断，大凡讲规矩守法度的人为官必定清廉。在推行依法治国与反腐倡廉的今天，像戴胄这样严于守法秉公执法的精神品格仍然值得我们学习借鉴。

——原载于 2016 年 4 月 11 日《学习时报》

武将的精神标杆曹彬

　　中国历代名将如云，若要挑选一个精神标杆，我会毫不犹豫地选择曹彬。曹彬（931—999 年），是北宋名将。在宋初统一天下的征战中，他先后担任前线指挥官或总指挥，战功卓著，官至枢密史。

　　中国素有"抓周"习俗，即在孩子周岁的时候，摆出各种各样的物品供他抓玩，根据他所抓取之物，预测其志趣或前途。曹彬周岁时，父母让他"抓周"，他左手持干戈，右手持俎豆，随后拿了一印，再别无所取。这似乎预示着他将成为具有儒家道德的职业军人，并握有权力。

　　曹彬早年从军，后汉时期，就成为成德军牙将。后周时期，曹彬做过晋州兵马都监，累官至引进使。有人认为，他的职位不断上升，恐怕得益于后台背景，因为他是后周太祖张贵妃的侄子，可谓国戚皇亲。其实，他在仕途上进步，主要取决于自身的修养和才能。后周立国十年，旋即被北宋取代，曹彬不再与皇室沾亲带故，却依然被重用。

朱齐阳王曹
彬公像赞
功业满边隅
忠义满天下
仁惠而德施
士智而民化
梅溪王十
朋赞

曹彬

　　《宋史·曹彬传》记载："初，（宋）太祖典禁旅，彬中立不倚，非公事未尝造门，群居燕会，亦所罕预，由是器重焉。"由此可见，曹彬为人正派，既不喜欢巴结领导，也不喜欢拉关系。身为前朝近亲，他有意与宋太祖保持距离，宋太祖因此更器重他。

　　宋初，曹彬带兵打仗，屡立战功。乾德元年（963年），他改任左神武将军，与李继勋等击败来犯辽军，继而兼任枢密承旨。乾德二年冬，宋廷决定伐蜀，任命王全斌、刘光义为两路指挥，王仁瞻、曹彬分别为都监，率领大军分路进攻。王全斌所率部队每到一处，大肆屠城和抢夺。刘光义所率部队将校

曹彬焚香禁杀

也欲屠城，但是曹彬坚决禁止，故而秋毫无犯。王全斌带兵攻克成都，与其部将日夜宴饮，不恤军务，纵容部下掳掠女子财物，蜀人苦不堪言。曹彬进入成都，屡次请求班师，王全斌置之不理；曹彬不是他这一路军的都监，也无可奈何。

宋太祖获悉情况，对曹彬大加赞赏，欣喜地说："朕没有看错曹彬这个人。"开宝七年（974年）冬，宋廷决定平定南唐。鉴于王全斌伐蜀时杀人如麻，宋太祖任命曹彬为前线总指挥，临行前召见他，嘱咐道："南方之事，就全权委托你了，切不可暴虐掠夺百姓。"同时，还赐予曹彬一把宝剑，授权他副将以下，不服从命令任凭处斩。潘美、曹翰等副将听了，当场大惊失色。

开宝八年正月，曹彬率领大军出征。虽有长江天险，宋军还是从采石搭浮桥成功渡江，大败南唐军队。宋军主力迅速渡江，进攻南唐首都金陵，将金陵围困达九个月之久。攻城前夕，曹彬突然称病不理军务，手下将领都来探视，询问病情，不料曹彬告诉他们："我的病是心病，不是药物能医治的。"众将领问如何医治，曹彬坦言："如果诸位一起发誓，攻破金陵时不妄杀一人，我的病就不治而愈。"众将领明白曹彬的良苦用心，当即焚香盟誓，愿意遵从他的约法，绝不滥杀无辜。曹彬心病去了，翌日就打理军务。随后，宋军攻克金陵。南唐后主李煜穿着白纱衫帽，亲自向曹彬递交投降书，宣告南唐正式灭亡。

对于亡国之君李煜，曹彬以礼相待，给予安抚。为了保护李煜及其宫室，曹彬让副将潘美代理总指挥三天，自己带领二百名士兵在皇宫四周布防，不让任何人进入抢掠或骚扰。三天之后，等李煜及家眷离开了，曹彬才进入宫中，查封里面的财物，登记造册上报朝廷。与此同时，他再三饬令将士，不得伤害百姓。《续资治通鉴·宋纪八》记载："（曹）彬既入金陵，申严禁暴之令，士大夫保全甚众，仍大搜于军，无得匿人妻子。仓廪府库，委转运使许仲宣按籍检视，彬一不问，师旋，惟图籍、衣衾而已。"正是曹彬的以身作则和严谨治军，使得这场战争的破坏力控制在最小限度，避免了伤害无辜百姓。另据史料反映，南唐灭亡后，据守江州（九江）的武将杀死刺史，负隅抵抗，朝廷派曹彬的副将曹翰去讨伐。曹翰久攻不下，等攻破城池之后，纵兵掳掠，血腥屠城，死者数万人；他本人还掠夺了二十多船的财物，悄悄地运回家乡去了。

同样是姓曹的指挥官，两人的差距怎么这样大呢？答案在于，他俩武德有高下。谈到武德，人们马上想起军人的品德首先是勇敢。但是，克劳塞维茨在其名著《战争论》中指出："军人的勇敢不同于普通人的勇敢。军人的勇敢必须摆脱个人勇敢所固有的那种不受控制和随心所欲地显示力量的倾向，它必须服从更高的要求：服从命令、遵守纪律、遵循规则和方法。""战争是一项特殊的事业。武德表现在个人身上就是，深刻理解这项事业的精神实质。"毫无疑问，曹彬具有这种武德，懂得他所参与战争的精神实质：伐蜀也好，伐南唐也好，本质上是统一中国的正义战争，目的是打垮对方的军队，使割据势力投降归顺大宋王朝；蜀人也好，南唐人也好，都是炎黄子孙，政权怎么更迭，都不应该伤害他们的财产和生命。正是基于这一点，曹彬坚定地严明军纪，禁止将士滥用暴力或胡作非为。遗憾的是，像曹彬这样的武将在历史上非常罕见，绝大多数武将好逞匹夫之勇，崇尚且滥用暴力。有史以来，中华大地饱受战乱之苦，无论是外敌入侵，还是内部混战，很少有"费厄泼赖"的，更多的是赶尽杀绝，以至于大规模坑杀战俘、屠城洗劫事件层出不穷。唐代诗人黄松曾经感叹：
"泽国江山入战图，生民何计乐樵苏。劝君莫话封侯事，一
将功成万骨枯。"

　　说实话，作为武将，曹彬并非常胜将军。雍熙三年（986年），
北宋分兵三路进攻契丹。征战之初，宋军取得一些胜利。但是，
三路兵马各自为战，缺乏配合。曹彬所率领的东路军孤军冒进，
很快攻下涿州，由于粮草不继只好撤退，在岐沟关被契丹军击
败，导致宋军全线溃退。不过，胜败乃兵家常事。曹彬尽管打
过败仗，但无损于他的崇高，而他的崇高源于他的精神品质和
境界。毕沅《续资治通鉴》评价他有"仁恕清谨"四德：他的
"仁"，表现为仁爱之心，亦即具有人道主义精神，敬重生命，
关爱他人；他的"恕"，表现为宽厚大度，善待他人；他的"清"，
表现为清廉自律，不贪财物；他的"谨"，表现为做人严谨，
治军严谨。实际上，曹彬是一个温文尔雅的儒将，不仅具备儒
者的"温良恭谦让"，而且还具有历代武将少有的武德。

　　中国古代虽无"军人不得干政"一说，但曹彬却有这个自觉，
宋太祖曾就人事问题征询他的意见，他只是笑而不答。当然，
曹彬最闪光之处，无疑是他的仁慈、宽恕和博爱的人道主义精神。
毕竟"在绝对正确的革命之上，还有一种绝对正确的人道主义"
（雨果语）。正是人道主义精神，使人类得以摆脱野蛮走向文明。
从这个意义上讲，曹彬不愧为中国古代武将的精神标杆，值得
后人学习敬仰。

——原载于2013年5月13日《学习时报》

话说王旦的度量

　　"将军额头能跑马，宰相肚里能行船。"这是在中国颇为流行的俗语，它的意思无非是说为人处世要豁达大度，尤其是身为将军、宰相之类大人物更应宽宏大量。实际上，这句俗语只是强调应当做到，并不意味着能够做到。且不说一介草民常为蝇头小利斤斤计较，即便是位高权重的大人物也未必都能做到。

　　就宰相而言，历代宰相总共数以千计，真正有度量的贤相却屈指可数，更多的是擅长权术的高手，其中更不乏口蜜腹剑、睚眦必报、心狠手辣的小人。当然，肚里能行船的宰相也有，北宋的王旦就是其中代表。

　　王旦（957—1017年），字子明，大名莘县（今属山东）人，出身官宦世家，太平兴国五年（980年）进士及第，从此进入仕途，在地方和京城为官。宋真宗即位，王旦屡屡升迁，初为中书舍人，后为参知政事，景德三年（1006年），升为工部尚书、同中书门下平章事，担任宰相。王旦为相十余年，辅佐真宗励精图治，任内经济繁荣、社会安定，公认为一代贤相。

真宗一朝，前后有十二人担任宰相，其中吕蒙正、张齐贤、吕端、李沆、寇准、王旦等堪称贤相，而吕蒙正、王旦尤有雅量，深受时人敬重。特别是王旦，其气度着实让寇准叹服。

寇准可是大名鼎鼎的风云人物。他与王旦同一年中进士，早年受到宋太宗赏识，真宗景德元年出任宰相。那年冬天，辽国萧太后和圣宗亲率大军南下，侵入宋境，围攻定州，气势汹汹。消息传到汴京，朝野震惊。真宗召集群臣商讨对策，主战、主和两派各抒己见，莫衷一是。王钦若、陈尧叟等人主张迁都金陵或成都避难，而寇准力排众议，促成真宗御驾亲征。真宗抵达澶州，宋军士气大振，打退辽军进攻，射杀辽军先锋萧挞凛。最终双方议和，订立了澶渊之盟。对于宋朝来说，澶渊之盟是在有利的军事形势下签订的屈辱求和条约，不仅没有收复燕云十六州的失地，而且要以输金纳绢换取辽军不再南侵。虽然赔了一些财物，以此换来两国边境的相安无事，在真宗看来也是值得的。为此，真宗对主战的寇准心存感激，在战后一段时间内非常倚重寇准，几乎言听计从。这引起了王钦若的嫉妒与不满，刻意在真宗面前挑拨离间，进谗言构陷寇准，使真宗逐渐疏远寇准；不久，真宗找了一个借口，免除寇准的宰相职务。

王旦接替寇准出任宰相。在很长时间内，寇准多次抨击王旦，而王旦并不介意，经常在真宗面前称赞寇准。真宗曾对王

王旦

寇准

旦说："你虽然常称赞寇准的优点，可他专门反映你的缺点。"

王旦坦言："这很正常，因为我担任宰相职务很久，处理政事过失也必然很多。寇准对陛下不隐瞒，表明他忠诚正直，这就是我看重他的原因。"在寇准担任枢密使期间，王旦所在中书省有一文件送达枢密院，寇准发现文件违反格式，马上报告真宗。真宗随即召见王旦，将他狠狠批评了一顿。王旦主动承担责任，对办事人员都进行了责罚，还到寇准家表示认错并致谢。不到一个月，枢密院有文件送达中书省，办事人员发现这份文件也违反格式，欣然将它交给王旦，建议他报告皇上，也让枢密院出回洋相。王旦不同意，叫部下把文件退还枢密院。寇准颇为惭愧，见到王旦，忍不住问道："我的老同年，您怎么有这么大的度量？"王旦笑而不答。

后来寇准被免去枢密使，私下托人求王旦，希望能获得使相职位。"使相"创设于晚唐，当时朝廷为了笼络跋扈的节度使，授予他们同平章事的头衔，与宰相并称，号为使相。五代沿用，实际上不行使宰相职权。宋代的亲王、留守、节度使等加侍中、中书令、同平章事者，都称为使相；虽然不参预朝政，但地位显赫。当着说客的面，王旦神情严肃地说："将相的任命，岂能通过私下求人得到？请转告寇大人，我不接受这样的请求。"王旦的拒绝，让寇准感到遗憾与不满。稍后，寇准被任命为武胜军节度使、同平章事。上任前，寇准拜谢真宗说："如果不是陛下了解我，我怎么能获得如此重任？"真宗如实相告，说这是宰相王旦举荐的结果。寇准听了深表惭愧，自叹不如，心里对王旦更加敬佩。王旦曾经患病，久不愈，真宗询问谁可以替代他，王旦恳请真宗自主抉择。真宗提出几个人选，他都不认可，最后真宗要他发表意见，他竭力推荐寇准。

据《续资治通鉴》记载："旦为宰相，务遵法守，重改作，善于论奏，言简理顺。其用人，不以名誉，必求其实。居家宾客满座，必察其可言及素知名者，别召与语，询访四方利病，或使疏其言而献之，密籍其名以荐，人未尝知。"可见，王旦举荐贤能，都是经过深思熟虑而悄然进行的，做了伯乐而不张扬，不求他人报答。这种虚怀若谷的气度，且不说令常人望尘莫及，就是置于历代贤相当中大概也是凤毛麟角。

借一句台词，不妨试问："王旦何以如此大度？元芳，你怎么看？"的确，对于王旦的大度，他的领导宋真宗、同年寇准以及同僚或部下都能直观感知到，但是对于王旦为什么大度的问题，他们未必知晓其答案；即便知晓，自身也难以做到。用不着元芳推断，我可以肯定地说，问题的答案很简单，王旦之所以宽宏大度，是因为他公正无私。

周武王曾问政于箕子，箕子谈到为政要有三德："一曰正直，二曰刚克，三曰柔克。"孔子也曾强调："政者，正也。"可见，中国古代圣贤把公正或正直看作为政第一要义。古希腊哲人苏格拉底、柏拉图、亚里士多德认为，公正或正义是一种基本的美德。什么是公正？他们指出，所谓公正，就是在理想的城邦中，各个阶层成员各尽其职，各守其序。他们认为，公正是关于一个社会的全体成员相互之间恰当关系的最高概念。在亚里士多德看来，公正原则是政治学的最高准则，"政治上的善即是公正"，公正则依归于全体公民的共同利益。很明显，宰相这个角色极具政治色彩，为宰相者无疑是职业政治家或政客。严格地说，追求政治上的善（公正）即为政治家，而追求政治上的利（功利）即为政客。

从王旦的表现看，他无疑是一个卓越的政治家，因为他所表现出的宽宏大度，从本质上说是追求政治上的善——"公正"。正是因为力求公正，使他能够客观地审视他人与自己，能够进行换位思考。寇准多次在皇上面前说他的不是，他既能正确对待，又能表示理解，就是基于他客观公正地看问题，即可看出寇准的良苦用心，又可看出自己存在不足，故而不介意他的批评或抨击。正是因为力求公正，使他能够忠于职守务遵法度；他认为举荐贤能只是宰相应尽的本分，所以悄悄地举荐他人，而不让他人知道，并不指望得到他人的回报。正是因为力求公正，使他能够坚持天下为公，一切以国家和民族利益为重，识大体顾大局，不计较个人恩怨。他认定寇准是治国理政的能手，便竭力向皇上推荐他，意在让他更好地为国效力，故而不介意他是否批评过自己，不介意他是否为难过自己。正是力求公正，使他能够严于律己，宽以待人，从不谋取制度之外的好处或私利。他为相十多年，推荐任用的官员无数，却不从推举自家子弟或亲属。他的侄子王睦，为了考取进士，曾请他出面帮忙，被他婉言谢绝，因为他觉得权势介入科举考试，对于寒门学子是不公平的。

俗话说得好，"心底无私天地宽"，像王旦这样公正无私的人，其胸怀必然坦荡，度量必然宽大。难能可贵的是，这种建立在公正无私之上的大度，不是无原则地和稀泥，更不是八面玲珑四处讨好。王钦若为人奸滑，真宗曾想起用他为宰相，为此征询王旦意见，王旦婉言表示反对，真宗只好作罢。王旦病重辞职后，真宗任命王钦若为宰相，王钦若依然对王旦耿耿于怀，私下对人说："这个王子明，竟然让我迟十年作宰相！"正是起用了王钦若、丁谓这些奸佞小人担任宰相，使得真宗朝后期较为灰暗，没有什么亮点，终究酿成"内忧外患"的局面。

试问，如果王旦所追求的不是公正而是功利，他还会表现得那样宽宏大度吗？事实证明，追求功利的政客，大都在以自我为圆心、个人利益为半径的圆圈里打转。功利，或者说个人利益，是他们衡量一切人或事的出发点和落脚点：凡是于我有利的，便是好的，便是盟友；凡是于我不利的，便是坏的，便是异己或政敌。这样以屁股决定脑袋，往往导致利令智昏，难以作出正确的判断或抉择。一个人若不追求公正，满脑子私心杂念，时刻算计自身的利害与得失，他的胸怀绝不会坦荡，他的度量绝不会宽广。

不妨设想，如果换了一个利令智昏的政客做宰相，他会怎样看待寇准在皇上面前批评自己？他可能会以为这个寇准没安好心，是在觊觎相位，故意吹毛求疵；为了巩固自己的相位，他会在皇上面前说寇准的坏话，设法将寇准逐出朝廷。实际上，王钦若、丁谓之流就是这样对付寇准的。还有，寇准将公文失误上奏使王旦受到皇上责问。若是换了别人，可能会认为寇准有意刁难我，存心让我出洋相。那么，一旦抓到对方的把柄，必将以其人之道还治其人之身，也让他领教皇上的训斥；这样以牙还牙，不仅不算过分，也合乎人之常情。公正无私的政治家，通常认为选贤任能是自己应尽的职责，而精明的政客往往借手中权力为自己谋取私利。王旦推荐了他人，却不让他人知道。换了别的政客，自然会让人家知道是我推荐了你，要让你知道我对你有知遇之恩，你将对我知恩图报。这样有诸多利好，不仅扩大自身势力，增加人脉资源，还能获得经济上的回报。尤其像寇准这样重量级的人物，如果你与他联手结成同党，就可以权倾朝野，呼风唤雨。由此可见，以这种方式选用官员，必然导致结党营私，势必危害朝廷和国家。

客观地说，出现像王旦这样公正无私的贤相并非必然现象，充斥历史舞台的大多为精明自私的政客。中国古代社会完全是人治社会，究竟由谁来治理，只能听天由命。偶尔出现了明君贤相，会把国家打理得很好，甚至创造出太平盛世。若是遇到昏君奸臣，会把国家搞得一塌糊涂，政治腐败，经济萧条，民不聊生，甚至导致战乱或亡国。因此，历朝历代总是走不出治乱交替、兴衰无序的怪圈。

美国当代学者罗尔斯认为，正义是社会制度的第一美德，如同真理之为思想的第一美德。一个国家，仅靠政治人物具有公正的美德是不够的，只有建立体现正义美德的社会制度，才能实现长治久安。法安天下，德润人心。人类社会需要良法，也需要美德。王旦的公正大度，无疑是不可多得的美德。

——原载于 2013 年第 8 期《群言》杂志

杨亿的才气与率真

北宋是一个文化极为繁荣的朝代，涌现出众多文人雅士，犹如璀璨群星，至今依然闪烁在历史的天空。杨亿（974—1021年），无疑是那群星中的一颗，值得后人仰慕。

杨亿早年以神童闻名，七岁能诗文，与客人谈论，显得很老成。十一岁那年，宋太宗闻知其名，诏令地方官送他进京应试词艺。接连三日，试诗赋五篇，杨亿皆援笔立成。太宗甚为叹赏，当即命内侍送他到中书省面试，他即兴赋诗一章，宰相惊其俊异，削章为贺。太宗爱才心切，翌日任命他秘书省正字。不久，他返乡服丧，在家治学，昼夜不息。淳化三年（992年），杨亿参加科举考试，被赐进士及第；此后历任著作佐郎、知制诰。宋真宗时，他担任过左司谏、知制诰、翰林学士、户部郎中等官职。

在人才辈出的北宋，杨亿堪称大家。他天资颖悟，终生不离翰墨，文风雄健，才思敏捷，援笔成文。且构想精密，规裁

杨亿

得当，洋洋数千言，不加点窜，一气呵成；当时学者为之叹服，公认他为一代宗师。他博闻强记，尤长典章制度。此外，他乐于诲诱后进，别人有片辞可纪，无不为之传诵，不少人经他提携而成名。

不过，杨亿在文学上的成就主要体现在诗歌方面。景德二年（1005年）至大中祥符六年（1013年），杨亿、刘筠、钱惟演等人聚集于秘阁，编纂《历代君臣事迹》（诏题《册府元龟》）。编书之余，他们作诗酬唱，结集为《西昆酬唱集》。这部诗集在当时影响很大，学子纷纷效法，号为西昆体，在宋初风靡数十年。

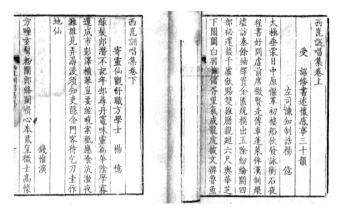

《西昆酬唱集》书影

入仕以后，杨亿主要在馆阁从事文字工作，尤其是担任知制诰、翰林学士，属于正宗御用文人。身为御用文人，杨亿却毫无奴颜媚骨，并不因为吃官家饭，就一味为官家歌功颂德。至道元年（995 年），太宗亲制九弦琴、五弦阮，文士大都争相称颂，唯独杨亿表示忧虑，担心皇上因个人爱好影响政事。杨亿性格耿直，敢于直谏，真宗搞劳民伤财的祥瑞封禅，他竭力反对。他崇尚名节，绝不依附皇权而谋求个人富贵。有一次，杨亿起草答辽人国书，其中有"邻壤交欢"语句。真宗在旁边批注，写上"朽壤""鼠壤""粪壤"等字；杨亿心里很不爽，随即改为"邻境"。第二天，杨亿援引唐代故事，学士草制有所改为不称职，请求罢官。真宗再三慰谕，他才答应留任。事后，真宗对宰臣说："杨亿真有气性，不通商量。"议册刘氏为皇后时，真宗想让杨亿起草诏书，派丁谓谕旨，杨亿认为刘氏有过婚史不宜母仪天下，故而婉言谢绝。丁谓劝他："你就勉强起草了，何愁不富贵。"杨亿回答："如此富贵，并非我所愿。"没办法，真宗只好另请他人起草册封皇后的诏书。

杨亿虽频忤圣意，真宗并不计较，对他礼遇依旧。真宗后期，为一群小人包围，王钦若、丁谓先后拜相。王钦若曾与杨亿在馆阁共事，同修《册府元龟》与国史，"其序次体制，皆（杨）亿所定，群僚分撰篇序，诏经（杨）亿窜定方用之"（《宋史·杨亿传》）。王钦若是"奸邪伪险"的小人，为当时"五鬼"之首。尽管王钦若骤贵位高权重，但杨亿鄙薄其为人，根本瞧不起他，引起他嫉恨；还有陈彭年，也是以文史而上进，妒忌杨亿名望超过自己，于是与王钦若沆瀣一气，暗中诋毁杨亿，甚至在真宗面前散布杨亿说皇上不会诗文的谣言。真宗颇有重文的雅趣，时常写些诗文赐予大臣，既能与大臣沟通思想，又能展现文采。一日，杨亿正在值班，忽然被召至禁中。真宗招呼他坐下，随即拿出数箧文稿展示给他看："卿认识朕手迹吧？这些都是朕亲自起草的，未尝命令臣下代笔。"杨亿顿时惶然，不知如何应答，只有叩头谢罪。很明显，有人在皇帝面前挑拨离间，故意坑害自己。想到这里，杨亿不禁萌生去意。

正好，杨亿有别墅在阳翟，母亲前往探视，在那里病倒了。于是杨亿给孔目吏留下请假条子，就连夜奔去看护母亲。隔日，真宗听说杨亿母亲生病，派遣使者以汤药金币慰问。使者进入杨亿家门，才知道他已经离去。一时间，朝论哗然，认为杨亿率性而为，有失体统。真宗颇为恼火，与宰相王旦说："杨亿身为侍从官，怎能如此自便！"王旦一边为杨亿开脱，一边建议给予处分。不过，真宗终究爱惜杨亿的才能，迟迟不肯下达处分他的诏命。逾月之后，杨亿以生病为由请求解职，体面而退。不久，真宗任命他为太常少卿、分司西京，并特许他在京城居所疗养，康复后赴任。

就这样，杨亿身处最高权力中枢，却不为权势所扭曲，始终保持独立人格，不失真性情，不失真气质，实在难能可贵。杨亿无疑富有才气，但随着时光的流逝，那些体现其才华的诗文不再充满魅力，而他的气质风骨总会让人肃然起敬。作为士大夫，杨亿在仕途未能春风得意，但他活出了文士的本色与风采。当然，杨亿活出了个性，离不开宽松的政治环境。宋代皇帝大都有文化有涵养，对待士大夫比较宽容优厚，太祖立下"不杀士大夫"的遗训能够被遵守。唯其如此，杨亿才能得到君主的体谅与宽容，才能活出自我的风采。所以，在皇权极为专制、动辄得咎、言论致祸的明清时期，士大夫的人格都会扭曲异化，对上阿谀奉承奴颜婢膝，对下专横跋扈威风凛凛。人啊，尤其是文人，应该活出人的本性与气质。"真实的为我，便是最有益的为人。"（胡适语）

——原载于 2015 年 9 月 28 日《学习时报》

张咏善待民众

宋初政坛涌现一大批贤臣良吏，张咏即为其中一员。他于太平兴国五年（980年）进士及第，历仕宋太宗、宋真宗两朝，官至礼部尚书。他曾多次出任地方官，善于治理，颇有政绩，深受民众爱戴。古代地方长官，既是行政首长，又是法官。张咏作为法官履职，恪守公正，合理执法，留下不少明察善断的佳话。

咸平二年（999年）夏天，张咏以工部侍郎出知杭州。上任伊始，他就面临一个重大问题：由于年岁歉收，当地民众私自贩卖食盐以维持生计，官府为此拘捕了数百人。在宋代，食盐仍属于官方专卖物资，严禁民间私自贩卖，违者必须法办。宋朝的盐法虽然比以前宽松，但还是很苛峻。如建隆二年（961），宋太祖下诏："官盐阑入禁地贸易至十斤，煮碱至三斤者，乃坐死。民所受蚕盐入城市，三十斤以上者，奏裁。"

按照法令，被拘捕的数百人都要遭到刑罚。然而，新任知州张咏决定网开一面，对这些犯人宽大处理，全部释放回家。

张咏

属官们大都不以为然，劝告张咏："若不严厉绳之以法，恐怕难以禁止私盐贩卖。"张咏回答："钱塘（杭州）十万户人家，十有八九面临饥饿；要不私自卖盐活命，就可能蜂聚为盗贼，这样对社会危害更大。鉴于饥荒，权且宽恕他们，等到秋收丰稔，百姓有了粮食，仍以旧法禁贩私盐。"

不难看出，张咏如此处理并不符合宋朝法令，或者说没有严格执法。但是，从另一个角度看，却是合情合理的。所谓合情，就是合乎当时特殊情势。由于自然因素导致农业生产歉收，造成粮食供给不足，出现大面积饥荒。民众为了活命，不得不

张咏小像

贩卖私盐，借以换取生存食粮，此乃情势逼迫，不得已而为之，并非故意犯罪，所以情有可原。所谓合理，就是合乎生存权高于一切的常理。生存权是最基本的人权，当生命遭遇饥饿而濒于死亡的时候，人们都可以想方设法进行自救，前提是不能伤害他人。生存是王道，当王道与王法发生冲突的时候，选择王道更合乎人性。

实际上，古代之所以制定苛峻的盐法，主要是为朝廷获取垄断利润，而不是为了民众的食品安全，因为那时候尚未出现加碘盐或工业盐。既然朝廷借食盐专营从民间获得巨大利益，必要时就得取之于民用之于民，尤其是出现严重饥荒的时候，官府绝不能袖手旁观，理应动用仓储赈济灾民。如果官府不作为，任由灾民自生自灭，一旦灾民通过贩盐自救，便把他们拘捕起来，要么处死，要么判刑，如此刻薄，岂不违背天理民心？

当然，属官不赞成张咏宽大处理，也有他们的道理。毕竟王法非儿戏，无论是谁触犯了它，都必须受到惩罚；否则，不能令行禁止。再说官员吃皇粮拿朝廷俸禄，自然要对朝廷负责，维护王法权威。若要深入思考，就不难发现"皇粮"并非来自皇家，而是来自民间；俸禄虽为朝廷所赐，其实也来自民间。人民无疑是社会财富的创造者，是官员的衣食父母。正因为如此，张咏才会考虑把对上（朝廷）负责与对下（民众）负责结合起来，当民众利益与朝廷法度产生冲突的时候，他能够综合考量，从而作出合理的决断。试想，如果他下令处死那数百名贩盐者，不仅使数百个家庭招致厄运，而且会激起极大民愤；一旦陷入走投无路的绝境，民众肯定要奋力挣扎，不是与官府对抗，就是聚众为盗贼。这样，就不可避免地出现官民对立、相互搏杀的局面，最终两败俱伤，损耗惨重。

作为古代官员，张咏能够善待民众，实在难能可贵。在中国古代政治文化中，其实早有"民为邦本、本固邦宁""民为贵、社稷次之、君为轻""水能载舟，亦能覆舟"的民本思想。

遗憾的是，只有像张咏这样的少数官员能在仕宦生涯中践行这一思想。更多的人则是为了个人名位利禄，只顾对上负责，拼命讨好或迎合上头，而不考虑对下负责，不把百姓的冷暖当一回事，甚至欺压百姓，草菅人命。同样是朝廷命官，做人的差距怎么这么大呢？这个问题，关键取决于各人的精神境界与道德修养。张咏的人品在当世就颇受推崇，寇准出任宰相，曾亲自向张咏请教，张咏劝他读《霍光传》。寇准一时不解其意，回家翻阅《霍光传》，读到"不学无术"四字，恍然大悟，不禁笑道："原来张公提醒我别不学无术。"从此以后，寇准认真读书，学问大有长进。

的确，"读史使人明智"（培根语）。今天，我们阅读《宋史·张咏传》（尤其是他在杭州这段故事），仍能获得有益的启示。时过境迁，在崇尚法治的今天，并不提倡像张咏这样弹性执法，但他善待民众的情怀仍不可或缺，值得发扬光大。毕竟法治社会既提倡法律面前人人平等，也主张维护人民群众的权益。现实生活中，一些执法者偏好选择性执法，往往欺软怕硬，袒护强势一方，打压弱势一方。或者功利性执法，对我有利，拿鸡毛当令箭；对我没好处，视令箭为鸡毛。有的甚至无理执法，为了拆迁居民房屋，居然动用执法人员或地痞流氓对付无辜百姓，进行打压或恐吓。如此，等等，既有悖于"以人为本"的理念，也有悖于执政为民的宗旨，是建设法治社会必须杜绝的。

——原载于 2014 年 7 月 21 日《学习时报》

董士选平息聚众造反事件

元成宗元贞二年（1296年），江西赣州发生了一起重大事件。乡民刘六十聚众万余人，建立名号，割据一方。元朝当局认为，这是一起严重的造反事件，为了稳定秩序，决定出动军队清剿。

但是，朝廷派遣的部队到达之后，主将发现情况复杂，只好观望等待，不敢轻易出战。而地方官吏因为平日骚扰盘剥百姓，民愤极大，更不敢出面周旋。因此，"反贼"的士气日益高涨，大有星火燎原之势。

正当陷入僵局之际，时任江西行省左丞（相当于副省长）的董士选主动请命，前往事发地调停。得知董士选接下烫手的山芋，部队将领和地方官吏都非常高兴，并抱着拭目以待的心态，看他如何化解危局。

出乎意料的是，董士选既没有要求朝廷增兵，又没有带一兵一卒，只率领掾史李霆镇、元明善二人，携带一些文书就出发了。看到只有两个随从跟董大人一起到来，众人都感到莫名

元成宗

其妙，不知道他将如何下手。没想到，进入赣州境内，董士选旋即展开一场反腐败行动。根据举报和调查，迅速查办了一批涉嫌贪腐及危害民众的官吏,有的退赔赃款,有的移交司法处理。一时间,广大民众拍手称快,奔走相告说:"不知国法还有如此威力,竟能惩办贪官污吏。"

通过惩治腐败赢得民心之后，董士选才切入正题，着手解决聚众造反事件。来到兴国县，距"反贼"营地不到百里处，董士选命令将校分兵守地待命。随后安排几个小分队深入侦察,凡是鼓动叛乱起事的人,经过查实并拘捕,一律就地正法;至于窝藏包庇者，若不配合举报，也给予法办。于是，当地民众争相出来自证清白，并踊跃举报；数日之内，包括刘六十在内的起事头目都被抓获，跟随的民众自行解散，依然回家务农。在清理山寨营地时，军士缴获了不少文书，发现邻近郡县富人与山寨有来往。李霆镇、元明善建议将这些文书焚毁，不必追究那些富人的责任，以便安定人心，董士选点头同意。一场声势浩大的群体性事件，就这样轻而易举地平息了。

事后，董士选遣使者报告朝廷。中书平章政事（相当于副总理）不忽木听了使者的汇报，对使者说："董大人这事办得好，应给予记功奖赏。"使者说："临行前，董大人向我交代：朝廷如若授予军功，你就说下官治理不当，以致境内民变，不追究罪责就算幸运，哪有什么功劳可言！"使者呈上董士选的书信，信中只提请处置贪官污吏，而不谈"剿匪"之事。

董士选不用武力征伐就平息一起重大群体性事件，当时朝中大臣无不为之赞叹，因为他的处理方法在当时显得很"另类"。元朝是蒙古人统治的朝代，当局对汉人不大放心，对群体性事件特别敏感，不管哪里发生事情，首选或唯一的选项就是诉诸武力。

尽管时过境迁，但董士选的做法在当下仍值得借鉴。至少，能给人以有益的启示：武力并不是解决群体性事件的最佳选项。在特定条件下，武力固然能解决问题，但往往要付出巨大的代价，而且只是表面上平息事态，未必能化解深层矛盾。

就上述事件而言，如果增加兵力强力清剿，无疑能很快平息。为此，除了众多"乱民"被打死，士兵也会有伤亡，这是生命的代价；"乱民"死亡影响农耕，士兵死亡需要抚恤，这是经济的代价；残酷镇压虽能平息事态，也能播下更深的积怨和仇恨，这是政治的代价。

解决群体性事件必须破解背后的深层问题。平民百姓并非生来就是刁民、乱民或草寇，只是在迫于无奈或走投无路的情况下，才会铤而走险去闹事、作乱、造反。透视诸多群体性事件的背后，往往能看到地方官吏的不作为或乱作为，甚至腐败行为。官方若不不体恤民情，就会违背民意，积累民怨，终究激起民愤，引发民变。董士选懂得这一点，所以他首先惩治腐败，处置那些扰民害民的官吏，以实际行动赢得民心，消除官民对立情绪，获得了民众信任，为平息群体性事件打下了良好的群众基础。

解决群体性事件重在把握问题的关键。还以上述事件为例，参与起事的民众虽有万余人，但问题的关键却在主要头目，只要把几个带头起事的人解决了，事态自然会平息；至于绝大多数民众，无论是主动或被动参与，只要他们解散回家，就不必追究。邻近郡县与山寨有往来的富人，无论是出于同情或被要挟，也不予追究。这样，可以缩小打击面，避免矛盾扩大化。否则，会使很多人受到伤害，重新制造矛盾，埋下隐患。

身为汉人，董士选在元朝政坛难登高位，官职只达到省部级别。但是，历史却没有忘记他，《元史》能为他立传，证明他有过人的闪光点。毫无疑义，这闪光点就是平息赣州群体性事件。

——原载于 2013 年 9 月 16 日《学习时报》

狂妄自大的赫连勃勃

西晋灭亡以后，中国北方进入动乱年代，先后出现了五胡十六国。这期间，一个叫大夏（史称胡夏）的国家应运而生，虽然它仅仅存在二十余年，在历史长河中只是过眼云烟，但是这个国家领导人志存高远，自我感觉特好，以为功盖天地，成就非凡。

这个大夏国的建立者叫赫连勃勃。

赫连勃勃，这个名字怪响亮的。其实他原名叫刘勃勃，是匈奴铁伐部人，与前赵（后汉）建立者刘渊同族，系匈奴右贤王去卑的后代。他出生于匈奴贵族世家，其父刘卫辰曾被前秦符坚封为西单于，督摄河西诸部；到了前秦国内战乱时，刘卫辰拥有了朔方之地，三万八千人马。后来北魏军来攻打，刘卫辰命令他儿子力俟提抗战，被魏军打败。魏人乘胜渡过黄河，攻克代来，俘获并杀死刘卫辰。刘勃勃展转投奔后秦高平公没奕干，没奕干把女儿嫁给了他。后秦皇帝姚兴封他为安远将军、阳川侯，让他助没奕干守高平；随后又封他为持节安北将军、五原公。

刘勃勃身材高大，能说会道，气宇轩昂。姚兴对他颇为欣赏，认为他有济世之才，可以与自己共平天下。可是，这个刘勃勃野心勃勃，不甘心屈居人下，宁愿"开垦自留地"，也不愿"为人种庄稼"。公元406年，刘勃勃袭杀岳父没奕干，兼并其部众；次年，他自称天王、大单于，独立建国，设置百官。他认为匈奴是夏后氏的后代，故国号大夏；又认为匈奴从母姓姓刘，不合理，帝王乃"继天为子，是为徽赫，实与天连，今改姓曰赫连氏，庶协皇天之意"。别看他一介武夫，改姓赫连氏却很有创意。当然，这么伟大的姓氏赫连只有大夏皇室正统专用，其余支庶没有资格享用，皆以铁伐为氏。

做了大夏天王之后，赫连勃勃连年攻扰后秦的北境。他采用骑兵倏来忽往、擅长突袭的战术，疲惫后秦，攻占不少地方。姚兴死后，其子姚泓即位，不久被刘裕所灭。刘裕攻占长安以后，匆匆南回准备夺取东晋帝位，而留其子刘义真守长安。赫连勃勃趁机进驻长安，于418年称皇帝于灞上，而留其子赫连璝守长安，自己仍回大夏都城统万（今内蒙古境内）。

都城统万是赫连勃勃征调十万夷夏民众筑成的，因为他自言"朕方统一天下，君临万邦"，所以叫"统万"。都城叫"统万"已经够牛气了，更为牛气的是，其城门名称非常霸气："东曰招魏，南曰朝宋，西曰服凉，北曰平朔"。翻译成现代汉语，

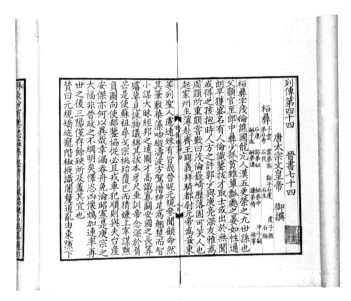

《晋书》书影

东门叫招降北魏，南门叫南面刘宋，西门叫征服西凉，北门叫扫平朔方。

都城及四门的名称，无疑彰显大夏领袖壮志凌云，气吞山河。那么，大夏国究竟有没有这个实力或底气？

答案是否定的。所谓"大夏"，不过是占地千里的"蕞尔小国"而已。赫连勃勃尽管颇有谋略，但"政刑残虐"，横征暴敛，民不聊生。据《资治通鉴》记载，统万城"高十仞，基厚三十步，上广十步，宫墙高五仞，其坚可以厉刀斧。台榭壮大，皆雕镂图画，被以绮绣，穷极文采"。如此宏大而精美的工程，自然消耗大量财力人力，筑城民工屡屡付出生命代价。《晋书》称"蒸土筑城，锥入一寸，即杀作者，而并筑之"。对待制作兵器的工匠，也非常残酷，动辄杀戮——"射甲不入，即斩弓人，如其入也，便斩铠匠"。

赫连勃勃本人时常携带弓箭，看见不顺眼的，就将之射杀。对待自己的臣僚也毫不客气，总是令人胆战心惊——"群臣忤视者毁其目，笑者决其唇，谏者谓之诽谤，先截其舌，而后斩之"。处于战乱穷困年代，赫连勃勃毫不体恤民众，只顾贪图自身享乐，穷奢极欲不输于大国帝王。北魏攻陷统万时，俘虏的赫连勃勃及其继任者赫连昌的嫔妃、宫女数以万计，还有马三十余万匹，牛羊数千万头，国库珍宝、车旗、器物不计其数。对此，时任北魏皇帝拓跋焘禁不住感叹："一个巴掌大的小国，竟然如此奴役人民，岂能不亡！"

其实，北魏名臣崔浩早已看出赫连氏的统治过于暴虐，人神共愤，不得人心。不过，旁观者清，当局者迷。在大夏国人看来，他们的开国领袖赫连勃勃可是一代伟人，至少在大夏文人笔下，他是非常英明神勇的君王。赫连勃勃攻占长安而返回统万以后，以为自己的事业达到顶峰，于是举国开展歌功颂德运动，并挑选一篇最好的文章镌刻于石碑，树立在统万南部，供国人瞻仰与膜拜。

这篇精美的碑文出自大夏著作郎（专职文官）赵逸的手笔，由于篇幅较长，恕不全文抄录。简而言之，该文大致包括三方面内容：第一部分是序言，从歌颂远古帝王夏禹着笔，意在宣示赫连勃勃作为禹的后裔，根正苗红，乃中原正统；第二部分回顾大夏的建国历程，记述赫连勃勃如何开创基业；第三部分总结立国十多年来的伟大成就，着重描述首都面貌一新和国泰民安；结尾部分是骈文诗章，以更为华丽的词藻讴歌赞美，祝愿伟业传扬后世，永垂不朽。

文章通篇充满了对开国领袖赫连勃勃的溢美之词，有些吹捧简直令人肉麻。"像龙一样在北都兴起，道义覆盖九州；像凤一样翱翔天宇，威名传遍八方。""我皇天未亮就上朝，废寝忘食，策划谋略任用将领，一举一动没有过失。""在内传扬名教，在外铲除群妖。教化光照四方，声威远播九州。"诸如此类的歌颂，俯拾即是。

想必，赫连勃勃审阅这篇文章，肯定龙颜大悦，满心欢喜。但是，北魏皇帝拓跋焘看了，感觉它夸大其词，"誉夏主太过"，当即发怒说："这文章是哪个小子写的，应该把他揪出来，立马斩首！"崔浩当即劝说："文士就是这个德行，往往言过其实。写这文章的也是不得已为之，讨主子喜欢，混口饭吃而已，不足以治罪。"

拓跋焘觉得崔浩说的在理：既然文士如此德行，他们昨日颂扬赫连勃勃，今日也会为我唱赞歌。拓跋焘想通之后，不仅没有处死那篇文章的作者赵逸，而且还让他继续担任北魏的著作郎，包括原任大夏太史令的张渊、徐辩，也都照单接收，继续任用为太史令。拓跋焘意识到，北魏正缺乏这样的人才，不管他们过去写史是否失实失真，只要他们写出对我有利、树我正面形象的史籍，就是我所需要的史官。

今天我们阅读这篇文章，也会为作者汗颜。诚如崔浩所言，文人如此歌功颂德倒是情有可原，在威逼利诱之下，谁能坚持实事求是而不夸大其词？问题在于，"英明领袖"赫连勃勃并无自知之明，创建了一个名不副实的大夏国就自我膨胀，以为立下旷世奇功，非得树碑立传不可。实际上，在那个特殊年代，"乱世英雄起四方，有枪便是草头王"。所以，一个人有了一支武装，开创一份基业并不难，难的是如何经营这份基业。如果你励精图治，把自己"一亩三分地"打理好，让民众安居乐业，使综合国力不断增加，也许能够成就一番大业；如果你好大喜功，严刑峻法，横征暴敛，穷兵黩武，穷奢极欲，最终会失去那份基业。五胡十六国君主之中，除了符坚、姚兴、石勒等少数较为明智，多半都"不似人君"，最终难逃"城头变幻大王旗"的命运。别管文人如何歌功颂德，大夏终究不能成为统一天下的超级强国，只能成为贻笑大方的意淫强国而已。

——原载于 2015 年第 5 期《月读》杂志

"宇宙大将军"侯景的皇帝梦

南北朝时期，中国南北处于分裂状态。南朝依次为宋、齐、梁、陈，北朝依次为北魏、东魏与西魏、北齐与北周。这个时期，包括此前东晋、五胡十六国，改朝换代十分频繁，不少强人粉墨登场，只要有了本钱，就可以成为帝王。这真是"城头变幻大王旗""江山代有皇帝出，各领风骚若干年"。

诚如陈胜所说："王侯将相宁有种乎？"尤其是生逢乱世，不知有多少人做"皇帝梦"。毫无疑问，那个叫侯景的人，不仅做过这个梦，而且也做过几天皇帝。尽管历史不承认他这个皇帝，但他的屁股却沾过龙椅的边，好歹过了一把皇帝瘾。

倚靠大树好乘凉

侯景（503—552 年），是鲜卑化羯人，出生于北魏怀朔镇（今内蒙古固阳南）。从史料看，他的家世很一般，上溯七八代都找不出一个人物。小时候，他是一个性情顽劣的孩子，经

侯景

常惹事生非，非常讨人嫌。长大后，他还是那个德行，加上身材矮小，左足因生有肉瘤而行走不稳，纯粹一个其貌不扬的"屌丝"，与"高帅富"毫不沾边。但是，受边镇剽悍好武风气影响，他擅长骑射，骁勇有膂力。活在乱世，拥有这个本事，倒也可以闯出一片天地。

当然，一个没有背景的"屌丝"，在任何时候闯荡都不容易，想要混出一点名堂，就得借助外力。生性狡黠的侯景自然懂得这一点。所以，他总能在关键时刻投靠关键人物，从而走上步步高升的阳关大道。侯景早年入伍从军，从普通士兵做起，渐升为功曹史。当时北魏出了一个枭雄尔朱荣，是一个很会打仗的部落首领。北魏武泰元年（528年）四月，尔朱荣乘北魏孝明帝元诩被灵太后毒死之机，率兵进入洛阳，杀灵太后及其所立的小儿皇帝，并杀公卿士二千人于河阴，立彭城王之子长乐王子攸为帝（即孝庄帝）。孝庄帝封尔朱荣为都督中外诸军事、大将军、太原王，北魏军政全被尔朱荣掌握。尔朱荣权势熏天，各地豪强纷纷归附于他，侯景见风使舵，也带领自己人马投靠尔朱荣。

北魏进入末期，政治极为腐败，境内各族群纷纷起来反抗鲜卑族的统治。先是六镇起义风起云涌，接着又爆发了河北民变。当年八月，民变首领葛荣率起义军围攻邺城，情况十分危急，北魏朝廷派尔朱荣征讨。侯景作为先锋随尔朱荣出征，同率精骑七万，与葛荣决战。葛荣由于轻敌，遭到尔朱荣与侯景的腹背夹攻，以致战败被擒。侯景因作战有功，被提拔为定州刺史。

尔朱荣自恃战功骄横跋扈，令孝庄帝十分反感。他不甘心受权臣摆弄，精心设计将尔朱荣诛杀。尔朱荣一死，侯景便失去靠山。作为尔朱氏党羽，没有被清除已属幸运，但从此以后，个人前程肯定暗淡。然而，在这动荡年代，世事时常变幻莫测。转眼之间，北魏王朝解体，分裂为东魏、西魏。此时，又有两位枭雄高欢、宇文泰应运而生，实际上掌控东魏、西魏军政大权，将两国皇帝玩弄于股掌之间。碰巧，高欢也是生长于怀朔镇，与侯景是老乡，两人早就相识而且"甚相友好"。眼看高欢得势，侯景心里一亮，似乎看到了希望。于是，他欣然投奔老乡高欢，又傍上一棵大树。

果然不出侯景所料，高欢不仅接纳了他，而且对他颇为器重。在高欢关照下，侯景仕途一帆风顺，历任吏部尚书、司徒、河南道行台，封濮阳郡公；拥兵十万，统治河南地区。随着地位和权势的上升，侯景不禁自我膨胀，以致目中无人。除了高欢，谁都不放在眼里，就连高欢的世子高澄，也不能让他高看一眼，私下还散布一些轻视高澄的言论。这些话传到高澄那里，叫年轻人很不高兴，两人因此结下梁子。高欢在世，他俩倒也相安无事。

投降南梁起祸乱

东魏武定五年（547年）高欢病死，世子高澄执政，要召侯景至邺都。侯景知道高澄与自己有隙，到了邺都会遭到修理，于是作出反叛的抉择。他先是投降西魏，西魏一面加封侯景为大将军兼尚书令，同时派兵接应侯景，以抗东魏。西魏丞相宇文泰恐侯景有诈，召令侯景入朝，欲解除他的兵权。侯景不从，伪称略地，屯兵悬瓠（今河南汝南）。高澄派兵追击，侯景退至涡阳（今安徽蒙城），被打得落花流水，丧失甲士四万人。侯景仅与心腹数骑渡淮河南逃，收集残兵八百余人，得以据守寿春城。眼看自己沦为丧家之犬，随时面临东魏、西魏夹击，他只好向南梁求降。

听说侯景求降,梁朝大臣多不同意,认为这个人机诈多变,肯定不可靠。但是,梁武帝对左右说,他自己夜梦天下太平,侯景求降,正应其梦。梁武帝不顾大臣反对,最终决定接受侯景投降,封他为河南王、大将军、使持节督河南河北诸军事、大行台;鉴于侯景已占据寿春,又任命他为南豫州刺史。梁武帝原以为,招降侯景可以扩充梁国地盘和实力。结果却失得其反,招降侯景无疑是引狼入室,养虎为患。尽管南梁对侯景非常优待,可他却贪得无厌,得寸进尺。王谢是当时世家豪门,侯景居然向朝廷开口,要求娶王谢家千金。梁武帝回复说:"王谢门高非偶,可于朱张以下访之。"(《南史·侯景传》)侯景大为恼火,发下毒誓:"会将吴儿女以配奴!"

降梁不到一年,侯景听说梁朝要与东魏议和,当即上书表示反对。因为他知道自己先是背叛西魏,后来又与东魏反目,一旦南梁与东魏修好,无疑对自己不利。为了阻止议和,侯景还用重金贿赂梁武帝身边的宠臣朱异,求他在武帝面前说好话,不要把他往死路上逼。但朱异"纳金而不通其启",执意劝武帝派使者去东魏和谈。侯景害怕陷入被动,采取先发制人的手段,起兵反叛南梁。梁太清二年(528年)八月,侯景以诛中领军朱异、少府卿徐麟等人为名,在寿阳起兵。阴险狡诈的侯景,与临贺王萧正德秘密勾结,让他在首都建康(南京)作内应。九月,侯景率兵直逼建康,梁武帝指派太子家令王质带领三千人马巡防。侯景部队夜间从采石矶渡江，萧正德以几十艘大船接应。叛军突然兵临城下，朝廷竟然浑然不觉。梁武帝晚年崇信佛教，舍身侍佛，武备废驰至此，着实匪夷所思。

侯景军队进入建康，很快占领石头城、白下城，攻陷东府城。台城为皇宫所在，一时难以攻克，侯景集中兵力围困。久攻台城不下，粮草将尽，军心散乱。于是，侯景便纵兵抢掠，奸淫妇女，无恶不作。就在叛军围困台城之际，"四方征镇入援者，三十余万，莫有斗志，自相抄夺而已"。援军虽多，缺乏统一指挥，无济于事。太清三年三月，台城被攻破。此时，台城中粮食也吃光，军士煮弩、熏鼠、捕鸟而食，殿堂上的鸽子也被吃尽；即便屠马也掺杂人肉，导致疾疫盛行，城中死者大半。侯景下令将病人与死尸堆在一起焚烧，京城俨然成为人间地狱，到处充斥浓烟与哀号。与此同时，许多建筑物被毁坏，东宫台殿所收藏的图书，都被付之一炬。

这就是史上著名的"侯景之乱"，它给建康带来的祸害无比惨痛，至今仍令人扼腕。台城陷落，梁武帝被侯景囚禁，两个月后饿死于文德殿。假如梁武帝读过《东郭先生与狼》的故事，当初恐怕不会引狼入室。没办法，很多人往往事后才清醒明白，但事情已然发生，而悔之晚矣。

穷途末路登皇位

侯景攻下台城，随即摄取梁朝军政大权，于是给自己封官，自称都督中外诸军事大丞相、录尚书事。梁武帝死后，侯景立其太子萧纲为帝（史称简文帝）。当然，简文帝只是空有皇帝头衔，实权都掌控在侯景手里。次年，改元为大宝元年（550年）。

大权独揽的侯景越发自我膨胀，自称宇宙大将军都督六合诸军事，并且要求简文帝下诏批准"宇宙大将军"封号。简文帝觉得很荒谬，不禁惊叹："将军乃有宇宙之号乎？"在他看来，这个封号太雷人，宇宙如此浩大，自己也只是偏安江南的皇帝，谁有资格做宇宙大将军！宇宙究竟有多大，一介武夫的侯景并不知晓，在他的词典里只有武力二字，一切凭武力说话。既然本人用武力控制了当今皇帝，本人就是天下第一，弄个宇宙大将军当当似乎顺理成章。"秀才见了兵，有理说不清。"没办法，简文帝只好封他为"宇宙大将军"。

当上宇宙大将军，侯景更加随心所欲，为所欲为。当初求娶王谢家女儿遭拒，攻入建康之后，他便大肆屠杀王谢两家，使其几乎亡族。到如今，他已不在乎王谢家闺秀，而将目光转向皇室，瞄准金枝玉叶。简文帝女儿溧阳公主，芳龄十四，聪明伶俐，美貌动人。侯景竟然锁定她为目标，直接向简文帝提亲。简文帝非常恶心，虽然极不情愿，但慑于侯景的威势，只好忍气吞声，让公主屈辱成婚。欺男霸女到皇家头上，其他人家更不在话下。稍后，侯景又看中羊侃之女，霸占为妾；为了安抚羊家，任用羊侃之子羊鹍为官。

侯景虽然占据了建康，控制了简文帝，但并没有征服整个江南。为了扬名立威，他倒行逆施，推行恐怖统治。他下令在石头城立大春碓，谁若违犯他的法令，就被投进里面舂死；他还严禁低声说话，犯者株连妻族和母族。侯景遣军攻浙东时，公开鼓励将士烧杀抢掠奸淫和屠城。没东西可抢时，将士就掳掠人口，贩卖到北方。侯景暴虐无道，自然激起了南方人民的仇恨和反抗。

大宝二年（551年）初，侯景亲自率领大军西上，陷郢州，进围巴陵，试图扫平江汉。梁武帝第七子湘东王萧绎，时为镇西将军都督荆州刺史，号令部将徐文盛、江州刺史王僧辩等迎战。王僧辩在巴陵沉船靡旗，佯装逃遁。侯景中计，昼夜猛攻巴陵，数旬不克；损失惨重，粮草缺乏，疾疫蔓延，战斗力大损。六月，赤亭大战中，梁将胡僧祐、陆和法又大败侯景。侯景只得收拾残兵败将，退回建康。

眼看部将大多战死，侯景感觉大势已去。末日将临，他仍未死心，念念不忘过一把皇帝瘾。谋士王伟了解侯景的意头，立马答应策划，助他完成当皇帝的心愿。不过，王伟也有私心，他要在侯景过一把皇帝瘾的同时，也让自己过一把宰相瘾。当年九月，侯景废简文帝萧纲，杀太子萧大器等宗室二十余人，立豫章王萧栋为帝，改元天正。十月，侯景命王伟以祝寿为名，将萧纲灌醉，然后用土囊把他压死。十一月，侯景废除萧栋帝位，通过传统的"禅让"方式即位，改元"太始"，国号为"汉"，建天子旗号，置丞相及文武百官。

登基那天，侯景在皇宫举行大典，接受百官朝贺。碰巧，升坛的时候，有一只兔子在坛前忽然跃起，马上就消失了。这似乎预示着，侯景的帝业如兔子尾巴长不了。大典之后，宰相王伟提出立七庙。侯景问："立七庙是什么意思？"王伟告诉他："皇帝祭祀七代祖宗，即为立七庙。"侯景默想许多才说："前代祖先的名字，我都不记得，就知道父亲叫侯标，死在朔州。他们就是有阴灵，能大老远跑来这里享用血食吗？"左右听了，不禁窃笑。好在王伟不乏聪明才智，能轻易为"屌丝"家族编造显赫的家世。于是，汉代司徒侯霸被追认为侯景的始祖，晋代征士侯瑾被追认为七世祖，同时追封其祖父为大丞相，其父为元皇帝。

就这样，侯景如愿登上皇帝的宝座。也许他并不在乎光宗耀祖，只有臣下山呼万岁，才是他梦寐以求的。

过把皇帝瘾就死

当上皇帝以后，侯景没有集中心力操持国事、励精图治，而是沉湎于酒色，成天深居禁中，纵情于淫乐。非故旧亲信不得进见，部属颇有怨言。反正来日无多，与其费心操劳，不如

陈霸先

痛快过把皇帝瘾，过了一天是一天。

　　就在侯景荒耽酒色之际，东湘王萧绎（梁元帝）联络江州刺史王僧辩、东扬州刺史陈霸先征讨侯景。承圣元年（552年）二月，萧绎命王僧辩率诸军从江州出发，陈霸先率甲士、舟船从南江（赣江）北上，与王僧辩会师。梁军顺江东下，连战告捷，直指建康。

　　这时候，侯景才不得不亲自出马布防，他命人把大小船只皆装满石头沉入江里，堵塞秦淮河口，并沿河岸筑垒十余里。陈霸先抢渡北岸，在石头城之西落星山筑栅，其他军队依次连修城堡八座,延伸到整个石头城西北,形成包围之势。王僧辩进军招提寺北(石头城北)。侯景率万余步兵,八百铁骑先后八次猛攻,都不能得逞。守卫石头城的将士抵抗一阵子,就开城投降。侯景又率百余骑兵,弃长矛持短刀,强行冲击陈霸先军,且战且退,逐渐溃散。侯景退回宫中,对王伟厉声斥责:"当初你鼓捣我当皇帝,今日却落到这田地!"王伟无言以对。侯景打算逃亡,王伟建议发动宫廷卫士抵抗。侯景不从,带上两个襁褓中的小儿及数十个亲随逃跑;稍后,他收拾残部,有船两百艘,兵数千人。当年四月,侯景残部在松江被击败,只剩一条船,几十个人,准备从海上逃往北方。侯景估摸,这条船如若出江入海,还有一线希望。

可是,当他心存侥幸入睡之际,有人却命令水手调转船头,返回京口。这个人就是羊鹍,当初侯景强娶他妹妹为妾,他只好忍气吞声,委身于侯景,表面上忠心耿耿,心里却不忘国仇家耻,并伺机报仇雪恨。侯景一觉醒来,看到船驶向京口,大惊失色。突然间,羊鹍带着几个人冲了进来,指着侯景说:"今天要借你的脑袋,换取富贵!"侯景本想跳水逃走,可是去路被封,只好跑到船舱里,想用刀凿开船底逃走。羊鹍赶过去,用槊刀猛刺,直穿侯景背部;侯景嚎叫一声,立即毙命。羊鹍割开侯景的肚子,塞入大把的盐,以防腐烂,然后将尸体送到建康。

王僧辩命令,割下侯景的首级,送往江陵。湘东王萧绎得到侯景的首级,将它悬市三日;然后用漆烫过,入武库收藏。

侯景的尸身陈列于建康城闹市中，市民们纷纷前来观看；出于对侯景的刻骨仇恨，人们争相割他的肉来吃。由于自身遭受凌辱且父兄遭到杀害，溧阳公主也恨不得吃他的肉，可惜轮不到她了，因为侯景的骨头都被一抢而光。这就是侯景的最终下场！他犯下的是罪行，种下的是仇恨，收获的是报应。因果报应的法则，在他身上毫不含糊地地应验了。

历代开国皇帝，大多懂得顺应潮流或民心，这样做皇帝，才有一定的合法性和稳定性。侯景凭借暴虐与背叛称帝，不仅给国家与民众带来巨大灾难，也使自己死无葬身之地，尽管也曾过了一把皇帝瘾，但终究"神马都是浮云"！

——原载于 2015 年第 1 期《文史天地》

缺史德的许敬宗

中国是一个历史悠久而又注重历史的国度，三代便有掌管历法和史籍的太史。西周、春秋时期，太史是地位很高的朝廷大臣，掌管起草文书、策命诸侯卿大夫、记载史事，兼管典籍、历法、祭祀等事务。秦汉以后，历代王朝都设有专职或兼职史官，负责修整前朝史籍，记述当朝事迹。

史书的价值，关键取决于是否真实可信。因此，忠于事实、秉笔直书的史官被尊为"良史"。历朝历代，有不少"良史"如星辰闪耀在历史的天空，西汉司马迁就是其中最璀璨的一颗。"在齐太史简，在晋董狐笔"，这是文天祥对"良史"的礼赞。前者赞叹春秋齐国太史兄弟不惜牺牲生命，也要如实记载大夫崔杼谋杀齐庄公的罪行，后者赞叹春秋晋国太史令董狐不畏相国赵盾的权势，敢于让赵盾担负弑君的罪名。当然，任何事情都是一分为二的。就史官而言，有坚持原则忠于史实的，也有不讲原则歪曲史实的。唐代的许敬宗，就属于后一种类型。

許延族像

许敬宗

　　许敬宗（592—672 年），字延族，杭州新城人。少有文名，隋大业中，举秀才。隋末，其父被宇文化及所杀，他便参加李密的瓦岗义军，为记室。入唐，为秦王府学士。贞观八年（634 年），累除著作郎，兼修国史，不久改中书舍人。贞观十七年（643 年），因完成武德、贞观两朝《实录》，被封为高阳郡公。在太宗朝，许敬宗就很得志，是负责起草诏书、掌管机要的近臣之一。高宗即位，许敬宗任礼部尚书。因贪财嫁女与酋长冯盎之子而被弹劾，一度贬为郑州刺史。永徽三年（652 年），许敬宗被召回朝，仍修国史；六年，恢复了礼部尚书职位；后来入阁拜相，官至侍中、中书令，位极人臣。

许敬宗官越做越大，皇帝恩宠有加，关键在于善解圣意，会见风使舵。在唐高宗废王皇后改立武则天为皇后的问题上，众大臣都极力劝阻，唯有许敬宗乐于促成其事。他一方面在高宗面前竭力逢迎，表示赞同册立武后；另一方面制造谣言诬陷不同意废除王皇后的元老长孙无忌、褚遂良等人，致使他们被高宗流放，客死他乡。

不过，许敬宗最为人所诟病之处，则是他在修史上的不光彩行径。身为朝廷重臣，许敬宗多次代表官方监修国史，却没有表现出史官应有的品格。史官之笔，应该尊重史实，秉笔直书，这样才能对得起历史。可是，许敬宗却将手中的史笔视为"摇钱树"，妙笔生"花"，妙笔生"财"。

达官贵人，无不渴望青史留名。许敬宗抓住他们这种心理，趁机敲竹杠，索取贿赂。假如人家赠送钱财，他就不问青红皂白，把人家写成正面人物，隐匿过错，夸大功绩。假如哪个未能满足自己的欲求或与自己有过节，他就在笔头上玩花样，对人家进行抹黑或丑化，使之留下骂名。

《旧唐书·许敬宗传》记载："敬宗为子娶尉迟宝琳孙女为妻，多得赂遗，及作宝琳父敬德传，悉为隐诸过咎。太宗作《威凤赋》以赐长孙无忌，敬宗改云赐敬德。"由于亲戚关系，加上得了对方贿赂，所以在写尉迟宝琳之父尉迟敬德传记的时候，许敬宗刻意将尉迟敬德所犯诸多过失隐去，而把唐太宗赐赋长孙无忌的事情记在尉迟敬德的名下。只要得到贿赂，许敬宗竟敢不顾史实臆造，甚至指鹿为马。由于收受了庞孝泰的宝货，在写庞孝泰率兵远征高丽这段历史时，他居然把庞孝泰怯战怕死而败北的事实改写成连胜敌将、斩首及俘敌数万人，并且称赞："汉将骁健者，唯苏定方与庞孝泰耳，曹继叔、刘伯英皆出其下。"他的亲家钱九陇，原本是唐高祖的奴仆，许敬宗为他捏造光荣的门第、显赫的功绩，还将其与名臣刘文静等合传。

对于许敬宗妙笔生"花"、歪曲历史的做法，时人便不以为然。许敬宗死后，太常寺讨论他的谥号，一位叫袁思古的博士议论说："敬宗位以才升，历居清级，然弃长子于荒徼，嫁少女于夷落。闻《诗》学《礼》，事绝于趋庭；纳采问名，唯闻于黩货。白圭斯玷，有累清尘，易名之典，须凭实行。按谥法'名与实爽曰缪'，请谥为'缪'。"这个"缪"字，是对许敬宗的客观写照，也是绝妙讽刺。

许敬宗身为大唐高级官员兼文化人，应本着对历史负责的态度，客观公正地书写史事。可是，他却借修史契机索取贿赂，实在令人不齿。遗憾的是，类似许敬宗这样摇笔杆子的古往今来大有人在。尤其在当下，某些拥有话语权的文化人，只要得到某人或某地的资助，就不分青红皂白，竭力为人家歌功颂德。文化人应有文化人的做人原则，援笔书写必须实事求是，而不应受利益驱动妙笔生"花"。伪造历史，欺世盗名，迟早要像许敬宗一样身败名裂。

——原载于 2013 年第 8 期《清风》杂志

武三思的善恶观

作为历史人物，武三思是以外戚身份而载入史册的。所谓外戚，即为皇亲国戚，也就是皇帝的母亲的娘家人或妻子的娘家人。武三思是武则天同父异母的兄弟武元庆之子，凭此关系成为李唐王朝的皇亲国戚。

在帝制时代，外戚、宦官比较容易接近皇帝，往往颇受帝王信任，乃至与皇帝分享权力，甚至控制皇帝。不难看出，载入史册的外戚、宦官大都喜好弄权，不是什么好人。当然，外戚、宦官当中也不乏杰出人物，但出现的比率极低。综观武三思平生表现，几乎乏善可陈，倒是他曾说过的一句狂言，着实耐人寻味。《资治通鉴·唐纪二十四》记载，武三思权倾人主之际，常对人说："我不知世间何者谓之善人，何者谓之恶人；但于我善者则为善人，于我恶者则为恶人耳。"

武三思这番话，说得非常直白而狂妄，直截了当地道出了他的善恶观。一般来说，善恶观一直存在于有史以来的人类社会之中，它是对人或事进行道德评价的基本概念，尽管不同的时代不同的人所持有的善恶观不尽相同，但总体而言，人们还是基于公认的尺度进行善恶判断：所谓"善"，即为符合一定道德原则与规范的行为或事件，反之即为"恶"。武三思坦言自己不知何者为善人或恶人，竟然以个人好恶来评判善恶，无非因为他当时势焰冲天，有权就可以随心所欲，想什么是什么。

较之道貌岸然的伪君子，武三思的直白倒是难能可贵，起码他让人们懂得：某些特权人物的善恶观是建立在以自我为中心之上，并依此构建他们的思维逻辑。个人利益，是他们评判一切的唯一尺度，凡是对我有利的，即为善或好的，凡是对我不利的，即为恶或坏的。进入生活实践，他们就会依照如此逻辑行事：凡是对我有利的人，就被视为善人或好人，想方设法讨好他，毫无廉耻地阿谀奉承；凡是对我不利的人，就被视为恶人或坏人，想方设法给予排斥，欲置之死地而后快。

真实的武三思，既是那么说的，也是那么做的。姑母武则天最有权势，无疑是他竭力讨好的第一对象。武则天当权之际，武三思对她百般奉承，刻意讨好，溜须拍马。为了称颂武则天的功德，他强迫来洛阳的使节、商人捐款，铸造名曰"天枢"的铜柱，立于洛阳端门之外。柱基由铁铸成，其形如山，周长170尺。铜柱高105尺，直径10尺，刻蟠龙麒麟围绕，顶上为承露盘，直径三丈。武则天亲笔题名为"大周万国颂德天枢"，上面刻有武三思撰写的歌功颂德铭文，并将百官及四方国君的

武则天

姓名附上。由于所需铜铁量大，募捐款项不足，遂在民间强行搜刮，把农民的农具、器皿均无偿征调，害得无数百姓家破人亡。

在竭力讨好姑母的同时，武三思对其身边的男宠也极力巴结。薛怀义（原名冯小宝）本是市井无赖，受到武则天宠幸之后，常骑着马在街上横冲直撞，伤人无数，无人敢管。每当薛怀义骑马出行时，武三思便与武承嗣在旁边伺候，一人扶马鞍，一人握马缰，口中还不断叮嘱："薛师傅小心，薛师傅小心。"俨然一副奴才的嘴脸。后来薛怀义失宠被杀，张易之、张昌宗兄弟成了武则天的男宠。武三思又跟张氏兄弟套近乎，谄媚地称他们为"五郎""六郎",极尽阿谀奉承之能事:如若张氏兄弟骑马,他就骑马尾随;如若张氏兄弟坐车,他就执鞭驾驭。

武则天失去帝位,唐中宗再次登基,武三思转而讨好唐中宗。他们原是表兄弟,后来又成为儿女亲家(经武则天作主中宗之女安乐公主下嫁武三思之子武崇训)。自武则天染指权力以后,李唐皇室与武氏家族充满恩怨情仇,武三思曲意奉承,使昏庸的中宗把往日种种不快忘于脑后,将他引为知己与心腹;狡黠的武三思得寸进尺,为了扩大自己权势,不惜给中宗戴上两顶绿帽子。才女上官婉儿曾是武则天跟前的红人,协助过女皇处理奏章,参决政务;中宗复位后,纳上官婉儿为妃,加封婕妤,让她掌管起草诏令。武三思见上官婉儿颇受中宗宠信,刻意与她拍拖,很快一拍即合。当时皇后韦氏效仿武则天垂帘听政,朝中大权被韦氏掌控。上官婉儿为了讨好韦后,主动出面穿针引线,让武三思与韦后勾搭成奸。在送给中宗两顶绿帽子的同时,武三思则获得位极人臣的乌纱帽,官拜"司空、同中书门下三品(宰相)"。

武三思勾搭上韦后之后,权势益盛,更加骄横。张柬之、桓彦范、敬晖、袁恕己、崔玄暐等人,因发动神龙政变助中宗复位而受中宗信任并晋封为王,他们对武氏家族本无好感,对韦后与武三思专权颇为不满。按照武三思的逻辑,他们都是"恶人",如眼中钉肉中刺,必须清除。为此,武三思与韦后在中宗面前进献谗言,将五人逐出朝廷,贬到边远地方为官。不久,武三思又使阴谋诡计，指使他人张榜揭露韦后的秽行，然后嫁祸于张柬之等人，指控他们名为诋毁皇后实则图谋不轨，要求予以族诛。除了张柬之忧愤而死之外，其他四人都惨遭杀害。清除上述五人之后，武三思更是趾高气扬，逢人便抛出他的狂言："我不知世间何者谓之善人，何者谓之恶人；但于我善者则为善人，于我恶者则为恶人耳。"

在武三思看来，自己这番话可谓至理名言，毕竟"人不为己天诛地灭"。当然，他的口气如此张狂、骄横，无疑是源于权势的任性。正是权力犹如春药，让武三思极度膨胀，唯我独尊，自以为是；满以为权力可以摆平一切，自己说什么是什么，要怎么做就怎么做，只是任性想当然，全然不顾是非与善恶。即使讲善恶，也是从一己之私出发，以对我是非有利进行判断。

法国思想家孟德斯鸠所说："一切有权力的人都会滥用权力，这是万古不变的经验。"诚然，凡是权力缺乏有效约束与监督的地方，有权者都可能像武三思那样狂妄，并奉行其善恶观。凡是对我有利的即为善的，凡是对我不利的即为恶的。如此逻辑，还会在日常生活中演化为种种潜规则。假如此类武三思式的善恶观与逻辑盛行，整个社会必然陷入指鹿为马、是非颠倒、善恶不分的境地；所以，文明选择了"把权力关进制度的笼子里"，让它在阳光下运行，并接受制约与监督，不能让它任性，为所欲为，以个人好恶为好恶。

表面上看，让权力受到制约与监督，会给当权者带来诸多的不利，其实对他们也是一种保护。如果权力不受制约，终究靠丛林法则说话，赢则通吃，输则一败涂地。今天你加害于他人，明天也可能被他人加害；究竟鹿死谁手，谁也说不清楚，只有无休止地明争暗斗。再说武三思，为了让儿媳安乐公主当上"皇太女"，居然在中宗与韦后面前挑拨离间，极力诋毁太子李重俊，试图废除他的储君位置；李重俊被逼无奈，只好起兵政变，一举诛杀武三思父子。如若料想落得如此下场，武三思是否还会那么任性那么张狂吗？

——原载于 2016 年第 1 期《月读》杂志

从"马屁精"马失前蹄说起

"拍马屁"一词虽起源于元代,但"拍马屁"的历史却相当悠久,此类行为或许原始社会里就存在。古往今来,总会有人热衷于此道,究其原因不外乎是:有市场,有回报,收益率高。

武则天时期,出了一个超级"马屁精",他的名字叫朱前疑。此君连拍三个马屁,收到了奇效,实现三级跳。起初,朱前疑向女皇上书,说他梦见陛下寿满八百岁。女皇看了十分惊喜,马上任命他为拾遗。接着,他又向女皇上书,说他梦见陛下白发变黑了,牙齿落了又再生。女皇一高兴,随即提拔他为驾部郎中,从科级跃升到司局级。日后,他出差从外地归来,上书向女皇汇报,说他亲自听见嵩山呼喊陛下万岁。这可是天意呀,女皇喜不自禁,再次破例赏赐朱前疑,"赐以绯算袋,时未五品,于绿衫上佩之"(《资治通鉴·唐纪二十二》)。

然而,偏好拍马屁的人大都心术不正。朱前疑也不例外,拍马屁只是他谋求晋升的手段,目的在于求得荣华富贵。神功

张萱《宫乐图》

元年（697年），朝廷发兵征讨契丹，规定京官向军队提供一匹马，可获得五品官位。朱前疑花钱买马输送出去，随后就接二连三上表，要求朝廷尽快落实政策，使之进阶到五品。他这样猴急，让女皇很生气，认为他太贪鄙。试想，当初不费吹灰之力拍了三个马屁，你就获得超常的赏赐和提拔，如今只贡献出一匹马，你就急于索取，生怕朝廷不兑现。你一心为自己考虑，真是见利忘义！女皇越想越气，干脆下令退还他的马，撤销他的一切职务，打发他回老家。假如朱前疑坚持走吹拍路线，其仕途肯定一片光明，甚至可能入阁拜相。不过，大凡马屁精（包括超级马屁精）都少有大智慧，往往只会雕虫小技，而且急功近利。正因为如此，超级马屁精朱前疑也不免马失前蹄，以至于前功尽弃。

一个马屁精马失前蹄也是咎由自取，不值得惋惜。问题在于，颇为睿智的武则天当初何以垂青于马屁精？仔细思量，超级马屁精朱前疑拍马屁的技术含量很低，稍微懂得常识常理的人就知道，他那些拍马屁的话多为谎话。对于老人来说，白发变黑齿落再生似有可能，但绝不可能活到八百岁，嵩山更不可能呼喊女皇万岁。问题在于，这些不靠谱的谎话，怎么让女皇武则天欣然笑纳？她不仅照单全收，而且付出高昂代价——以高官厚禄收购廉价的谎话，难道说女皇的脑子进水了吗？

没有，女皇脑子没有进水。武则天之所以需要拍马屁的谎话，也是事出有因。作为中国历史上首位（也是最后一位）女皇，从垂帘听政到登基称帝，她一直面临着非议。做了皇帝之后，她急于树立绝对权威，为此竭力推行恐怖统治，任用酷吏清除异己，先后诛杀李唐宗室贵戚数百人，坑害大臣数百家，刺史、郎将以下的不可胜数。文武百官每次上朝之前，都跟家人含泪告别，不知能否活着回家。那时候，全国上下刮起告密之风，恶棍小人纷纷罗织他人罪名，借整人而求上进。周兴、来俊臣、索元礼等酷吏更是甚嚣尘上，百官畏之侧足。不过，随着告密之风愈演愈烈，诬告范围竟波及女皇的亲属圈，来俊臣甚至罗织武氏诸王和太平公主的罪名。告密的帖子铺天盖地，渐渐让女皇感到厌烦，加上一些正直大臣劝谏，女皇转而改弦更张，不再重用酷吏。估计她也明白，所有可疑分子都收拾光了，再这样搞下去势必动摇国本，甚至危及自己的统治地位。

武则天心知肚明，恐怖手段固然能立威，却不能让人心悦诚服。因此，她还需要通过其他方式获得人心，歌功颂德、阿谀奉承和神化美化都有助于提升权威性与合法性，故而倍受她垂青。为了讨女皇欢心，武三思搜索大量钱财铸造"天枢"铜柱，立于洛阳端门之外，女皇亲笔为它题名"大周万国颂德天枢"，上面刻有武三思撰写的歌功颂德铭文。和尚薛怀义抛出女皇乃弥勒佛转世的神话，正中女皇下怀，深受其宠爱，一时飞黄腾达，权势超过宰相。朱前疑虽与女皇并不沾亲带故，但他的溜须拍马更为女皇所需，因为在女皇看来，那些谎话具有重大象征意义，不管是否发自肺腑，至少表面上对自己五体投地。重赏拍马屁的，就是向天下人宣示，顺我者昌。不管什么人，只要归顺于我，就有好果子吃。不论谎言不谎言，只要重复千万遍，人们就会默认并习惯。

不言而喻，古代拍马屁之所以有市场，主要是有帝王这个大买方。旷代明君唐太宗也不例外，贞观二十一年（647年）五月，他临幸翠微宫，冀州进士张昌龄献上一篇《翠微宫颂》，这篇拍马屁文章让他爱不释手，于是下令将它装裱供奉起来，叫笔杆子们观摩学习。不过，贞观时期政治清明，正人君子大都耻于拍马屁。张昌龄与王公治二人颇有文采，名振京师，有一年考功员外王师旦负责贡举，没有录用此二人。唐太宗闻知，责问为什么，王师旦回答："二人虽有才华，但为文轻薄，难成大器。如果让他俩高中及第，恐怕会有后生仿效，也有损陛下

陕西长安南里王村唐墓壁画

的英名。"唐太宗表示赞同。若论文治武功，唐太宗绝对无与伦比。不过，当群臣称颂他功德如天地的时候，他还是清醒地予以否认，表示自己之所以成功，关键取决于五点，即宽容大度、选贤任能、扬长避短、公道正直、夷夏并重。正是由于唐太宗英明，"正直之士，比肩于朝"，故而拍马屁未能蔚然成风。

　　然而，唐太宗之类明君在历史上毕竟寥若晨星，更多的是昏君庸君。有些帝王虽然望之不似人君，却自我感觉良好，从不认为自己昏庸无道；不仅狂妄自大，而且喜欢被人吹捧。五胡十六国时期，赫连勃勃创建了大夏国，有了一亩三分地，他就口出狂言，声称自己"统一天下，君临万邦"，故而将都城定名为"统万"，并且很霸气地命名城门，"东曰招魏，南曰朝宋，西曰服凉，北曰平朔"。为了展现丰功伟绩，他在城南树立起巨大的石碑，上面镌刻一篇最华丽的美文。文章出自著作郎赵逸的手笔，字里行间充满溢美之词："我皇在内传扬名教，对外铲除群妖。教化光照四方，声威远播九州。"其实，大夏国不过是占地千里的"蕞尔小国"，国君荒淫残暴，好大喜功，百姓生于水深火热之中，苦不堪言。所以，当大夏被北魏攻陷的时候，拓拔焘看了那篇碑文感到肉麻，认为赞誉太过，一怒之下要杀作者。幸好崔浩出面说情，赵逸才得以保全性命。

崔浩认为，文人就这个德行，为了讨好主子，什么马屁文章都写得出来。不过，也是混口饭吃而已，够不上死罪。的确，文人拍主子的马屁以换取衣食，也是一种谋生手段，从保障生存权角度讲无可厚非。但问题是，如学者张鸣所说："人之为人，什么都有尺度，马屁没有。"大凡从事拍马屁的，大都着眼于讨好主顾，只要主顾乐于接受，什么马屁都敢抛出来，并不考虑尺度，是故马屁往往不仅失真，而且超越常识常理。如果拍马屁之风盛行的话，势必会出现超常的反智现象，既挑战人的理性，又泯灭的人的良知，乃至黑白颠倒，是非混肴。从短期或局部看，拍马屁的人可获得实际上的好处，被拍的人能得到心理上的满足。但从根本上说，任何马屁都不能改变客观事实，只是起到一种麻醉剂的作用，就像吸毒那样，可以得到短暂的快感，但终究有害于健康。

——原载于 2016 年第 5 期《月读》杂志

太监弄权的秘诀

唐代真是人才辈出的时代，各个领域都涌现出无与伦比的天才。旷世明君李世民，诗仙李白、诗圣杜甫，文章巨擘韩愈、柳宗元，书法家颜真卿、柳公权，画家吴道子，音乐家李龟年，理财能手刘晏……真可谓群星璀璨，永远值得华夏儿女骄傲与仰视。

有趣的是，在杰出人物层出不穷的同时，唐代也涌现了不少大奸大恶之人。比如，酷吏周兴、来俊臣之流，堪称坑人、整人的顶极高手；尤其是来俊臣，与人合著一部《罗织经》，对坑人、整人做了理论化系统化总结，穷尽了罗织罪名的种种手段。实在是太有才了。当然，太有才的大奸大恶绝非来俊臣一人，宦官仇士良也应有一席之地。

仇士良（781—843年），字匡美，循州兴宁（今广东兴宁）人，是中唐著名的宦官。他早年进宫，从侍侯太子的小太监做起，随后四十多年步步高升，唐宪宗、唐文宗时任内外五坊使、左

明万历《出警入跸图》中的太监

神策军中尉；甘露事变后，加特进、右骁卫大将军；唐武宗时进骠骑大将军、观军容使兼统左右军、知内侍省事等要职，封楚国公，死后追赠扬州大都督。在最得意的二十多年，他掌管禁军（神策军）把持朝政，玩帝王于股掌之间，欺上瞒下，排斥异己，贪黩暴虐，先后杀二王、一妃、四宰相，残害无数忠良。一个宦官居然凌驾帝王之上，恣意妄为，实在是太牛气了。

自创立太监制度以后，历代皇宫都出现过大腕级的太监，而仇士良堪称大腕中的大腕。尽管后世某些太监（如魏忠贤）在权势熏天、恶贯满盈方面有过之而无不及，但较之仇士良还略为逊色，因为他们不及仇士良有才，也许他们的手腕更高，但思想建树却难以望其项背。千百年来，善于弄权的太监大有人在，而思想理论上有所建树的却仅有仇士良一人。不过，仇士良也未曾发表长篇大论或著书立说，他的思想建树主要体现在一次重要谈话当中。会昌三年（843年）六月，仇士良因病离职，从领导岗位上退了下来。回到私第时候，仇士良对前来送归的太监同党进行谆谆教导，传授千金难买的秘诀。

对于这次重要谈话，《新唐书·仇士良传》是这样记载的：

> 士良之老，中人举送还第，谢曰："诸君善事天子，能听老夫语乎？"众唯唯。士良曰："天子不可令闲暇，暇必观书，见儒臣，则又纳谏，智深虑远，减玩好，省游幸，吾属恩且薄而权轻矣。为诸君计，莫若殖财货，盛鹰马，日以球猎声色蛊其心，极侈靡，使悦不知息，则必斥经术，阁外事，万机在我，恩泽权力欲焉往哉？"众再拜。

《资治通鉴·唐纪六十三》的记载大致相同，具体表述如下：

> 仇士良以左卫上将军、内侍监致仕。其党送归私第，士良教以固权宠之术曰："天子不可令闲，常宜以奢靡娱其耳目，使日新月盛，无暇更及他事，然后吾辈可以得志。慎勿使之读书，亲近儒生，彼见前代兴亡，必知忧惧，则吾辈疏斥矣。"其党拜谢而去。

上述两段史料记述的仇氏谈话虽然简短，但思想内涵极其丰富，技术含量极高。围绕"善事天子"这个主题，仇士良传授经验之谈，在目的与方法上做了精辟阐述。

　　"善事天子"本是太监的职责。当初设置太监，其宗旨就是让太监为帝王服务，但这个服务仅限于照顾起居。为了避免太监觊觎帝王的后妃，杜绝他们乱搞男女关系，维护皇家血统的纯正，所有进宫做太监的人都必须通过资格认证，其必要条件就是"去势"，彻底丧失性能力。不言而喻，太监角色的原始定位只是充当帝王的生活秘书，而不是政治秘书。作为太监，只要在生活上把帝王或其家人照料好了，就算是一个称职的好太监。

　　诚如亚里士多德所说，人生来就是政治性动物。太监的性器被阉割，虽然不能觊觎帝王的后妃，却仍能觊觎帝王的权力。所以，历史上有很多太监并不满足于当帝王的生活秘书，而热衷于当帝王的政治秘书，企图侵占或分享帝王的权力。

　　在古代社会，一切权力无疑属于帝王，"普天之下，莫非王土；率土之滨，莫非王臣"。帝王，不管是打天下获得王位，还是从先辈那里继承王位，其权力都具有无可争辩的合法性。从游戏规则上说，太监并没有参与朝政的职权，他们要玩权力游戏，只能从帝王身上下功夫，亦即从"善事天子"入手。仇士良所谓"善事天子"，肯定不是全心全意为帝王服务，而是带有很强的追逐权力的目的。尽管这个目的违背了太监履职的宗旨，但史上著名太监都乐意为之。

　　那么太监怎样"善事天子"，才能如愿达到自身目的？仇士良的重要谈话吐露两点秘诀：一是纵君，二是愚君。

所谓"纵君",就是纵容与唆使君主,使君主沉湎于各种爱好与享乐,纵情于感官欲望的满足。无论是声色犬马,还是琴棋书画,只要帝王喜好,都竭力投其所好;即便帝王没有什么爱好,也要进行诱导,让他迷恋各种娱乐,而且不断花样翻新,使之乐此不疲。这样,帝王"无暇更及他事",勤于玩乐而怠于政事;于是,太监可以乘虚而入,帮助帝王打理政务,从而借帝王名义发号施令,以至于权倾朝野,作威作福,为所欲为。

太监长期厮守在帝王的身边,最熟悉帝王的脾气与喜好,只要稍有野心且脑子灵光,他们就能轻易"纵君",通过纵容与唆使,最终达到操纵君主的目的。一般来说,太监大都未受过良好的教育,人格不健全,心理很变态,更缺乏治国安邦才能;太监一旦把持朝政,往往会给国家与社会带来巨大的灾难。但是,太监并不会自惭形秽,更不会忧国忧民,反正天下是皇帝的,折腾别人的东西不心痛,哪怕是闹得洪水滔天也无所谓。

所谓"愚君",就是愚弄与忽悠君主,使君主不学无术心智迷乱,丧失最基本的是非观与判断力。如何愚弄与忽悠君主,仇士良自然有不少招数,在与同党的谈话中他只说出最关键的要点,即"慎勿使之读书"。为什么不让帝王养成读书好学的习惯呢?因为读书好学可以增长知识和智慧,而一个富有知识和智慧的帝王是难以驾驭和忽悠的。如果帝王喜爱读书,尤其是阅读历史书籍,会看到"前代兴亡,必知忧惧",势必疏远太监。因为史书清楚明白地显示,太监一旦掌权大都发挥负能量,成事不足败事有余，甚至祸国殃民，直接导致王朝灭亡。自秦汉以降，太监坏事的案例屡见不鲜。帝王若不读书，就不会了解历代王朝的兴衰，就不会知道太监专权的危害，就不会对太监有所防范或戒备。

以"纵""愚"这两手"善事天子"，完全可以塑造出典型的昏君。这个昏君像任性的孩子，他乐于当玩主，纵情于声色犬马，沉湎于各种喜好，只是怠于政事；这个昏君像弱智的孩子，他乐于当玩偶，依赖并宠信身边的太监，在他看来太监才是好同志，他们对我最贴心，尽可能让我过得快活，所以信任太监没有错。这个昏君基本上丧失了是非观和判断力，不由自主地被太监牵着鼻子走，以太监的好恶为好恶，以太监的是非为是非。若有大臣敢于犯颜直谏，他会认为这是跟我过不去，只要太监添油加醋进谗言，就不惜加以驱逐或杀戮。

后世著名太监如童贯、王振、魏忠贤等人虽然在思想理论上无所建树，但在实践方面卓有成效，他们将"纵君""愚君"的手法运用得出神入化，把帝王玩弄于股掌之间，乃至权势熏天，不可一世。魏忠贤更是登峰造极，被封为"九千岁"，全国各地争先恐后为他建"生祠"。当然，"纵"与"愚"这两手并非太监的专利。大凡爱玩权术的人，都会玩这两手，并且从中受益。一代奸相蔡京将这两手运用自如，对宋徽宗刻意投其所好，让他广泛涉猎声色、书画、花石，使之沉迷才艺，而怠于治理，以便自己大权独揽，左右北宋朝政二十余年。

时过境迁，君主制在当今多数国家不复存在。现代政治理论认为，现代国家的一切权力属于人民。在没有君主的国家，绝不会出现太监或奸臣愚弄君主的现象。但是，愚民现象却在某些国家依然存在，尽管人民被抬到拥有一切权力的至高无上地位，实际上却被愚弄或忽悠为脑残无知的阿斗。

——原载于 2016 年第 10 期《领导文萃》

第三编

权力必须关进笼子

　　人不可能创造出太阳那么公正的事物，再好的社会制度也有其局限性。但是，人类可以为自身争取一个较好的生活条件。世间种种不公或腐败，往往是权力制作的"小灶"在作怪。要让所有人都能幸福地生活，都能追寻自己的梦想，就必须制约与监督权力，不让它制作形形色色的"小灶"。

晏子与车夫

    晏子，名婴，字平仲，是春秋后期齐国的宰相，历事齐灵公、庄公、景公三朝，辅政达 40 余年，内政外交都很在行，在诸侯和百姓中很有声望。孔子对他颇为欣赏，赞扬他："救民百姓而不夸，行补三君而不有，晏子果君子也！"

    晏子虽然才识过人，但是身材不高，其貌不扬。据《晏子春秋》记载，晏子曾经出使楚国，楚王见他个头矮小，接连三次要羞辱他；但是，晏子头脑灵活，能言善辩，他的巧妙应对，使得楚王自讨没趣。晏子既维护了自己的尊严，也捍卫了齐国的体面。后世学子，每每读到《晏子使楚》这篇课文，总会为晏子的机敏而津津乐道。

    司马迁对晏子极为推崇，不仅将他与著名的贤相管仲并称，而且为他俩合写传记，名为《管晏列传》。司马迁毕竟是史学大家，他的运笔总是不同凡响，写晏子的传记也不例外。关于晏子的部分，其实只有三段，寥寥数百字，其中写他的车夫就有一大段，约占三分之一强。鉴于篇幅较短，不妨摘录如下：

> 晏子为齐相，出，其御之妻从门间而窥其夫。其夫为相御，拥大盖，策驷马，意气扬扬，甚自得也。既而归，其妻请去。夫问其故。妻曰："晏子长不满六尺，身相齐国，名显诸侯。今者妾观其出，志念深矣，常有以自下者。今子长八尺，乃为人仆御，然子之意自以为足，妾是以求去也。"其后夫自抑损。晏子怪而问之，御以实对。晏子荐以为大夫。

这一段文字很有趣，记述的是：晏子做齐国宰相期间，一次外出，他车夫的妻子从门缝偷看她的丈夫。她的丈夫为宰相驾车，坐在大车盖下边，策马扬鞭，得意扬扬，神气活现。当日车夫回家，妻子就要跟他闹离婚，车夫询问什么原故。妻子说："晏子身长不满六尺，却做了齐国的宰相，名声显扬于诸侯。今天我观察他出行，他看上去城府很深，神态自若，谦卑温和。你身长八尺，却给人家当车夫，看样子倒心满意足的。你不觉得卑微，反而趾高气扬，我为你感到羞愧，所以要求离去。"从此以后，这个车夫颇为抑郁，变得谦卑自敛，沉默寡言。晏子感到奇怪，就问他何以如此，车夫把情况如实作了汇报。于是，晏子推荐车夫做了齐国的大夫。

说实话，车夫的妻子对丈夫要求也过于苛刻，怎能将自己的丈夫与宰相晏子比较呢？人家是一流政治家、外交家，齐国

晏子

几百年来才两个这样的人物，一个是管仲，一个就是晏子。实际上，那个车夫完全有理由以晏子的车夫而骄傲自豪，因为与普通人相比，他算是人上人了。俗话说，宰相家人七品官。作为车夫，更是宰相的贴心人。根据权力具有延伸或放大效应，可以猜想，那个车夫平时沾了晏子的不少光。其一，晏子十分清廉，"食不重肉，妾不衣帛"，如果有人试图贿赂晏子而达到某种目的，肯定会吃闭门羹，但是他们可以通过车夫说情，或许能解决问题，车夫也就顺便获得一些好处。其二，晏子平时参加公务或外交活动，无论是下去视察，还是出国访问，都会收到很多礼品。不管什么礼品，晏子绝不会独吞，肯定给车夫一份。其三，假若车夫胆子够大，他可以打着晏子的牌子，参与经济活动、人事安排或案件审理等，更能牟取薪酬之外的外快。不管怎么说，给宰相当车夫，绝对是好差事，以此感到满足和骄傲，那是理所当然的。

然而，车夫的妻子并非寻常女子，她硬是将丈夫与晏子比较。这一比较，无疑会比出差距，因而将丈夫奚落了一顿。不过，这一顿奚落，倒像一盆冷水劈头盖脸泼过来，着实挫伤了车夫的锐气。打那以后，他一改骄傲自满的样子，变得谦虚谨慎起来。伟大领袖毛泽东教导我们说："谦虚使人进步，骄傲使人落后。"这不，车夫一谦虚，晏子马上推荐他当大夫，从此便告别马鞭，进入齐国领导层，成为一名高官。

不过，这个车夫的进步，也实在太快，太突然。用现在话说，简直是坐火箭升天。其实，这样的进步，对于春秋战国时代的人来说，并不算是"火箭升天"。因为那时各国的干部政策非常宽松，并不讲究论资排辈，只看你有没有能力。一夜之间，百里奚突然从奴隶到上卿，孙膑转眼由囚徒变将军，苏秦由一穷书生而身佩六国相印。由此可见，晏子推荐车夫担任齐国大夫并不太出格。

仔细斟酌，晏子提拔自己的车夫还是有点问题，至少难免任人唯亲的嫌疑。《史记》记述车夫被"晏子荐以为大夫"，就此嘎然而止，再没有一句下文，因此可以推断晏子并非任人

先秦时期的马车

唯贤。假若车夫比较贤能，能当好大夫，司马迁肯定会补写几笔。以车夫当初踌躇满志的样子看，当上大夫之后自然会流露出小人得志的本色，处理政务并不在行，以权谋私却无师自通。孔子讲究春秋笔法，提倡为"尊者隐"。司马迁多少受到孔子的影响，所以对自己所尊敬的晏子推荐车夫做大夫一事，只是客观地陈述，不做任何评价。

或许，车夫与晏子并无亲缘关系，但车夫毕竟是他身边的贴心人，推荐自己的车夫为大夫，应是任人唯亲的表现。晏子之所以这么做，可能出于多种考量：其一为自己着想，把亲信安插到领导层，等于给自己留下后路，假若将来自己相位上退了下来，还有亲信在朝中帮衬，甚至可以幕后遥控；其二为车夫着想，车夫跟自己鞍前马后，服务周到，可谓劳苦功高，推荐他当大夫，也算是对他的回报；其三只是出于同情，车夫遭到妻子的奚落，心情非常郁闷，突然提拔重用他，不仅让他高兴，还可以挽救他们的婚姻。

不管晏子出于什么动机，车夫如若不贤，推荐他为大夫，终究是不妥的。当然，晏子毕竟是一代贤相，笔者推断他任人唯亲，未免有"以小人之心度君子之腹"的嫌疑。但是，通过对文本和人性的解析，作出这样的推论也不无道理。况且，人非圣贤，孰能无过。晏子之贤，只是治国理政上贤能，并非大公无私的圣贤。实际上，历朝历代像晏子那样推举或重用自己亲信的人并非寥若晨星，而是大有其人，并且此举已经演变为官场潜规则，非常地深入人心。所不同的是，晏子推举的是自己的车夫，后人推举的是自己的门生。时至今日，某些领导干部依然偏好选用与自己贴近的人，在选拔任用干部的时候，对自己的秘书和亲信会给予更多的关照。若干年以前，笔者就见过本地县官争取把自己的司机安排到重要部门担任领导职务，此举便是晏子做法的翻版。

对于官员的选用，古往今来普遍认同选贤任能，倡导任人唯贤，反对任人唯亲。问题在于，如果没有适当的制度安排和程序运作，就很难实现选贤任能。一个人，究竟贤不贤、能不能，如果听凭一个人说了算的话，就可能陷入任人唯亲的怪圈，即便是贤能的晏子，也不能避免这一点。

——原载于 2015 年 9 月 25 日《中国纪检监察报》

太阳与小灶

——从卫国侏儒之梦说起

  卫灵公是春秋时期卫国的君主，孔子曾对他予以好评，终因不为其所用，而愤然"谓卫灵公之无道"。客观地说，卫灵公算是一个贤明国君。他擅长识人，知人善任，更可贵的是他允许臣民追求或表达自己的梦想。不过，在卫国率先实现梦想的，却是一个叫弥子瑕的外国人。

  弥子瑕原是晋国贵族，在晋国做过大夫，日后来到卫国，当上卫国的将军。当然，弥子瑕之所以在卫国成就自己的梦想，除了自身条件之外，关键在于得到卫灵公的恩宠与器重。的确，卫灵公对弥子瑕特别关爱。老母亲生病了，弥子瑕私自动用国君的车马前往探视，依卫国的法律当处以刖刑；卫灵公不但不予追究，反而夸奖他有孝心。有一天，弥子瑕陪卫灵公游览果园，伸手摘了一个桃子吃起来，感觉分外甘甜爽口，吃到一半的时候，想起身边的国君，便把吃剩的一半递给卫灵公品尝。卫灵公毫

卫灵公与南子

不介意它是吃剩的桃子，还称赞弥子瑕忍着馋劲让蜜桃给他吃，是出于一片忠诚和爱心。

弥子瑕在卫国如鱼得水，当时就有人看不惯。据《韩非子·难四》一文记载：卫灵公之时，弥子瑕在卫国很受宠幸。有一个侏儒去见卫灵公，对他说："臣的梦实现了。"卫灵公问："什么梦？"侏儒回答："我梦见灶了，特来进见君主。"卫灵公恼怒地说："我听说，凡是见君主的都是梦见太阳，你见寡人为什么说梦见灶呢？"侏儒解释说："太阳可以普照天下，任何事物都不能遮挡；君主的英明普照全国，任何人都不能掩盖。所以，将要见君主时梦见太阳。可是，灶，往往只供一个人烤火，后面的人是看不见的。眼下，也许有一个人在烤火？那么我梦见灶，就不可以吗？"卫灵公沉吟片刻，若有所悟地点头：

"好，你说得好！"于是，卫灵公不再专宠弥子瑕，而起用司空狗等人。

那个侏儒敢于讽谏卫灵公，真令人肃然起敬。按说，侏儒并不是"公知"或言官，他只是宫廷小丑，专供君主取乐。可是，他出于良知与正义，大胆向卫灵公进谏，做了卫国"公知"与言官而不敢做的事情。那一刻，他身为侏儒，却是精神上的巨人。他不仅敢于进谏，而且善于进谏，进谏得非常巧妙。运用太阳与小灶的形象比喻，直接讽喻卫灵公，使之幡然醒悟。的确，卫灵公宠信弥子瑕一人，犹如小灶只供一个烤火；而一国君主，本应像太阳那样普照全国，选贤任能，彰显公平。

卫灵公虚心纳谏从善如流，同样值得赞赏。据说弥子瑕是一个美男子，卫灵公对他特别宠爱，或是出于同性恋倾向，或是出于爱美之心。不管什么原因，偏爱宠信一人或一小撮人，往往是君主们的通病。问题在于，大多君主虽以"太阳"自居，其实是地道的"小灶"，却乐于被歌颂为"太阳"，而不愿被喻为"小灶"；一旦有人提出劝谏，他们往往龙颜大怒，轻则治罪，重则杀头。卫灵公一听侏儒说梦见灶，本能反应也是恼怒，听完侏儒的解释，他便意识到言之有理，并迅速纠正过错，确实难能可贵。

古往今来，人们都有着同样的梦想，都渴望过上幸福美好的生活。但是，天下没有免费的午餐，除了阳光和空气，所有生活资源都需要人为争取。在自然界，动物凭借各自的天赋，依照弱肉强食的法则生存。在人类社会，尤其是古代社会，社会资源大都被权力所掌控（亦即利出于一孔）。国家之兴衰，百姓之苦乐，往往维系于君主。遇到明君，则天下太平；遇到昏君，则昏天黑地。

法国思想家孟德斯鸠说过："一切有权力的人都喜欢滥用权力，这是万古不变的一条经验。"在此基础上，可以补充一句："一切有权力的人都喜欢开'小灶'，这也是万古不变的一条经验。"当然，当权者开"小灶"，除了供自己享用外，主要优待那些与自己亲近的一些人。那个侏儒将卫灵公喻为"小灶"，是因为他只施恩于弥子瑕等极少数人，并不能像太阳那样无私普照天下。

太阳，是公正无私的，它把阳光普照大地，任何人都能享用，谁也阻挡不了。所以，太阳是伟大的。任何人都不配与太阳比拟，因为任何人都有自私的一面，绝不会像太阳那样公正无私，再说无论什么人，不管他有多么伟大，离开了他，地球照样转，人类照样生活；可是没有太阳，地球一片漆黑，人类无法生存。

当然，人不可能创造出太阳那么公正的事物，再好的社会制度也有其局限性。但是，人类可以为自身争取一个较好的生活条件。世间种种不公或腐败，往往是权力制作的"小灶"在作怪。要让所有人都能幸福地生活，都能追寻自己的梦想，就必须制约与监督权力，不让它制作形形色色的"小灶"；只有创造起点公平、机会均等、权利平等的社会环境，保障每个人的自由和权利，才能使整个社会充满活力，才能实现各尽所能，各得其所。否则，只有极少数人享受"小灶"的盛宴，绝大多数人只能徘徊在"小灶"之外，眼巴巴地白日做梦。

——原载于 015 年第 10 期《月读》杂志

百依百顺就是忠诚吗

　　周襄王七年（前645年），齐国政治家管仲身患重病，齐桓公前往探视。齐桓公拉着管仲的手，询问自己的三位宠臣易牙、竖刁、开方能否接替他的相位，管仲一一予以否决，并忠告齐桓公应疏远他们。最后管仲向他推荐为人忠厚、不耻下问、居家不忘公事的隰朋。

　　管仲何以对易牙、竖刁、开方有异议？我们不妨追溯这三人怎样取得齐桓公的信任。

　　易牙原是齐桓公的宫廷厨师，只因齐桓公一句"唯独没有吃过人肉"的戏言，就把自己年仅四岁的小儿杀了，以其肉烹制一道汤菜，送给齐桓公品尝。竖刁是齐桓公身边的侍臣，为表忠心，对自己施以宫刑。开方原是卫国的公子，到齐国后对齐桓公俯首帖耳，15年没有回卫国，即便父母去世，也不回家奔丧。

　　在齐桓公眼里，易牙、竖刁、开方之所以值得信任，主要

像仲敬管

管仲

是他们对自己极为忠诚。而在管仲看来，他们表现得过于忠诚，甚至不合乎天性人情。易牙三人为获得重任，不惜杀害亲子、毁坏自身、背叛亲情，如此伤天害理的事情都能做出来，还有什么事做不出来？管仲意识到，他们醉翁之意不在酒，刻意讨好齐桓公，只为谋取权力，故而劝告齐桓公不仅不能重用他们，还要对他们敬而远之。

　　遗憾的是，齐桓公未能接受他的劝告。管仲、隰朋相继去世后，齐桓公便重用易牙、竖刁、开方，让他们执掌齐国朝政。齐桓公身体健康时，三人对他言听计从，等到齐桓公身患重病，

齐桓公之死

便纷纷摘下忠诚的面具，合伙将齐桓公囚禁于密室，筑高墙不准任何人出入，硬是将他活活饿死。曾经"九合诸侯，一匡天下"的国君，如此倚重宠臣，却落得个悲惨的结局。

综观历史，痴迷于权力的绝非易牙、竖刁、开方等人，尤其是帝制时代，总有外戚、宦官、奸臣之类聚集在皇帝身边，他们为了追逐权力，会使出卑劣残酷的招数，一旦得势，更是肆无忌惮地弄权、血淋淋地杀戮。所有这些惨剧之所以频繁上演，都是权力惹的祸。

权力何以为祸根？因为它是一把"双刃剑"，用得好可以利国利民，用不好则会祸国殃民。中国古代为"家天下"模式，"普天之下，莫非王土；率土之滨，莫非王臣"。国家权力归帝王个人私有，试图从帝王那里获取一些权利就成为臣民最高的追求；"学好文武艺，货与帝王家"，一般被视为实现人生理想的正途。既然帝王握有生杀予夺大权，并且凭其好恶即可决定一切，那么像易牙、竖刁、开方之类角色就会层出不穷；此类小人之所以倍受君王信赖，主要是他们善于伪装，可以穷尽一切手段，表现得无比忠诚。

作为一国之君，用人关键要着眼于江山社稷。然而，很多君主往往以个人好恶选人用人，尤其偏好重用对自己特别忠诚的人。殊不知，"特别忠诚"的人，大都是"伪忠"，甚至大奸似忠。当"忠君"有利可图的时候，他们会不择手段地"忠君"；一旦君主失去利用价值，他们马上变脸背叛，而且落井下石。这一点，齐桓公应深有体会。

当然，任用忠诚的人并没有错。问题在于，什么才是真正的忠诚？孟子说过："民为贵，社稷次之，君为轻。"由此看来，忠诚应该依次表现为忠于人民、忠于国家、忠于君主，只有将对三者的忠诚统一起来，才是真正的忠诚。遗憾的是，平庸的君主并不懂得这个道理，错把小人的阿谀奉承、百依百顺视为忠诚，而把那些敢于为百姓和国家而犯颜直谏的诤臣视为大逆不道，以至于忠奸不分，既危害国家，也祸及自身。奸佞小人得志，正人君子受害，这是任何朝代逃不过历史周期律的关键所在。

在当代，一切权力属于人民，权为民所赋。因此，我们的官员理应忠于人民，忠于国家。而在现实生活中，一些官员讲究"跟对人"，即对个别领导极为忠诚，唯其马首是瞻；而某些领导也热衷于拉帮结派，垂青于对自己忠诚的人，把"公仆"变成"私仆"。这不仅违反政治纪律，也有悖于公正原则。实际上，凡是以谋取私利而搞小圈子的人，很难得到自己想要的忠诚，也不可能有真正的忠诚。利益均沾的时候，无疑皆大欢喜，额手称庆；如果摊上事情或情况变化，很可能相互拆台甚至构陷出卖。权力这东西，得好生使用，否则坑人害己，贻害无穷！

——原载于 2015 年第 8 期《月读》杂志

"礼仪导演"叔孙通的功过

　　说起大导演，人们可能马上联想到中外著名导演希区柯克、斯皮尔伯格、张艺谋、冯小刚等人，因为他们曾经执导过不少优秀影视作品，取得的成就有目共睹。不过，若要评选古今中外最具影响力的导演，恐怕非叔孙通莫属。一部影视作品，不管拍得多好，也无非是供人娱乐消遣而已，可能对某些观众的生活带来一定影响，但不至于影响到整个国家或社会。叔孙通一生只执导一次礼仪大戏，但此戏在二千多年里持续不断上演，影响极其深远。

　　叔孙通，为秦汉时代人，"秦时以文学征，待诏博士"。秦末，陈胜在山东造反。使者向朝廷告急，秦二世随即召集博士儒生征询对策，三十多名博士儒生认为臣子造反罪不可赦，建议火速发兵清剿；秦二世听了，一脸愠色。叔孙通走上前对秦二世说："如今天下合为一家，郡县城池早已扫平，所有兵器都被销毁，告示天下不复使用。况且当今皇帝英明，法令完备，官员尽职，四面八方如辐辏一样归心朝廷，哪里还有什么人敢造反呢！那些闹事的不过是一群鸡鸣狗盗之徒，实在不足挂齿。责令各地郡守县尉抓捕查办，便高枕无忧！"秦二世转怒为喜道："好。"随后，他又挨个询问诸位儒生，有的说是"造反"，有的说是"盗贼"。于是秦二世命令御史将说是造反的人抓起来投进监狱，因为他们说了不合时宜的话；那些说是盗贼的人则放还回家，平安无事。叔孙通说话中听，秦二世特地予以嘉奖，赐给他二十匹丝绸，一套新衣服，并将他由待诏博士转为正式博士。

尽管受到皇帝的嘉奖，但叔孙通还是赶紧逃亡，因为他自知那番话纯属忽悠，迟早会露馅的。等他逃到故乡薛地，薛地已投降楚国起义军。起义军首领项梁来到薛地，叔孙通就跟随项梁闹革命。项梁在定陶战败身亡，叔孙通又投奔楚怀王。楚怀王被封为"义帝"迁往长沙，叔孙通就留在项羽身边当下属。汉纪元二年（前205年），刘邦随五路诸侯攻入彭城，叔孙通转身投靠刘邦。刘邦被项羽打败向西逃窜，叔孙通也跟着刘邦一道西行。

叔孙通起初投靠刘邦，犹如热脸贴冷屁股，颇不受待见。当时刘项争雄，需要将士攻城略地，儒生无能为力，故为刘邦所轻视。《汉书·郦食其传》记载："沛公不喜儒，诸客冠儒冠来者，沛公辄解其冠，溺其中。"叔孙通开始身穿儒生服装出现，刘邦颇为讨厌。于是他改变着装，穿上短衣服，一副楚人的装扮，刘邦看了顺眼，拜他为博士。博得领导好感后，叔

汉高祖

孙通便推荐一些强盗武士，均得到重用；而跟随自己的一百多弟子，一个也没有推荐。对此，弟子们颇为不满，抱怨先生不给力。叔孙通不得不安抚弟子，劝他们耐心等待，一旦天下安定了，会让他们派上用场。

汉纪元五年，刘邦统一天下，做了皇帝。刘邦原想废除秦朝仪法，责成叔孙通制定一套礼仪，简便易行即可。立国之初，大臣们在宴会上喜爱饮酒争功，狂呼乱叫，甚至拔剑击柱。刘邦非常恼火，碍于出生入死的战友情面，又不便发火。叔孙通看透领导的心思，主动向领导建议："儒生虽不能为陛下打天下，但可与陛下守成。臣愿意前往鲁地找一些儒生，让他们与我的弟子共同制定一套朝会礼仪。"刘邦问："这事难不难？"叔孙通便从三皇五帝说起，讲到夏、商、周、秦的礼仪，表示要在采集古礼与秦仪基础上推陈出新。刘邦当即点头，同意他尝试，但力求简易，别整得太繁难。

于是叔孙通担当总导演角色，马不停蹄地张罗。他先是跑到孔子故乡招聘三十多名儒生，既彰显他们来源的"正宗"，又充实自己的阵容。当时有两位儒生拒绝合作，并揶揄叔孙通："您老人家真是奇葩，侍奉过十来个主子，总能靠阿谀奉承博得主子宠爱。如今天下刚刚安定，死者尚未埋葬，伤者尚未恢复，您就捣腾起什么礼乐。礼乐的兴起，那是行善积德百年以后的事情。您现在搞这一套，是不合于古制的，我们不愿跟您掺和。您自己弄去吧，别玷污了我们！"叔孙通笑道："你们可真是腐儒，不懂得顺时应变。"

回到长安，叔孙通把新征的三十多人与刘邦身边的书生及自己的弟子整合起来，组成一个团队，在野外安营扎寨。团队的最高任务就是制定并排练朝会礼仪，各人扮演相关的角色，依照总导演号令行事，群众演员不够，就立草人凑数。大家风餐露宿，演练一个多月，叔孙通就请求领导观摩。刘邦前往营地，观看了彩排，很高兴地说："吾能为此。"意思是说，皇帝的戏份不难，他能够演好。演好"朝会"这部大戏，无疑需要诸侯大臣参与。于是刘邦发布命令，所有文武大臣必须参加排练。

刘俊《汉殿论功图》（局部）

为此，叔孙通安排团队成员对大臣们做一对一辅导，然后再进行合练彩排。

汉纪元七年，长乐宫建成，"朝会"大戏于十月隆重上演。司马迁在《史记》中记述了盛况：天亮之前，司仪引领诸侯大臣依次进入殿门，两边布置保卫宫廷的骑兵、步兵，各种兵器陈列，旌旗招展，气氛威严。听到司仪传令："趋！"殿下的郎官们齐刷刷立于台阶两旁，每个台阶上都站着数百人；功臣、列侯、将军及其他军官依次站在西边，面朝东；丞相及其以下文官都依次站在东边，面朝西。九行人设有九个傧相，负责上下传呼。等到皇帝乘车从后宫出来，侍卫官拿着旗子，传话叫大家注意，随即引领诸侯王至六百石的官员依次向皇帝朝贺。诸侯王及文武百官无不诚惶诚恐，肃然起敬。行礼完毕，按照新定的礼法摆酒宴。即便有资格陪侍皇帝的大臣也都叩伏低头，按官爵高低依次起身给皇帝祝酒。酒过九巡，司仪传令："罢酒。"有御史负责全程监督，发现哪个不合礼仪，就把他拉出去修理。这样，从朝会到酒宴，没有一人敢大声喧哗，也没有一人敢失礼。对此，刘邦喜出望外地感叹："我今天才真正体会到做皇帝的尊贵！"

刘邦龙颜大悦，当即提拔叔孙通为太常（位列九卿之首），赐金五百斤。见领导高兴，叔孙通赶紧请示："我的弟子儒生跟随我操劳很久，与我共同完成这套礼仪，请陛下也给他们一官半职。"刘邦欣然允诺，把他们都任命为郎官。叔孙通出宫后，把五百斤黄金都分给自己的团队成员。既获得官职，又获得奖金，弟子儒生们皆大欢喜，齐声称赞道："叔孙先生真是大圣人，能准确把握时务。"

说叔孙通为圣人，这只是利益均沾后作出的结论，未免有失客观公正。对于叔孙通制定并执导那套礼仪，当时就有儒生不敢苟同，后世更是褒贬不一，颇有争议。司马迁的评价是："叔孙通希世度务，制礼进退，与时变化，卒为汉家儒宗。"司马光则认为："叔孙生之器小也！徒窃礼之糠秕，以依世、谐俗、取宠而已，遂使先王之礼沦没而不振，以迄于今，岂不痛甚矣哉！"

司马光的痛惜是非常深重的，生活在皇权专制时代，有些话他不能完全说出来。时过境迁，如今我们可以顺着他的思路一吐为快。毫无疑问，叔孙通推出成套朝会礼仪，最大的赢家无疑是刘邦，因为它强化了皇帝的权威，使他体味皇帝的尊贵；叔孙通及其团队也是赢家，因为他们既受到提拔重用，又获得了经济利益。从此以后，叔孙通创意并执导的朝会礼仪成为保留节目，在历代王朝的宫廷不断重演，直到辛亥革命才结束。回头反省，叔孙通这套礼仪运行二千多年，虽然让历代帝王感觉很爽，但对我国政治文化、民族心理却带来难以估量的负面影响。

首先，君主被送上神坛，形成不受制约的绝对权威。上古时候，人们都是席地而坐，无论是君臣，彼此平起平坐，不存在谁给谁下跪。叔孙通创制这套礼仪，让诸侯王、大臣向君主跪拜叩头，刻意拉开君主与臣子之间距离，将君主推上至高无上、无比尊贵的神坛。这样虽然有利于提高君主的权威，但也容易助长君主自我膨胀，不能正确面对大臣。若是唐太宗之类明君或许能虚心纳谏，但大多数平庸君主则习惯高高在上、自以为是。这种礼仪极大地阻隔君臣之间正常交流，使君主难以提升个人修养与能力。故而，历史上有太多"不似人君"的君主颐指气使，胡乱折腾，给国家和民族带来无尽的灾难。刘邦原本平易近人，不太在大臣面前摆谱，也曾嘱咐叔孙通不要整得太复杂，但尝到礼仪带来的荣耀之后，便乐于享受这特殊的礼遇。后世的统治者更是乐此不疲，甚至有过之而无不及，到了满清升级为"三跪九叩"之礼。

其次，群臣屈服于威仪，地位与尊严受到极大贬抑。宫殿内外戒备森严，唯有君主居高临下，所有大臣只能跪拜仰视，威风凛凛、咄咄逼人的气场，使君主显得神圣伟大，反衬大臣平凡渺小。当初一起打天下的时候，那些功臣可以与刘邦勾肩搭背，面对面磋商。如今人家做皇帝，哪怕你功劳再大，大声说话也算失礼，必须受到处罚。相对君主被神化，大臣的人格被大幅矮化，失去应有的尊严。刘邦虽然大肆诛杀功臣，好歹能让"三公"（司徒、司空、司马）坐以论道，给他们一点颜面。可是，自宋代以后，就是宰相级别的大臣也只能站着向皇帝汇报。到了明朝，又推出了"廷杖"的礼数，若是哪个大臣惹得皇帝不高兴，皇帝可以下令扒掉他的裤子，在大庭广众之下光屁股挨打。身为朝廷大臣，却遭受"打屁股"的羞辱，毫无做人的尊严。大臣地位与人格的降低，严重影响了中枢决策的效力，也助长奸佞迎合皇帝得势，从而为王朝衰微埋下隐患。

再次，儒生向权力献媚获取富贵，树立不好范例。以叔孙通为代表的儒生们整出那套礼仪，主要出于两种目的：一是向刘邦献媚，将他请上神坛，赋予他绝对权力、绝对权威；二是借取悦刘邦，以获得各种利好，享受荣华富贵。这两个目的都达到了，不失为"成功"的范例，以致被后世儒生文人所效仿。因此，后世文人大都热衷于向权力献媚，为当权者歌功颂德，曲学阿世，趋炎附势。没有人思考如何约束权力，更没有想到要"把权力关进制度的笼子里"。尤其是自汉武帝"独尊儒术"之后，思想领域几乎停滞不前，不能像春秋战国时代那样涌现大思想家，故而在政治文明方面无所建树，只是披着"礼治"外衣沿袭帝王专制，不断重复治乱频繁交替的悲剧。当然，也有一些大儒意识到，将帝王请上神坛未必是好事。所以，董仲舒提出"天人感应"之说，试图借天象灾异来警示或约束帝王。这种思想可谓用心良苦，但对于一言九鼎的天子来说，并没有刚性约束力。

相对而言，罗马帝国皇帝就不曾享受那么尊贵的礼遇。在不出现紧急事态下，罗马元老院每月举行两次会议，每次皇帝都会出席。会议开始前，作为议长的执政官入场，全体议员起立向他表示欢迎；皇帝不仅没有接受议员跪拜，而且与议员一道向执政官起立致敬。威望极高的图拉直皇帝也不例外，每逢执政官入场，总是和议员一样起立欢迎，好像这是自然而然的事情。这样的礼俗，与叔孙通所制定独尊皇帝的礼仪大相径庭。

总而言之，司马光对叔孙通的批评颇为中肯。虽然叔孙通算是一名大导演，但本质上是一个精明的小人，无非是"趋一时之功"，以博得帝王的恩宠。

——原载于 2014 年 5 月 12 日《学习时报》

漫话东汉"党锢之祸"

　　东汉末年，许多士大夫、太学生由于评议朝政，被专权的宦官集团划为"党人"，遭到了残酷打击与迫害，这便是历史上著名的"党锢之祸"。这个事件发生在桓、灵二帝时期，时间跨度约十年，前后共两起三波。

　　要说祸事的起因，还得从当时政治局势说起。自汉和帝起，东汉的朝政主要由外戚、宦官把持，两股势力犬牙交错，轮番专权。汉桓帝初期，朝政由外戚梁冀掌握，延熹二年（159年）梁氏被宦官单超等诛灭，政权落入宦官之手。无论是外戚专权，还是官宦当道，内政都搞得一团糟。以梁冀为首的外戚集团作恶多端，人神共愤；清除梁氏外戚集团之后，桓帝为了酬谢宦官，一天之内就封单超、徐璜等五人为县侯。宦官利用接近皇帝的便利条件，假传圣旨，飞扬跋扈，贪赃枉法。他们像外戚一样，到处安插亲信，在中央和地方培植自己的势力，形成了一个盘根错节的利益集团。

宦官文化素质不高，在治国理政上无所作为，搞腐败却不亚于外戚，甚至有过之而无不及。宦官大都心理阴暗变态，心狠手辣，本是"孤家寡人"，却异常贪婪，到处抢掠，兼并土地。中常侍侯览"侵犯百姓，劫掠行旅"，曾夺人宅舍381所，土地118顷；其兄任益州刺史，"民有丰富者，辄诬以大逆，皆诛灭之，没入财物，前后累亿计"（《后汉书·宦者侯览传》）。宦官在朝廷上，"窃持国柄，手握王爵，口含天宪"（《后汉书·朱穆传》）；在地方上，"皆宰州临郡，辜较百姓，与盗贼无异"（《后汉书·宦者单超传》）。他们胡作非为，把朝野弄得乌烟瘴气。

外戚专横，宦官凶狠，皇帝昏庸，不禁令朝野有识之士忧心忡忡。尤其是，宦官、外戚及其爪牙控制了选官大权，选举不实，暗箱操作，贿赂公行，以至于出现"举秀才，不知书；察孝廉，父别居""寒素清白浊如泥，高第良将怯如鸡"的状况。官员选用上的腐败，严重堵塞了太学生和州郡学子入仕的出路，引起广泛而强烈的不满。出于对国家命运和个人前途的担忧，一些士大夫挺身而出，坚决反对外戚、宦官专权，对他们进行抵制或反击；太学生们评论朝政，臧否人物，激浊扬清，对贤能大臣给予褒扬，对弄权的外戚、宦官予以鞭挞，逐渐形成了所谓"清议"，太学因此成为当时的舆论中心，全国州郡学子亦与太学生联络，遥相呼应。

太学当时有学生三万余人，学生领袖郭泰、贾彪与朝中大臣李膺、陈蕃、王畅等交往，相互敬重、赞赏。太学里流行一

像 膺 李　　　像 宗 林 郭

李膺

郭泰

种说法："天下楷模，李元礼（李膺）；不畏强御，陈仲举（陈
蕃）；天下俊秀，王叔茂（王畅）。"与此同时，太学生们对
朝中大臣、地方官员及社会名流进行画像与归类，"三君""八
俊""八顾""八及""八厨"等外号在社会上广为传颂。三君，
是指窦武、陈蕃、刘淑三人，窦武虽为外戚，但是一个品德高
尚的君子，与陈蕃、刘淑同为"一世之所宗"；八俊，是指李膺、
荀翌、杜密、王畅、刘佑、魏朗、赵典、朱寓八人，俊者，即
为人之英也；八顾，是指郭泰、范滂、尹勋、巴肃、宗慈、夏馥、
蔡衍、羊陟八人，顾者，即为能以德行引人者也；八及，是指
张俭、翟超、岑晊、苑康、刘表、陈翔、孔昱、檀敷八人，及者，
即为能导人追宗者也；八厨，是指度尚、张邈、王孝、刘儒、

胡母班、秦周、蕃向、王章八人，厨者，即为能以财救人者也。太学生与朝中大臣"竞以臧否相尚，自公卿以下，莫不畏其贬议"。对于宦官来说，更感觉到压力很大，因为他们擅权妄为，正经事做不了，坏事干了不少，自然引起了舆论界批评或指责。为此他们很不高兴，时常在皇帝面前进谗言，并试图予以打击。

延熹九年（166年），宦官徐璜、侯览、赵津的家人或党羽在大赦之前竞相为非作歹，徐璜的侄子徐宣戏射杀人，侯览的家人在故乡残暴百姓，赵津的党羽张泛借势横行。而地方官成瑨、翟超、刘质、黄浮等不畏权贵，在大赦以后仍按律处置了这些人。宦官侯览等人向桓帝进言，桓帝听信一面之词，重处了这些官员。朝中重臣、位列三公的太尉陈蕃、司空刘茂向桓帝进谏。桓帝不悦，刘茂不敢多说。陈蕃独自上书，为受罚的官员辩解，建议桓帝斥黜佞邪，结束宦官乱政。桓帝不予理睬。宦官由此嫉恨陈蕃，因其位高名重而不敢加害于他，但对其他人则大加报复。成瑨、刘质等最终下狱遇害，岑晊、张牧等人逃窜得免。宦官与士大夫间的矛盾更加恶化，彼此剑拔弩张，一触即发。

河南人张成，擅长占卜，预知朝廷将要大赦，纵子杀人。李膺时任司隶校尉，下令逮捕张成之子，大赦后仍将这个蓄意杀人的恶棍处死。张成系宦官党羽，平素以方伎结交宦官，其子被处死，宦官便借题发挥，指使张成弟子牢修向皇帝上书，诬告李膺等人"养太学游士，交结诸郡生徒，更相驱驰，共为部党，诽讪朝廷，疑乱风俗"。桓帝不禁大怒，下令布告天下，逮捕党人，一起波及全国的党锢之祸就此拉开序幕。

李膺被捕入狱，受牵连党人达 200 余人。太仆卿杜密、御史中丞陈翔及名士陈寔、范滂等皆被通缉，全国各地都在搜索拘捕党人。太尉陈蕃认为"罪名不章"，不肯平署诏书。桓帝更加恼怒，干脆跳过正规程序，直接让宦官负责审理此案。李膺、陈寔、范滂等人慨然赴狱，受"三木"酷刑拷打，依然宁死不屈。

当时被捕的"党人"大多是天下名士、社会贤达。宦官大肆迫害"党人"，引起了朝野的强烈不满。度辽将军皇甫规就耻于未被列为"党人"，故而上书申述自己为"附党""宜坐之"，请求朝廷按"党人"治罪。陈蕃再度上书劝谏，桓帝嫌他言辞激切多嘴，以"提拔用人不当"的理由，免除他的太尉职位。

同年十二月，桓帝窦皇后的父亲窦武出任城门校尉。窦武广交名士，清廉刚正，同情党人。次年五月出现日食，窦武趁机上疏请求释放党人，并以托病交上官印相胁，迫使桓帝态度有所松动。安排宦官王甫重新审讯党人，王甫被范滂等人的言辞所感动，取消了对他们的酷刑。李膺等人在狱中故意供出宦官子弟，宦官们害怕牵连到自己身上，于是向桓帝进言，说天时宜大赦。当年六月庚申日，改元永康，大赦天下。党人得以获释，放归田里，终身禁锢，不得为官。

第一次党锢之祸，就此告一段落。

永康元年（167 年）底，桓帝去世，十二岁的灵帝继位。

窦太后临朝听政，大将军窦武掌握实权，起用陈蕃，诏为太傅、录尚书事。在陈蕃和窦武的商议下，任用尹勋为尚书令，刘瑜为侍中，又征召曾被废黜的李膺、刘猛、杜密、朱寓、荀翌等人入朝，共理政事。与此同时，曹节、王甫等宦官紧密团结起来，谄事窦太后，深受窦太后信赖，继续为非作歹。

建宁元年（168年）五月，出现日食天象，窦武借此建议窦太后解决宦官问题，窦太后不予采纳；窦武也多次劝窦太后，应及早清除宦官，窦太后仍犹豫不决。到了八月，又出现"太白犯房之上将、入太微"的天象，当时人们认为这是不祥之兆，象征奸佞在皇帝身旁，大将军有灾难。于是，窦武、陈蕃等人决意清除宦官曹节、王甫一党，并采取相关措施。

窦武、陈蕃任用朱寓为司隶校尉，刘祐为河南尹，虞祁为雒阳令。窦武还免除黄门令魏彪，以亲己的小黄门山冰代之，让山冰收捕长乐尚书宦官郑飒，关进北寺狱。陈蕃建议立即杀了郑飒，窦武不同意，命令山冰等人审问之；郑飒的供词牵连到曹节、王甫等宦官，山冰等人立即上奏，建议抓捕宦官。

九月辛亥日，窦武归府住宿。宦官朱瑀有所耳闻，趁机偷看窦武的奏章，顿时气急败坏，大骂："宦官中放纵不法之人，当然可以杀，我们这些人有什么罪？难道都要被族灭吗？"并且高声反诬道："陈蕃、窦武奏请太后废皇帝，为大逆！"当晚，朱瑀迅速召集十七名健壮的宦官，歃血为盟，阴谋作乱。曹节闻讯，挟持汉灵帝，关闭宫门，胁迫尚书官写诏书，任命王甫为黄门令，持节到北寺狱，收捕山冰等人。杀了山冰、尹勋，释放郑飒。接着，劫持窦太后，抢夺玺绶；下令追捕陈蕃、窦武等人。

年过八旬的陈蕃闻变，率太尉府僚及太学生数十人拔刀剑冲入承明门，到尚书门因寡不敌众被擒，当场遇害。

窦武驰入步兵营起兵对抗。名将、护匈奴中郎将张奂此前率军出征，此刻刚回到京师，尚未了解局势，宦官假传诏令骗过了他。张奂误以为窦氏叛乱，遂与少府周靖率五营士与王甫所率领的虎贲军、羽林军一起进攻窦武；窦武被重重围困，无奈自杀。他的宗亲宾客姻属都被诛灭，侍中刘瑜、屯骑校尉冯述等皆夷其族；虎贲中郎将刘淑、故尚书魏朗等皆被诬陷而自杀；窦太后被软禁在南宫。

宦官集团先下手为强，彻底改变了局势。于是一群小人得志，参与政变的宦官趾高气扬，坐地分赃："共割裂城社，自相封赏，父子兄弟，被蒙尊荣，素所亲厚，布在州郡，或登九列，或据三司"（见《资治通鉴·汉纪四十九》）。与此同时，他们对被指为"党人"的士大夫、太学生进行残酷打击，疯狂迫害。李膺、杜密等人再次被罢官，李膺被捕入狱处死，杜密愤然自杀。《资治通鉴·汉纪四十八》记载："凡党人死者百余人，妻子皆徙边，天下豪杰及儒学有行义者，宦官一切皆指为党人；有怨隙者，因相陷害，睚眦之忿，滥入党中。州郡承旨，或有未尝交关，亦离祸毒，其死、徙、废、禁者又六七百人。"可见，第二次党锢之祸，株连之广，为害之深，远远超过了前一次。

八年之后的五年（176年）闰五月，永昌太守曹鸾仗义执言，上书为"党人"鸣冤，要求解除禁锢。汉灵帝看了奏折，勃然大怒，不仅没有采纳曹鸾的建议，反而下令收捕并处死他。随后，灵帝下诏书，凡是党人门生、故吏、父子、兄弟为官者，一律免职，禁锢终身，并牵连五族。这是党锢之祸的第三波，涉及更多的无辜者。

中平元年（184年）二月，黄巾起义暴发，汉灵帝怕党人与黄巾军一同作乱，遂于四月丁酉日大赦天下，免除了亲属关系与党人在小功以外者的禁锢。颇具讽刺意义的是，直到中平六年（189年）汉灵帝去世，被董卓把持的东汉朝廷才正式为陈蕃、窦武等人平反，党锢之祸总算就此结束了，而东汉王朝已然奄奄一息。

"党锢之祸"全过程大抵如此，虽然事情过去1800余年，但这个恶性事件并不是历史上的孤例。马克思曾经说过："一切历史事实与人物都出现两次，第一次是悲剧，第二次是喜剧。"可是，党锢之祸在东汉两次出现，第一次是悲剧，第二次还是悲剧，或者说是惨剧。类似"党锢之祸"事件，不仅在中国历史上时常发生，而且每次都是悲剧，这既令人扼腕叹息，更值得反省叩问。

就事论事，咱们不禁要问：东汉宦官集团何以大兴党锢之狱？

问题的答案，或许只有法国思想家孟德斯鸠的名言最为准确："一切有权力的人都会滥用权力，这是万古不易的一条经验。"

严格地说，外戚也好，宦官也好，即使在封建专制时代，都不具备掌握国家权力的合法性。但是，由于他们的特殊身份，容易与皇帝亲近，故而能窃取权力，把持朝政。即便权力来路不正，只要一朝权在手，也把令来行。尤其是对于宦官来说，一旦掌握本不属于自己的权力，更是抱着"有权不用过期作废"的心态，肆意弄权，胆大妄为，追求自身利益最大化；再说天下是皇帝的，哪怕搞得乌烟瘴气、洪水滔天，也与我无关。因此，宦官专权的时代都异常黑暗。

所谓滥用权力，当然是随心所欲，为所欲为。所以，一切有权力的人都不愿意接受监督或约束。宦官擅权，本来名不正、言不顺，故而面对士大夫与太学生的议论与抨击，他们会感到压力很大；尤其是面临权力被剥夺的时候，他们会趁机找借口报复，变本加厉地打击政敌。而最有效的打击，莫过于让政敌闭嘴或永远闭嘴。闭嘴，就是剥夺其人话语权，将他从体制内清除，放逐出去，终身禁锢；永远闭嘴，就是将其人杀害，甚至株连灭族。

其实，宦官大都是小人，缺乏文韬武略。可是，宦官何以成为"党锢事件"的赢家，而士大夫与太学生却是输家？

问题在于，宦官占据了得天独厚的条件，那就是他们可以

东汉太学讲学画像砖

控制或代表皇帝。在那个年代，皇帝是至高无上的，是正义与合法的化身。所以，宦官可以借皇帝的名义打击政敌。一方面能在皇帝跟前进谗言，对那些士大夫与太学生妖魔化，将他们划为"诽讪朝廷""为大逆"的"党人"，另一方面借皇帝的诏书发号施令，对"党人"进行打击迫害。

当然，上述有利条件并不足以使宦官注定成为赢家，真正使宦官获胜的原因是他们的小人做派。由于工作需要，东汉宦官都被人为阉割，这不仅使他们丧失性功能，而且扭曲他们的人格与人性；特定的生存环境，使他们大都成为心理阴暗的小人。宦官一旦得势把持朝政，往往会释放人性的暗能量，形成一股为非作歹的黑恶势力。相对而言，陈蕃、窦武、李膺等士大夫都是正人君子，他们疾恶如仇，试图清除以宦官为代表的黑恶势力，也是为江山社稷着想。

但是，君子与小人交锋，获胜的往往是小人。尽管第一次祸事之前，以李膺为代表的士大夫依法处置了宦官的亲属、爪牙，取得了"打黑"斗争的初步胜利，而最终却一败涂地。

那么，君子何以斗不过小人呢？

究其原因，主要是君子讲规则守法度，即便是"打黑"，也要走程序，以事实为依据，依法办事。比如，窦武想解决宦官问题，先征求太后意见，太后没有同意，他便犹豫不决；当他决意行动之后，下令抓捕宦官郑飒，交给北寺狱审讯，查出宦官曹节、王甫等人罪行，上奏朝廷予以法办。这么做，自然是君子所为，却因此贻误时机，给对手反扑的机会。

反观小人，他们无所顾忌，不守法规，不择手段。君子试图依法"打黑"处置小人，而小人却利用"黑打"收拾君子；"打黑"终究不及"黑打"，君子完败于小人。

宦官施行的"黑打"，主要表现为以下几个方面。

首先，给对手戴上莫须有的罪名。他们先是以接近皇帝的便利，刻意进献谗言，诬告士大夫与太学生勾结，诽谤朝廷，败坏风俗；然后又污蔑窦武、陈蕃等大逆试图废除皇帝。这样，他们可以牵着皇帝的鼻子走，让皇帝为自己阵营站台，把对手划为图谋不轨的"党人"，使自己阵营占据道义和道德最高点，也为施行"黑打"披上合法的外衣。

周文矩《文苑图》

　　其次，以非法手段实施最残酷的打击。他们假借皇帝的名义，不经过法定程序，就对"党人"进行武力镇压，将党人领袖杀害，并诛灭其亲属；即便皇帝不配合，他们也敢于绑架或要挟，"挟天子以令诸侯"。凭借窃取的权力，他们大开杀戒，顺之者昌，逆之者亡。

　　再次，以拉网式搜索试图赶尽杀绝。他们在全国州郡发布诏书，命令地方抓捕党人，宁可错抓一批，也不轻易放过一人。除社会名流被指为党人在劫难逃之外，那些与党人毫无瓜葛的人，由于遭到仇家的举报陷害，也被当作党人处置，未能幸免于难。太学生领袖郭泰预感党锢的残酷，选择了回避与沉默，侥幸躲过一劫。

　　宦官集团如此"黑打"，无非是借恐怖威慑，禁锢人们的

仕女图

头脑，钳制人们的嘴巴。的确，通过捕杀党人和太学生，有效地遏制了社会舆论，"群公卿士，杜口吞声，莫敢有言；州牧郡守，承风顺旨，辟召选举，释贤取愚"（《资治通鉴·汉纪四十九》）。这种万马齐喑、选举逆淘汰的局面，正是宦官所希望看到的。但是，对于东汉王朝来说，党锢事件严重伤及国本，为它的灭亡埋下了大祸根。

伴随东汉王朝的衰亡，"党锢之祸"总算悄然中止。遗憾的是，类似的祸事不仅没有绝迹，而且往后还频繁出现。东汉宦官集团所制造的"党锢"事端及创造的"黑打"手法，为后世统治者或权臣打击政敌或排斥异己树立了成功的范例。每当他们感到舆论压力很大的时候，他们就会使出"黑打"手法，给对方罗织各种罪名并扣上什么党人的帽子，从而置之于死地，并且诛杀其亲属与同党，以至于赶尽杀绝，使对方永世不得翻身。历史就这样循环往复，没有规则与文明，只有血淋淋的坑害杀戮，只有赤裸裸的权力斗争。

归根到底，祸事的根由就在专制制度本身。帝王专制时代，不仅容易滋生宦官或外戚专权现象，而且权力运行机制也存在诸多弊端，限于文章的篇幅，这里不做详细论述。可以肯定，只有实行民主法治，真正走向政治文明，才能避免"党锢之祸"的发生。因为在民主社会，权力的赋予与获得，都必须遵循法律与规则，任何人都有表达权、参与权、选举权，不需要也不能以你死我活的杀害来巩固或获得权力。不管你属于哪个政党，你都可以行使你的政治权力，绝不会遭遇"党锢之祸"，更无性命之忧。

——原载于 2014 年第 7 期《文史天地》

漫话唐代贵族之兴衰

隋唐以前，中国社会崇尚门阀。原因是魏晋以后，国家推行门阀制度，朝廷注重在豪门世族中选用官员，豪门世族（士族）与皇族一起执掌政权，拥有极高的地位与声望。南北朝时期，南北王朝虽然频繁更迭，但门阀士族仍有市场，依然是社会主导力量。

且不说为华夏文化嫡传的南朝，就是胡人统治的北朝，也汲取了门阀观念，重用汉人士族。北魏孝文帝更是仰慕华夏文化，积极推进大规模的汉化运动，让鲜卑人说汉语、写汉字，并将鲜卑贵族（包括皇族）改为汉姓元、长孙、宇文、于、陆等。历经北魏、东魏、西魏、北齐、北周等胡人或胡化汉人政权，汉人士族仍有几大"常春藤"，到了隋唐统一中国之后，这些"常春藤"士族依然倍受尊崇。

据《资治通鉴·唐纪十一》记载，贞观十二年春，吏部尚书高士廉、黄门侍郎韦挺、中书侍郎岑文本、礼部侍郎令狐德茱等奉命编撰《氏族志》。高士廉等人本着求真务实的态度，积极开展工作，"遍责天下谱谍，质诸史籍，考其真假，辨其昭穆，第其甲乙，褒进忠贤，贬退奸逆，分为九等"。最后进行排序，以出身博陵的黄门侍郎崔民干门第为天下第一，"崔、卢、李、郑、王"五大氏族名列前茅。唐太宗看了初稿，颇为困惑、恼怒，冲高士廉等人发脾气："崔氏早已衰微，凭什么列为第一？难道我李氏贵为天子，还比不上崔氏吗？""吾实不解山东四姓为何自矜，而人间又为何重之！"为了维护皇室荣耀，唐太宗利用政治权力干预，下令重新排序，"以皇族为首，外戚（长孙）次之，降崔民干为第三"。

的确，在当时士人心目中，"崔、卢、郑、王"四大名门颇为高贵，甚至超越皇族。诸如房玄龄、魏徵、李勣等宰臣，在为子弟选择配偶时，都优先考虑向上述四大名门求婚。与名门淑女结为连理，比娶公主做驸马更为荣耀。故而，那时民间流行"崔家丑女不愁嫁，皇家公主嫁却愁"之说。

现在看来，高士廉等人当初未将皇族列为天下第一门第，真是不可思议。毕竟中国人向来崇拜权力，习惯于看权力脸色行事，唯权力马首是瞻。以世俗眼光看，帝制时代皇权至高无上，皇族理所当然为天下第一门第。唐朝是李家王朝，李氏理应名列榜首；宋朝是赵家王朝，当然以"赵钱孙李"排序；明朝是朱家王朝，朱姓必定天下第一。如此类推，只是基于权力崇拜的逻辑。但是，唐人毕竟是唐人，他们有他们的原则与自尊，并不是盲目崇拜与讨好权力。

其实，高士廉与唐太宗是亲戚关系，他是长孙皇后的亲舅舅，长孙无忌、长孙皇后就是他一手哺养成人的。高士廉领衔编撰《氏族志》，如果他一味崇拜权力，并考虑与皇族沾亲带故，恐怕会说服其他同僚，共同推举皇族名列第一。但高士廉并没有那么做，自然有他的想法，并且其想法基本上代表当时社会主流意识，注重底蕴与血统，认为李唐皇族并非最高贵。

当然，李氏（陇西李氏、赵郡李氏）也是当时名门望族。但就李唐皇族而言，其血统并不纯正。这个不纯正，主要来自母系方面。唐太宗的祖母孤独氏、母亲窦氏、元配长孙氏，都是鲜卑人，亦即胡族，而非汉族。那时候，中国人并不崇洋媚外，将汉族之外民族称为胡族，看作外国人。尽管当时胡人武力强盛，但汉人文明程度高，骨子里看不起他们。再者，李唐皇室自称陇西名门后裔，而据陈寅恪先生考证，也有些来路不正。所以，在唐人眼里最为高贵的门第未必就是皇室。

那么，博陵崔氏何以被列为天下第一？崔姓，来源于姜姓，始祖为姜太公。姜太公助周武王灭商，分封于齐国，成为齐国首任国君。数传至齐丁公时，有长子姜季子应即位，辞而不受，让位于胞弟叔乙。叔乙继位后，把崔邑（山东章丘一带）赏赐给季子作为食邑。从此，其子孙便在崔邑居住，后来又以崔为姓氏。崔氏得姓后，世代担任齐国要职，为卿大夫世家之一。无论朝代如何更迭，崔氏"自汉迄唐蝉声延誉，甚盛益兴，与陇西李氏、赵郡李氏、荥阳郑氏、范阳卢氏、太原王氏并为千年旧族……闻人达士先后相望也"。看过《三国演义》的人，都知道博陵有个崔州平。在三顾茅庐故事中，有刘备偶遇博陵崔州平情节，司马徽向刘备举荐当时贤士时，就提到诸葛亮的四个贤达密友，亦即博陵崔州平、颍川石广元、汝南孟公威和徐元直（徐庶）。博陵之所以有名，并非因为崔州平，而是博陵有一个历经千年不衰的名门望族——博陵崔氏。这个家族自汉至宋，先后出了二十多位宰相，将军、侍郎以上官员数以百计，诗人、文学家、书画家不可胜数。与此同时，位居前茅的清河崔氏、荥阳郑氏、范阳卢氏、陇西李氏、赵郡李氏、太原王氏等名门也是人才辈出，精英荟萃。可以想见，这些名门闺秀也很出类拔萃，富有教养，品貌俱佳；要不然，达贵显贵何以争相与之联姻？

毫无疑义，上述"五姓"豪门都是老牌贵族，在唐代始终是金字招牌，颇受世人青睐。唐太宗虽然以权谋私将李唐皇族列为天下第一，但并未对其他老牌贵族进行实质性打压。毕竟唐太宗出身于贵族，为人行事颇有贵族风范，在治国上倚重两大贵族阵营。一是关陇贵族集团，它是指籍贯位于陕西关中与甘肃陇山周围的军事集团，起源于西魏八柱国大将军。八柱国成员分别为：宇文泰、元欣、李虎（李世民曾祖父）、李弼、赵贵、于谨、独孤信（杨坚岳父），侯莫陈崇。他们分别建立了西魏、北周、隋、唐四个王朝。八柱国大将军及其部属的后代，在唐初形成势力强大的关陇贵族集团。陈寅恪先生指出此集团成员有两大特征："融治胡汉民族之有武力才智者。""入则为相，出则为将，自无文武分途之事。"唐初重用关陇贵族，被陈寅恪称为"关中本位政策"。二是以名门望族为代表的士族。唐初大臣，要么出自门第高贵的世家，要么出自气质高贵的文士。他们既富有聪明才智，又具有高尚品质。唐太宗是一个宽宏大度而又英武睿智的君主，正是他领导文武两大贵族集团对国家进行有效治理，从而开创了政治清明、军事强盛、经济发达、文化繁荣的"贞观之治"，谱写了中国古代史上最为恢宏、华贵、强盛的篇章。

孟德斯鸠在《论法的精神》中将政体分为民主、君主、专制三种，并指出各种政体的原则或动力：共和国需要品德、君主国需要荣誉，专制政体则需要恐怖。贞治时期政治，堪称君主政体下的贵族政治，荣誉是其主要动力之一。诚如孟德斯鸠所说："在君主的、政治宽和的国家里，权力受它的动力的限制，我的意思是说，受荣誉的限制，荣誉像一个皇帝，统治着君主，又统治着人民。"唐太宗之所以成为从善如流的明君，魏徵之所以成为直言敢谏的诤臣，房玄龄、杜如晦之所以成为经世济民的贤相，李靖、李勣之所以成为出将入相的能臣，可以说既源于荣誉的动力，也源于荣誉的限制，对荣誉的珍视与追求，使得他们不敢任性妄为。

在古代宗法社会，光耀门庭是极大的荣誉。光耀门庭的方式不外乎两种：一是通过自身努力提高门第，二是借助与名门联姻优化组合。"崔、卢、李、郑、王"五姓七宗乃历经千年形成的名门望族,在唐代倍受世人尊崇,也是出乎情理之中。

然而,世间没有长盛不衰的事物。随着时事变迁,盛极一时的关陇贵族集团与素负盛名的老牌贵族,都不能逃脱走向衰落的命运。

关陇贵族集团,"其兴也勃,其衰也忽"。进入唐高宗时期,关陇贵族代表人物长孙无忌曾因反对高宗立武则天为皇位,招致武则天忌恨。武则天掌权后,将长孙无忌、褚遂良等大臣一一逐出朝廷,流放到边远地区。"自武曌主持中央政权之后,逐渐破坏传统之'关中本位政策',以遂其创业垂统之野心。"(陈寅恪《唐代政治史述论稿》)关陇贵族集团(包括李唐宗室)几经武则天排斥与清洗,逐渐远离权力中心。"迄至唐玄宗之世,(关中本位政策)遂完全破坏无遗。"(陈寅恪《唐代政治史述论稿》)关陇军事贵族,已然淡出历史舞台。

同样,老牌贵族也招致最高当局的打压。唐高宗显庆四年(659年),宰相李义府为其子向老牌贵族求婚遭到拒绝,便怀恨在心,故而唆使高宗发布诏书,限制名门贵族相互通婚:"后魏陇西李宝,太原王琼,荥阳郑温,范阳卢子迁、卢浑、卢辅,清河崔宗伯、崔元孙,前燕博陵崔懿,晋赵郡李楷等子孙,不得自为婚姻。"尽管如此,并不能禁止名门相互为婚。关键在于,"族望为时所尚,终不能禁,或载女窃送夫家,或女老不嫁,终不与异姓为婚。其后天下衰宗落谱,昭穆所不齿者,皆称'禁婚家'，益自贵"（《资治通鉴·唐纪十六》）。

可见，那些老牌贵族并没屈服于皇权，依然恪守独立、矜持与自尊。与此同时，他们的傲然自尊也得到上流社会的认同与羡慕。所以，皇帝的禁婚令，不仅没有让名门子女身价下跌，反而身价倍增。

不过，对老牌贵族冲击最大的乃是科举制度。科举制度首创于隋炀帝，唐初沿用这一制度，作为选用官员的一种途径。武则天执政以后，进一步改革科举制度，将进士科作为选用文官的主渠道。于是，大批寒门子弟通过科举进入体制内任职，极大地改变了官员队伍的出身结构。"武后柄政，大崇文章之选，破格用人，于是进士之科成为全国干进者竞趋之鹄的。当时山东、江左之人民中，有虽工于文，但不预关中团体之故，致遭屏抑者，亦因此政治变革之际会，得以上升朝列，而西魏、北周、杨隋及唐初将相旧家遂不得不为此新兴阶级所攘夺替代"（陈寅恪《唐代政治史述论稿》）。

一开始，习惯于门荫入仕的五姓贵族并不适应或不接受科举入仕方式，所以颇为"吃亏"。"安史之乱"以后，唐朝中枢进行了重建，"五姓"贵族也主动参与科举考试。如荥阳郑氏，盛唐时鲜有入朝为相者，而自中唐起连续出现了10多位宰相或重臣，遂有"郑半朝"之说。如清河崔氏，有唐一代，共有10人出任宰相；"安史之乱"前仅有2人，中唐后则有8人。如范阳卢氏，中唐起中进士者超过100人，这数字着实令人惊奇，

阎立本《十八学士图》（局部）

因为唐代科举进士考试不仅是最难的，而且录取人数极少；《唐摭言》载："圣唐有天下，垂二百年，登进士科者，三千余人。"名门世家之所以重新崛起，除了他们渐渐适应科举制度之外，最重要的是他们拥有深厚的文化底蕴与良好的家学教育。

总体看来，名门贵族在唐代始终引领风骚，颇受世人敬重，拥有大量粉丝。高宗、武后时宰相薛元超曾经感叹说，他一生最大的遗憾，就是没有娶上"五姓"中某个女子为妻。其实，薛家已属著名"关中四姓"（韦、裴、柳、薛）之一，也算是高级贵族，但仍然仰慕"五姓"顶级贵族。中晚唐时，唐文宗向宰相郑覃求婚，希望他能把孙女嫁给皇太子，郑覃却婉言谢绝，居然把孙女许配给仅为九品官的崔某。唐文宗碰了软钉子，感慨万千："民间修婚姻，不计官品而上阀阅。我家二百年天子，顾不及崔、卢耶？"

中晚唐以后，地方节度使（藩镇）拥兵自重，形成军阀割据格局。军阀叛乱、黄巢造反，致使大唐王朝走向灭亡。从此，中国进入战乱频仍的五代十国时期。这是一个极为黑暗的时代，"有枪便是草头王"，兵痞流氓轮流坐庄。整个社会彻底崩溃，文明大厦已然坍塌，一切依照丛林法则行事，杀人如切菜砍瓜。战乱时生灵涂炭，世家贵族也不能幸免。曾经显赫千年的"五姓"贵族招致沉重打击，不仅有大量人员伤亡，而且家园与产业均惨遭破坏，他们引以为傲的贯册谱系也流失或损毁。在这斯文扫地的时代，所有世家贵族都"无可奈何花落去"，与庶民一样苟全性命于乱世。从此，中华大地再没有傲然独立的世家贵族群体存在。

宋代以后，国家选用官员主渠道是科举制。科举制无疑是伟大的创举，它面向全社会招考人才，不问出身，只论水平。体现了公开、公正、公平，有利于促进社会流动与和谐。一分为二地看，科举制并非完美无缺，其最大的弊端就是局限于应试教育，禁锢人们的思想，不能塑造丰满的人格，更不能造就精神贵族。宋代距唐代不远，且宋太祖为后世统治者立下"不杀士大夫"的遗训，故而宋代政治较为宽厚，虽然宋代精神风貌不及唐代恢弘大气，但是通过科举入仕的官员颇有士大夫节操。然而，到了明朝，皇权极为专制，大搞特务统治。如此条件下，经过科举取士，虽然也产生了一些真正的士大夫，但更多的是造就精致的利己主义者，他们尽管熟读应试必备的孔孟圣贤书，但一旦进入仕途，就将圣贤之言置之脑后，一门心思追求升官发财。所以，这种应试教育多半是为了"稻粱谋"，容易造就伪君子真小人。有明一代，政治极不清明，皇帝大多"不似人君"，臣子也缺乏士大夫精神。从明代皇帝都被加上一大串神圣伟大的尊号来看，对皇帝的崇拜与吹捧简直到了无以复加的地步。不仅如此，就是皇帝所宠信的太监也会受到诸多大臣阿谀奉承，刻意讨好"权阉"的大臣在明代比比皆是。魏忠贤权倾一时，朝中大臣、封疆大吏纷纷向他献媚，为之歌功颂德，建立生祠。魏忠贤所过之处，士大夫遮道拜伏，欢呼九千岁；不少朝臣争相拜他为干爹，竟然以当"权阉"义子为荣。卑躬屈膝，厚颜无耻，达到如此地步，简直把天下读书人脸面都丢尽了。这种境况，在唐代真是不可想象。

中华贵族从唐末五代走向衰败，终究是历史的悲哀。随着贵族世家的消散，贵族精神亦随之断流，永远失去传承。满清王朝建立之后，尽管也曾出现过"八旗"贵族，但他们与唐代以前的世家贵族不可同日而语。"八旗"贵族发迹于游牧部落，原本缺乏贵族文化底蕴，故而其子弟大多蜕变为纨绔子弟。随着岁月流逝，这些纨绔子弟逐渐丢失祖宗那种骁勇善战的气概，取而代之的是贪图享乐的习气，热衷于把玩鼻烟壶、斗蝈蝈而已。

从人性的角度看，唐代世家贵族推崇独立人格、强烈自尊与高尚情操。唐代世家贵族之所以不仰慕权势，敢于平视或俯视李唐皇室，就是因为具有如此高贵的精神品格。世家贵族的存在，无疑为唐代社会树立了精神标杆，使得士大夫向往与追求贵族品位，力争使自身与门第变得更为高贵。世家贵族的存在，对皇权也是一种制衡，一种道德与荣誉上的软约束。所以，有唐一代，虽然皇室对世家贵族进行过打压，却未曾使用下三滥手段。原因在于，李唐皇室也珍惜自身贵族的荣誉，不愿以卑劣手段招致天下人不齿。武则天为了立威，曾经重用酷吏，运用下三滥手段打击政敌，一旦权力巩固之后，便抛弃了酷吏，使用正人君子治国。

明代以后，随着专制统治日益深刻，贵族精神渐行渐远，乃至销声匿迹。虽然权贵阶层始终存在，但他们只有权力，而没有高贵。之所以被称为权贵，是社会缺乏精神信仰，只崇拜权力，只认为权力宝贵，只看到有权就有了一切。"万般皆下品，唯有读书高。"读书为了什么？做官，追逐权力。为了追逐权力，他们挖空心思，不择手段，什么事情都能做出来，毫无做人原则，毫无道德底线。明代权贵严嵩即为此类典型，他的飞黄腾达关键取决于他的投机取巧与卑鄙龌龊。专制统治毒化人心，有毒的土壤里，开不出健康的花朵。缺乏独立人格与自尊精神，即为人的精神缺钙，让人显现奴颜媚骨、寡廉鲜耻，君主会因此成为昏君、暴君，官员会成为因此贪官污吏，民众会因此成为愚民、暴民、刁民，而不能成为成熟的公民。

——原载于 2015 年第 4 期《文史天地》

陈琳的幸遇

　　陈琳，汉末文学家，"建安七子"之一。他的传世诗文不多，最著名的是《为袁绍檄豫州》。这是替袁绍写给刘备的檄文，笔锋是针对曹操的。董卓失败后，曹操把持朝政，"挟天子以令诸侯"。袁绍在冀州起兵讨伐曹操，适逢陈琳避难冀州，于是他让陈琳写这篇檄文给刘备。当时刘备兵败，暂依曹操。此檄文历数曹操罪状，极言曹操失德，不堪依附，动员刘备归附袁绍。

　　从文学角度看，这篇檄文写得不同凡响。开始凭空而势，先声夺人，从大道理讲起，占据道德制高点，申述讨伐曹操的合法性。接着，从几个方面抨击曹操，揭露他的劣行与罪恶，文词犀利，夹叙夹议，最后得出"无道之臣，贪残酷劣，以操为甚"的结论；故而，讨伐曹操乃是义不容辞的责任。但是，从曹操角度看，这是一篇非常恶劣的檄文，不仅对他本人大肆污蔑、妖魔化，而且把他祖宗三代骂得狗血淋头。

陈琳

据《三国志·魏书》裴松之注引《典略》说："琳作诸书及檄，草成呈太祖（曹操）。太祖先苦头风，是日疾发，卧读琳所作，翕然而起曰：'此愈我病。'"想必，曹操读了这篇檄文，几乎气炸了肺，却意外治好头痛病。换了报复性强的人，肯定要发毒誓："你小子如此辱骂我，哪天落到我手中，一定要好生修理你！"

后来袁绍败于"关渡之战"，陈琳被俘获。曹操见了陈琳，只是淡然笑道："你当初为袁绍写檄文，声讨我的罪状，辱骂本人也就够了，何故连我的父亲祖父一起骂呢？"陈琳诚惶诚恐，连忙谢罪。出乎意料的是，曹操既没有修理他，也没有要他的命，而是爱惜其才，委以重任，让他担任司空军谋祭酒，掌管记室。此后，陈琳充当曹操机要秘书，为曹操起草了许多军国檄文；工作之余，搞些文学创作，成为蜚声文坛的"建安七子"之一。

陈琳是幸运的，幸运的是遇到爱惜人才而又宽宏大度的曹操。如若遇到的是常人曹操，陈琳不仅会被处死，而且会死得很惨。因为那篇檄文实在太恶毒，一般人难以忍受如此羞辱，必定侍机报复。毫无疑义，乱世主要凭实力说话。以曹操实力，杀死一个文人，如同踩死一只蚂蚁。况且，陈琳是敌对阵营的人，杀他根本不需要理由。如若要找罪名，也是轻而易举的事情，单凭那篇檄文，就可以罗织多种罪名。

假如他生活在明清，绝对没有那么幸运。明太祖朱元璋，诛杀开国功臣从不手软，对待文人更不客气。诗人高启，丝毫没有触犯朱元璋，只因《上梁文》中出现"龙盘虎踞"一词，就让朱元璋龙颜大怒，下令把高启腰斩，身体被砍成八段，死得极惨。明成祖朱棣也够心狠手辣，方孝儒因为拒绝为他起草即位诏书，不仅本人被车裂于街市，而且株连十族，亲友学生870余人无辜遇害；方孝儒诗文招致查禁，庶吉士章朴藏有其诗文，被同僚杨善告发，就摊上杀身之祸。试想，假如陈琳生活在明代，并且写出诽谤领导的诗文，不仅本人会被剁成肉酱，而且会株连十二族，所有亲友都要被砍头，所有诗文将要销毁查禁。假如他生活在清朝，也会遭遇类似的厄运。因为清代的

"文字狱"极为兴盛，吟出"清风不识字，何故乱翻书"的诗句，就会处以极刑，直接冒犯当局岂能幸存？

当然，曹操之所以不杀陈琳，除了他的豁达大度，还要归因于他的理性与自信。曹操知晓，陈琳只是一介文人，受雇于袁绍，自然为袁绍摇旗呐喊，他若为我所用，也会为我擂鼓助阵。舆论宣传固然有效，但并非决定性因素，只有军事斗争，才能决出输赢。尽管陈琳的檄文极富煽动性，但曹操拥有足够的自信，哪怕自身兵力相对较少，也坚信能借精妙运筹以少胜多，一举击溃袁绍。所以，有没有那篇檄文并不重要。既然檄文无关大局，就没必要追究作者责任。即使自己祖宗古代遭到辱骂，对于豪放大气的曹操来说，也可以忽略不计。相比之下，明清统治者不仅不够大度，而且也不够自信。究其原因，关键是明清皇权专制几乎登峰造极，远不及唐宋政治清明。专制君主往往敏感多疑，喜欢大包大揽，害怕大权旁落。但是，诺大的国家又不得不委托他人治理，这让君主时刻为之忧虑，任何风吹草动，都会触动其敏感神经。为了防止他人觊觎皇位或图谋不轨，就必要进行严格监控；在专制者看来，最有效的监控就是高压恐怖，只有高压恐怖，才能压制人们的雄心或野心，才能保持政局的稳定。所以，任何疑似冒犯当局的言行，都会遭到穷追猛打。

诚然，为了国家繁荣富强、社会和谐进步、人民幸福安康，需要保持政局稳定。但是，稳定不能以高压恐怖维持，更不能禁止言论自由，只许歌功颂德，不可批评指责。各种言论，无疑有必要区别对待。对于恶意诽谤、无端造谣、煽动颠覆政权的言论，理应予以驳斥与打击；而对于正当批评、合理建议，甚至严厉指责，还是包容为宜。毛泽东同志说过："让人说话，天塌不下来。"倾听不同的意见，其实更能了解客观事实，有助于改进工作。现代社会赋予公民言论自由，每个人的言论，无论正确与否，只要不违法，都有权利表达。法国思想家伏尔泰有一句名言："我可以不同意你的观点，但我誓死捍卫你说话的权利。"中国古语有云："言者无罪，闻者足戒""有则改之，无则加勉"。所有这些，已然成为现代共识与基本伦理，得到文明世界的信奉与遵从。

在封建时代，曹操尚且包容陈琳的辱骂，实在难能可贵。不过，曹操并非圣贤，他有宽宏大度一面，也有心狠手辣一面。孔融、杨修等名士，就是因为某些言论惹恼曹操，而惨遭杀害。所以，人治带有很大的随意性，陈琳的幸遇实在侥幸。这样的幸遇在历史上寥寥无几，更多的是遭遇禁锢或杀身。历史与实践证明，想要摆脱人治下禁言或"文字狱"的困境，最佳选择依法治国。唯有实现法治，才能尊重并保障公民的正当权益，才不至于因为发表言论而轻易摊上大事。因为法治彰显人人在法律平等，不允许任何人或团体行使超越法律的权力，特别是强制或奴役他人的权力。

——原载于 2015 年第 11 期《月读》杂志

能而不贤的裴蕴坑了隋炀帝

选贤任能，是中国古代选用官员的基本价值取向。孔子曾赞美他所向往的"五帝"时代："大道之行也，天下为公，选贤与能，讲信修睦。"《旧唐书·食货志》指出："设官分职，选贤任能，得其人则有益于国家，非其才则贻患于黎庶，此以不可不知也。"实践证明，贤与能，亦即德与才，二者必须兼备，不可或缺。

隋朝裴蕴，就是一个能而不贤的典型。《隋书·裴蕴传》说他"性明辩，有吏干"。这一点可以肯定，他是一位明察时务、能言善辩、颇有才干的能臣。但是，这个能臣并不贤良，所以他的事迹并不光彩照人。

裴蕴早年供职于南方陈朝，担任过直阁将军、兴宁令。因为父亲在隋朝为官，并且看到陈朝即将衰落，他暗中与隋文帝通信，请求做内应，严重地说，就是做奸细。陈朝灭亡以后，他投奔到隋朝，受到隋文帝特殊礼遇，给他加官晋爵，"拜开府仪同三司，礼赐优洽"。

入隋以后，裴蕴先后出任洋、直、棣三州刺史，擅长治理，"颇有能名"。大业年间，连续几年考绩，裴蕴均名列第一。隋炀帝听说他很能干，将他调到中央任太常少卿，主管礼仪文艺方面工作。隋文帝崇尚俭朴，不好声技，最大限度压缩宫廷乐府规模。裴蕴揣知隋炀喜好声色，讲究排场，便大张旗鼓地扩充宫廷乐府，广泛网罗"善音乐倡优百戏者""增益乐人至三万余"。隋炀帝对此十分满意，随即就让裴蕴出任民部侍郎。

民部负责掌管户籍与财税。在担任民部侍郎期间，裴蕴再次展现出能干一面。当时，户口管理比较混乱，瞒报、漏报现象很严重。裴蕴做过几任地方长官，熟悉其中内情。为此，他提出一整套核查办法，强化问责与奖励。"若一人不实，则官司解职，乡正里长皆远流配。"并且允许民众相互举报，"纠得一丁者，令被纠之家代输赋役"。那一年（大业五年），"诸郡计账进二十四万三千丁，新附口六十四万一千二百"。这次人口普查成功，不仅改进了户口管理，而且有利于增加财政收入。隋炀帝非常高兴，面向百官表扬裴蕴："前代无贤才，导致户口罔冒。如今彻底核实了，全由裴蕴一人成就。"

得到皇帝赏识，官运自然亨通。不久，裴蕴被擢授御史大夫，与裴矩、虞世基参掌机密，进入核心领导层。御史大夫为最高监察机关长官，其职责是监督纠正百官过失，地位高责任大。作为御史大夫，裴蕴本应秉公监察司法，可他丝毫不讲原则，热衷于

隋炀帝

揣摩领导（隋炀帝）心思，依照领导意头行事。《隋书·裴蕴传》记载两个重大案例，足见其表现极不贤良。

内史侍郎薛道衡以才学闻名，只因说过一句褒扬高颎的话，而忤逆隋炀帝。高颎乃隋朝开国元勋，很有政治才能。大业三年，高颎看到炀帝奢靡，甚为忧虑，有所议论，被人告发。炀帝以"诽谤朝政"的罪名将他与贺若弼、宇文弼一同杀害。裴蕴得知炀帝对薛道衡不感冒，便趁机在炀帝面前诬陷薛道衡，说他负才恃旧，目中无君，每每见到诏书，心里总有非议，迁怒于国家，妄想制造祸端；如今虽隐昧未发，找不出罪证，但胸怀不良动机，甚为悖逆。炀帝赞同裴蕴凭臆想定罪，下令薛道衡自尽。薛道衡以为自己无辜，指望赦免，未能引决。在裴蕴干预下，司法部门再走法定程序，终将薛道衡缢杀，其家眷都被流放。薛道衡惨遭杀害，天下人都觉得太冤。

杨玄感（司徒杨素长子）因炀帝猜忌大臣，不能自安，于大业九年起兵造反，最终兵败身亡。炀帝命裴蕴追查其党羽，对裴蕴说："杨玄感一呼而从者十万，可知天下人不要太多，多了就会相聚作乱。对作乱者一律格杀勿论，否则不能惩戒后人。"裴蕴领受此旨，知道炀帝只在乎稳定而轻视人命。于是，裴蕴与樊子盖（兵部尚书）以清理杨玄感党羽名义，"专行屠戮，大穷党与，海内豪杰，无不罹殃，遂至杀人如麻，流血成泽"。（陈子昂语）总共有三万余人被杀，家产全都抄没，流放人员六千余人。与杨玄感有交情的文士，不是被流放，就是被处死。牵涉此案的死难者大都是冤枉的，他们冤死于裴蕴等人的严刑竣法与粗暴执法。

对于裴蕴在御史大夫任上的所作所为，史书作出这样评述："蕴善候伺人主微意，若欲罪者，则曲法顺情，锻成其罪。所欲宥者，则附从轻典，因而释之。是后大小之狱皆以付蕴，宪部、大理莫敢与夺，必禀承进止，然后决断。蕴亦机辩，所论法理，言若悬河，或重或轻，皆由其口，剖析明敏，时人不能致诘。"（《隋书·裴蕴传》）由此可见，裴蕴在履职上存在诸多问题，首先是迎合领导意愿，以领导好恶为好恶，以领导满意作为出发点与落脚点，为此不惜扭曲法度；其次是大包大揽，干预宪部（刑部）、大理寺等机关独立司法，直接插手断案；再次是巧舌如簧，口含天宪，以言代法，玩法律于口舌之间。

孔子云："为政以德"。何谓之德？古希腊哲学家亚里士多德在他的政治学、伦理学著作中指出，公正原则是政治学的最高准则，构成道德美德之顶峰的便是公正，"政治上的善即为公正"，公正则依归于全体公民的共同利益。显而易见，裴蕴一味迎合领导，而不能恪守公正原则，是缺乏政治道德的表现。也许在他看来，天下乃皇帝之天下（"普天之下，莫非王土；率土之滨，莫非王臣"），故而只需讨好皇帝一人即可。殊不知，"天下非一人之天下，乃天下人之天下"。

而裴蕴对领导曲意奉迎，虽能讨领导欢心，却让天下人寒心。因为他丧失公正原则，导致司法不公：以言论或腹议定罪，严刑竣法，漠视生命，滥杀无辜，制造大量冤假错案。裴蕴可能以为，自己如此行事，有助于强化皇上权威，是为皇上帮忙。实际上，他是为皇上帮倒忙。正是裴蕴、裴矩等佞臣阿谀奉承，助长隋炀帝不断自我膨胀，日益暴虐专横，好大喜功，骄奢淫逸，不恤民情，从而在官方与民间获得暴君的名声。隋炀帝晚期统治极为昏暗，穷兵黩武，横征暴敛，劳民伤财，大兴冤狱，如此等等，终致天怒人怨。当民怨、民愤超过一定限度，势必激起民变，统治阀门难以压制，大隋王朝很快崩盘，历史重新进行洗牌。

　　大业十四年（618年），全国各地硝烟弥漫，滞留江都的隋炀帝再也无法驾驭局面，只能无可奈何地顾影自怜。宇文化及与司马德戡联手发动兵变，逼炀帝自缢身亡，裴蕴亦被杀。当初隋炀帝嫌天下人多易为乱，清理杨玄感党羽不惜杀人如麻；此时宇文化及也嫌皇族人多，大肆杀戮炀帝子孙，"隋氏宗室、外戚，无少长皆死"。不讲究司法公正的裴蕴，也未经公开的法律程度审判，就被视为炀帝亲信从重从快处死。对于隋朝灭亡，隋炀帝无疑要负主要责任，而裴蕴等大臣也难辞其咎。能而不贤的裴蕴曲法枉法，终究贻害于国家，既坑了炀帝，也害了自己。

——原载于 2015 年 5 月 25 日《学习时报》

职业经理人冯道

冯道（882—954 年），出生于晚唐，历经六朝，见证了其中五朝的兴亡；历仕四朝九君，位居宰相二十余年，其间皇帝像走马灯似的频繁更换，他却坐在相位稳如泰山，故被称为官场"不倒翁"。

从现代角度看，冯道其实扮演了职业经理人的角色。他之所以出任"四大公司"的经理，乃主客观因素使然。

中晚唐以后，藩镇拥兵自重，出现军阀割据局面。大军阀朱温取代唐朝而建立后梁，于是一些军阀竞相效尤，在各自地盘僭称帝王。这真是，"乱世英雄起四方，有枪便是草头王"。谁有本钱，谁就能"开公司当老板"。五十多年间，全国竟然出现了十多家"上市公司"。从正统角度看，后梁、后唐、后晋、后汉、后周为代表中央的"总公司"，前蜀、后蜀、吴、南唐、吴越、闽、荆南、楚、南汉、北汉为地方"子公司"。实际上，总公司与子公司之间并不存在隶属关系，相互之间时有摩擦；

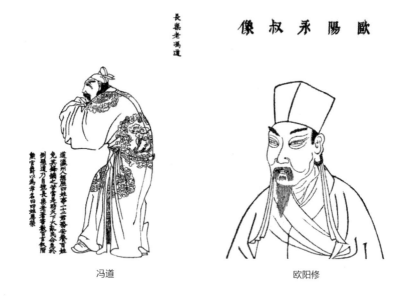

冯道　　　　　　　　　　　　　　欧阳修

总公司内部、子公司内部明争暗斗，子公司与子公司之间相互
竞争，兼并、重组或破产在所难免。

冯道在唐末曾任刘守光的参军，刘败后转投河东监军使张
承业任巡官，张承业将他推荐给晋王李存勖，为其掌管文书。
李存勖于923年称帝（庄宗），"总公司"由后梁改为后唐，
冯道出任户部侍郎、翰林学士；后唐明宗李嗣源即位，颇看重
冯道的才望，拜他为端明殿学士，不久任命他为中书侍郎、同
中书门下平章事（宰相）。石敬瑭于936年在契丹人支持下灭
了后唐，"总公司"改名为后晋，石敬瑭成为后晋皇帝，亦为
契丹儿皇帝；石老板担心"公司"无人治理，只好强行挽留冯道，
"（冯）道不得已出焉"，继续担任宰相。契丹灭后唐，冯道

委曲求全，跟随耶律德光（辽太宗）入契丹为太傅。刘知远于947年在太原称帝，成立后汉，仍聘用冯道为宰相。郭威于951年称帝，总公司改名为后周，郭老板对冯道礼遇有加，任命他为太师、中书令，位居首相；郭威死后，其养子柴荣（周世宗）即位，当时河东刘崇入寇，冯道因谏止世宗亲征而惹怒世宗，奉命料理完郭威的后事，不久就患病去世，终年73岁。谥文懿，追封瀛王。

无论是公司改名，抑或更换老板，冯道始终充当首席执行官（CEO）的角色。究其原因，关键是他具备良好的职业素养与能力，故而为老板所欣赏与倚重。

就素养而言，冯道的道德素养、政治素养、文化素养和心理素养都堪称一流。冯道品德纯厚，欧阳修在《新五代史》中称他为人"刻苦简约"，不贪财，不好色。他淡薄财货，在老家居父丧时遇到饥荒，"悉出所有以赒乡里"；后唐明宗时，他位高权重，却依然居茅庵、卧刍蒿。在战争中，将士将掠得的美女送给他，他不敢拒绝，只好假意接受，将这些女人安置别处，待战事平息后，再访察她们的亲人，送她们回家。唐太宗有一句名言："为政莫若至公。"冯道从政力求公正，秉公办事。最难能可贵的是，他心系天下百姓，体恤民间疾苦。在谷物丰收之年，他提醒君主："谷贵饿农，谷贱伤农，此常理也。"冯道勤奋好学，"长于篇咏，秉笔而成，典丽之外，义含古道"，他留下的文字著作虽少，但颇具思想文化价值。尤其在那个动乱的年代，他十分重视文化事业，主持校定了九部儒学经籍，并引荐不少文人学士进入体制内供职。他性情温厚，宽宏大度，机敏幽默，具有良好心理素质，无论身处什么环境，都可以安身立命，诚如他自己赋诗所云："但教方寸无诸恶，虎狼丛中也立身。"

就能力而言，冯道的决断能力、行政能力和协调能力也很出色。他世事洞明，人情练达，对时务具有独特的见解，善于预判与决断，其胆识深受时人敬重。作为宰相，他勤于政务，兴利除弊，为百姓做了不少好事。他的名誉操守、办事能力，为当时所看重；此外他将自己定位为行政长官，从不过问军事，所以那些武夫出身的皇帝乐意把国家交给他治理，既省心又放心。他的协调能力高超，跟不同的君主打交道，都不失君子风度。只有一次当着侵略者辽太宗的面，他才做了自轻自贱的调侃，通过诙谐而巧妙的对话，既保全了自己的性命，也使得中原百姓免遭残酷的杀戮。包羞忍耻，依然不乏担当。

同样做过宰相的同时代人范质对冯道颇为欣赏，称赞他"厚德稽古，宏才伟量"。然而，后人对这个传奇人物却颇有争议，褒贬不一。在薛居正领衔编撰的《旧五代史》里，他几乎是一个道德完人、大臣楷模；而欧阳修撰写的《新五代史》，对他作出了"无廉耻"的评价；司马光在《资治通鉴》里甚至指责他"大节已亏""乃奸臣之尤"。南宋以后，随着《新五代史》的正史地位及《资治通鉴》的权威性逐渐确立，冯道便不由自主地成为有重大污点的历史人物。

这个污点，说白了，就是他四朝为官。在欧阳修为代表的宋儒看来，士大夫的首要政治品德就是忠诚。其所谓忠诚，无非是忠于某个君主，或者说忠于某个王朝。如果王朝灭亡了，身为旧臣不惜为之殉死，或随之退出历史舞台，这就是尽忠了；相反，如果改朝换代之后，身为前朝旧臣却继续在新朝为官，这样就是对前朝不忠，就是没有气节、没有廉耻。冯道居然为多个王朝效劳，依此逻辑推断，给他戴上"无廉耻""失大节""奸佞"之类的帽子理所当然。

毫无疑义，士大夫应该具有忠诚的政治品德。问题在于，什么样的忠诚才是首要的？尽管古代帝制是"家天下"模式，但从本质上说，天下乃天下人之天下，而不是某个人或某个家族之天下。所以，孟子指出："民为贵，社稷次之，君为轻。"由此看来，忠于人民才是首要的政治品质，其次是忠于国家，再次是忠于君主。综观冯道一生，他并没有背叛人民和国家，也没有背叛哪位君主，说他无廉耻、丧失气节，完全是以君权至上、绝对忠君为价值尺度而作出的误判。

春秋时期，齐景公曾问晏子："忠臣之事君，若何？"晏子回答："有难不死，出亡不送。"可见，为亡国之君殉死，并不是唯一正确的选择，也并非有气节的唯一表现。五代时君主大多为军阀出身，缺乏文化素养，浑身沾满"兵痞"习气。对于这些武夫皇帝，冯道骨子里未必瞧得起。他们轮番粉墨登场,转眼又垮台下岗,冯道只是心平气和地直视,逐渐习以为常。没有哪个能让他感动,也没有哪个值得他为之殉死。无论谁做皇帝,他都没有死皮赖脸去讨好,始终保持不卑不亢;同样,他们要聘用他做宰相,他也不会拒绝。

欧阳修不仅给冯道扣上"无廉耻"的帽子,还把乱世、亡国(实为改朝换代)的责任归结为大臣的"无廉耻",这就未免言过其实,甚至有些无厘头。众所周知,五代的乱世乃是拥兵自重的武夫造成的,而频繁改朝换代也是政治斗争、军事斗争的结果,冯道等人并没有从中做坏事或发挥负面作用。相反,正是因为有冯道这样的职业经理人存在,国家治理体系才得以在昏暗的乱世中运行,社会与文化的崩溃才最大限度得到控制,老百姓才得以在水生火热中勉强活下来。看来,如何评价冯道这个职业经理人,还是要参考那些企业老板和与他共事的员工们的意见。

——原载于 2014 年第 8 期《群言》杂志

不可称道范质的"谦让"

谦让，无疑是一种美德。在日常生活中，谦让可以避免一些纷争，融洽人际关系。儒家倡导"温良恭俭让"，其中"让"即包含谦让、忍让的意思。一般来说，做人要讲风格，谦让为好。但有时候，尤其在政治生活中，谦让却并非必要。比如，宋初宰相范质的一次谦让，就不值得称道。

范质（911—964年），字文素，大名宗城（今河北威县）人。历经五代、北宋六朝，先后五朝为官，担任过后周、北宋宰相。960年正月，后周禁军点检赵匡胤发动陈桥兵变，黄袍加身。时任宰相范质、王溥、魏仁浦及其他大臣，迫于情势而拥立新君，赵匡胤由此取代后周，成为新朝的开国皇帝宋太祖。宋太祖即位之后，并没有急于对后周旧臣"大换血"，依然任用范质、王溥、魏仁浦三人为相，并给予优礼封赏。

然而，面对宋太祖的礼遇，身为首相的范直却表现得过于谦卑，以致作出不合礼制的谦让。《续资治通鉴》记载："旧制，

宋太祖

凡大政事，必命宰臣坐议，常从容赐茶乃退。及（范）质等为相，自以周室旧臣，内存形迹，又惮帝英睿，乃请每事具札子进呈取旨；帝从之。由是坐论之礼遂废。"

范质此番谦让，倒是在宋太祖面前做老好人，消除了老板对自己的戒心，以便明哲保身。普通人一次谦让，终究是小事一桩，大不了传为美谈而已。但是，首相范质的谦让绝非小事，因为这个看似细微之举，却悄然改变了原有的顶层设计及运行机制，也打破了朝廷的权力格局，对于整个宋代乃至后来王朝都产了重大影响。客观地说，主要是负面影响。

首先是降低了宰相的地位与尊严。宰相职位在中国由来已久，几乎与帝王相伴而生。宋代以前，宰相地位极高，又称宰辅，主要是辅佐或代理帝王治理天下，颇受帝王尊重。古时礼制，"三公坐而论道"，也就是说，帝王召见文武百官朝议，"三公"（宰相级大臣）得有座位，并且赐茶；宰相通常从容就坐，侃侃而谈，在帝王面前也不失体面，颇有尊严。汉代"三公"如此，唐代宰相依然如此，五代王朝频繁更迭，宰相的地位与朝仪也没变，还是坐而论道。范质等人谦让之后，宰相上朝，也如百官一同站立，不再有座位。表面看，宰相还是宰相，但实际地位与尊荣今非昔比。以往，宰相傍帝王左右而坐，同是国家领导人，如帝王左膀右臂；而今，宰相混在百官中站立，只是帝王俯视的手下，而不是其副手。不过，帝王倒乐意被推上神坛，领受宰相及群臣敬仰与膜拜。

其次是削弱了宰相的职责与权力。就唐代而言，宰相的职责由三省承担，各自履行法定的权力，三省长官即为宰相。一项政策或命令发布与实施，都严格按照程序进行：首先由中书省决策，起草诏书，经皇帝批阅画敕后，送交门下省审议；门下省复核同意后，再送尚书省执行，至此诏书方可生效；门下省若反对此项诏书，即将原诏书批注驳还，提交中书省重新拟定。由此可见，所谓"圣旨"（诏书），并非完全代表皇帝的个人旨意，也是宰相集体智慧的体现。从程序上看，宰相拥有决策权和执行权。范质等人作出了谦让，宰相的职权随之削弱，于是"每事具札子进呈取旨"。也就是说，宰相的决策权主动被放弃，只是充当皇帝的"通信员"，凡事只将情况向皇帝汇报（每事具札子进呈），然后听凭皇帝决断，"取旨"执行而已。由此形成惯例，导致宋代以后宰相的职权不断弱化，以至于愈演愈烈，到明太祖朱元璋时，宰相职位干脆被取消。所以，后世学者批评范质等人不识大体，严重失职。

再次是强化了帝王的集权与专制。范质等人让出原本属于宰相的职权，宋太祖欣然接受，于是皇帝集君权相权于一身。高度的集权，会进一步提高帝王的权威，也会导致独裁或专制，对于国家来说未必是好事。隋炀帝自恃个人能力强，独断专行，最终杀身亡国。唐代张玄素对此有精论："隋主好自专庶务，不任群臣；群臣恐惧，唯知禀受奉行而已，莫之敢违。以一人之智决天下之务，借使得失相半，乖谬已多，下谀上蔽，不亡何待！"唐代的宰相制度，体现了分权原则与集体决策，从而限制了君主的专制。遇到重大事项，中书、门下二省举行联席会议（或邀请尚书省负责人参加），共同商议决断。这样集思广益，尽可能避免决策失误。当然，唐代也有君主绕过程序而发号施令，但只是特殊，而不是惯例。唐中宗曾不经中书、门下二省而封拜官职，自己感到心虚，不敢照常规格式封发，而改用斜封；所书"敕"字，也不敢用朱笔，而用墨笔。可见，唐中宗还是有所敬畏或忌惮，当时士人对于他私下所封之官也很看不起。实际上，宋代以前并不是帝王的个人意志决定一切，

宋徽宗《文会图》（局部）

帝王专制是逐渐演变形成的。毫无疑义，宋初这次宰相职权的转让，为后来帝王专制发挥了推波助澜的作用。

随着宰相职权的弱化，在巩固皇帝集权的同时，进而强化了中央集权。鉴于唐、五代藩镇权力过大，容易形成军阀割据局面，宋太祖将地方一切权力集中于中央，并推出"重文轻武"的国策。他的一系列创制，被后世继任者奉为祖宗家法，因循守持。随着时间的推移，弊端日益显现，尤其是集权太甚，朝中宰臣墨守成规，地方官员不思进取，导致"郡县空虚，而本末俱弱"（见陈亮《上孝宗皇帝第三书》），官冗兵烂，国势衰弱。综观北宋，虽然解除了藩镇作乱的"内忧"，却难以应对邻国侵略的"外患"，与契丹、西夏、金对峙均处于弱势，战场上屡屡失败，不得不向人家贡献财帛换和平，最终也难逃被外敌毁灭的命运。尽管范仲淹、王安石等人试图通过新政、变法富国强兵，但由于各种势力不能达成共识，从而陷入相互攻讦的朋党之争，以至于新政、新法都中途夭折，无法扭转大宋的国运。假若宋代沿用唐代的宰相制度与决策机制，也许能有效地解决弊病，及时进行自我更新与调整。

历史往往会因一些偶然的细微举动而改变。范质等人看似退让一小步，却使古代的政治文明倒退一大步。所以，北宋经济文化虽然繁荣，终究未能达到汉唐时代的强盛与辉煌。当然，范质等人的谦让毕竟事出有因。杯酒释兵权，对他们犹如杯弓蛇影，身为周室旧臣，他们怕新老板对自己不放心，只好牺牲宰相的职权，换取明哲保身。说到底，他们还是出于私心。宋太祖虽然行伍出身，却并非鼠肚鸡肠的兵痞，他很有素养，也很有度量，立下"不杀士大夫"的誓约，足以证明他很尊重士人。假如范质等人当仁不让，或据理力争，想必宋太祖不会主动削减宰相的职权，也不会改变对宰相的礼仪。一般来说，权力或权利往往要靠争取获得，原本拥有的职权却轻易让出，确实很不应该。

——原载于 2014 年 4 月 14 日《学习时报》

敲诈宰相的武将王彦升

　　公元 960 年，中国历史上出现了两个年号，一个是后周显德七年，一个是北宋建隆元年。前者只存在几天，旋即被后者所取代。之所以更换年号，是因为出现了皇位及政权更迭。这一年正月初三,后周检校太尉、殿前都点检赵匡胤与部将策动"陈桥兵变"，赵匡胤黄袍加身，建立了宋朝。

　　虽说这次改朝换代颇为容易，但宋太祖心里仍有顾虑——后周旧臣表面上虽已俯首称臣，骨子里未必心悦诚服；还有，那些镇守一方的将领也会觊觎皇位，不可不提防。为此，宋太祖下令加强京城警备，夜间实行宵禁。铁骑左厢都指挥使王彦升将军，被宋太祖任命为京城巡检，负责维护首都安全。

　　王彦升不负重托，尽职尽责，带领手下人马日夜在京城大街小巷巡逻。他是一个精明的武将，一边不辞辛苦地执行任务，一边挖空心思为自己争取更多利益。当然，他不是向领导宋太祖邀功请赏，也不是向财政索要值勤补助，而是利用职务之便

宋代武将戎装图

玩"猫腻"。说好听点，叫做敲竹杠；说不好听的，就是敲诈
勒索。

　　同所有"猫腻"一样，因为见不得阳光，只能在夜间玩。
每逢夜间巡逻，王彦升就会叩开一户文官家门，不请自入，跟
主人打招呼："末将夜间巡警实在劳累，顺道来府上歇息一会。"
主人领悟到王彦升的来意，就赶紧拿出金银财宝犒劳。王彦升
欣然笑纳，挥手一别，"不带走一片云彩，却带走一笔钱财"。
或许有人认为，那些官员太胆怯，大可不必送钱给他。不给钱
也可以，但问题很严重，王将军可能会给你安上散布谣言、攻

击新君、图谋不轨等"莫须有"罪名；甭管罪名是否成立，即便不丢性命，也得挨一顿揍。文官大都胆小怕事，况且"秀才见了兵，有理说不清"，为了避免不必要的麻烦，他们两害相权取其轻，情愿花钱买太平。于是王彦升屡试不爽，每次巡夜都有收获，胆子因而越来越肥，目标越来越大。

据《宋史·王彦升传》记载，建隆元年四月的一个夜晚，王彦升闯入宰相王溥私第。闻知王将军突然光顾家门，王溥顿时惊慌失措，以为出了什么大事，便急匆匆走了出来。王溥把王彦升迎入家中，请他就座，看茶。王彦升拍了拍衣上的灰尘，开口对王溥说："夜间巡警非常困乏，冒昧来相公府上打扰，想与相公喝上几杯，聊以解乏。"王溥含笑点头，当即安排酒菜款待。王彦升一边喝酒，一边闲聊，说自己夜间去大臣家喝酒，人家总会有所表示。不消说，这是暗示王溥，别人对我都有所表示了，你也得表示表示。王溥很快意识到，王彦升旁敲侧击，意在向自己索求钱物。但是，他假装没有领会，只是一个劲地劝酒，毫无要表示的意思。眼看碰了一个软钉子，王彦升颇为不悦，喝下几杯酒就起身告辞。翌日，王溥向宋太祖密奏此事，宋太祖深为恼怒。三天之后，王彦升被解除京城巡检职务，贬到唐州任团练使。

王彦升的确玩过火了。假如他只是光顾一般文官家门，后人恐怕不会知道他玩那"猫腻"，毕竟史书记不下太多琐事。可他居然玩到王溥头上，这段公案于是载入史册。论地位，王溥位居宰相，是名列赵匡胤、范质之后的第三号人物，而王彦升只是京城巡检，也就相当于卫戍区司令。一个是国家领导人，一个是巡警将领，哪个地位更高不言而喻。在人们印象中，下级讨好上级，地位低的巴结地位高的，倒是顺理成章，司空见惯。王彦升将军竟然敲诈王溥宰相，似乎违背常理，不可理喻。不过，这个事件已然发生，背后必有其深层原因。

从历史角度看，中晚唐以后，藩镇势力强大，出现军阀割据局面，最终导致唐王朝灭亡，中国从此进入五代十国时期。这是一个非常动乱的年代，由于军阀拥兵自重、相互争斗，以致全国先后出现十家地方割据政权，中央王朝频繁更迭，武夫们像走马灯似地轮流坐庄当皇帝。"乱世"终究是凭武力说话，"有枪就是草头王"，给点阳光就灿烂。与此同时，文化人则斯文扫地，所谓"理"或"礼"统统靠边站。生逢"乱世"，军人比一般人更有力量，也更骄横，尤其是高级将领。王彦升"性残忍多力，善击剑"。后唐时期，他就进入禁军，担任过明宗李嗣源侍卫，此后一直在军中任职，亲历了五个朝代更迭；周世宗时，他因征战有功被提拔为散员都指挥史。生活在这个年代，他感受到军人的力量，也染上军阀的习气，故而骄横跋扈，不把文官放在眼里。王彦升借夜间巡察机会敲诈文官乃至宰相，无疑是军阀的习性与胆气使然。

从现实角度看，宋太祖之所以登上皇位，主要得益于亲信部将的拥戴。赵匡胤在陈桥黄袍加身的时候，京城局势尚未稳定，

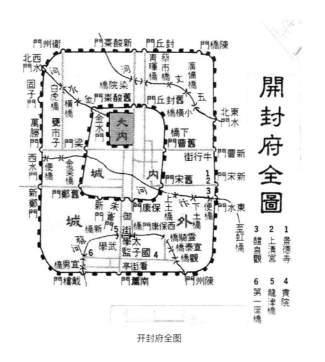

开封府全图

还可能存在变数。紧要关头，王彦升率领本部人马迅速开赴京城。后周马步军副都指挥使韩通惊闻政变，从内廷飞马而出，准备组织力量抵抗。王彦升在街上遇见韩通，奋力追逐，驰入韩通家里，将韩通及其家人杀死。因此，王彦升自以为立下大功，不愧为开国功臣。至于范质、王溥等人，他们是忠于后周的旧臣，只是迫于情势，才承认新君。而王彦升作为赵匡胤的亲信，则是主动为他黄袍加身。所以，王彦升认为自己与皇上是生死与共的战友，即使范质、王溥等人仍为宰执大臣，但在新君心目中战友更为亲近。凭着这种关系，王彦升有底气居功自傲，以至于藐视宰相王溥，竟敢到他家里玩"猫腻"。

从人性角度看，人都有自私自利的一面，一旦有机会就可能谋取私利。王彦升作为京城巡检，其职责就是维持秩序，防止动乱或镇压叛乱。处于新旧政权交替时期，稳定是压倒一切的第一要务，所以王彦升执行巡察任务，拥有很大职权。凭借手中的权力，他可以捕风捉影或无中生有，指控某个官员涉嫌谋反；也就是说，他能合法地陷害他人。所以，他可以无所顾忌地闯入那些官员家里进行敲诈，他们想要免于被陷害，就必须用钱财赎买。他这么做，无疑是滥用职权的表现。诚如法国启蒙思想家孟德斯鸠所说："一切有权力的人都容易滥用权力，这是万古不变的一条经验。"既然滥用职权能给自己带来利益，王彦升何乐而不为？他不仅乐此不疲，而且利令智昏，竟然把宰相也纳入敲诈对象。

不过，王彦升再精明，也是一介武夫。尽管他效忠宋太祖，但缺乏政治眼光与道德操守。其实，宋太祖本想通过"和平演变"实现改朝换代，因为他是一个识大体顾脸面的政治家，既要登上皇位，又要树立形象。毕竟周世宗有恩于他，他不想给人留下欺负孤儿寡母而又心狠手辣的印象。王彦升将韩通一家赶尽杀绝，可谓防卫过当，且为"和平演变"涂上难以抹除的血痕。宋太祖对此颇为不满，考虑到他是为自己效劳，也不好追究责任。假如王彦升当时只是将韩通制服而没有大开杀戒，宋太祖会更为高兴。遗憾的是，王彦升只顾残忍屠杀，未能领悟新君的苦心。

出于对王彦升的信任，宋太祖让他担任京城巡检，意在稳定局势。没想到，王彦升借机敲诈到宰相头上。上次杀害韩通一家，已让宋太祖难以释怀；这次敲诈当朝宰相，自然让宋太祖难以容忍。稍有头脑的人，就会产生这样的联想：如此胆大妄为的武将，今日竟敢藐视宰相，他日也会冒犯皇上，甚至觊觎皇位，骤然粉墨登场。从晚唐五代至今，这样的故事时常发生，不能不令宋太祖警醒。有鉴于此，宋太祖果断作出将王彦升贬职外放的决定。王彦升可谓"偷鸡不成蚀把米"，终究是"搬起石头砸自己的脚"，自毁前程。

建隆二年（961 年）秋天，宋太祖又导演了一幕活剧，巧妙地解除了石守信、王审琦等武将的兵权，史称"杯酒释兵权"。对于宋太祖来说，这也是不得已而为之。因为晚唐五代的灭亡乃前车之鉴，其原因不外乎是武将骄横跋扈、拥兵自重，所以有必要对他们加以防范。此事虽然与王彦升无关，但从他身上可以看到军阀习气的危险，或许在一定程度促使宋太祖萌生"重文轻武"的理念。客观地说，宋代推行"重文轻武"国策，确实不利于应对外患；可是，若不如此，重蹈晚唐五代的覆辙在所难免。这个两难的死结，在那个时代是无法破解的。

——原载于 2014 年 9 月 29 日《学习时报》

古代的引咎辞职

在当今社会，官员因工作失职或失误造成重大损失及恶劣影响，或对重大事故负有领导责任，因此主动提出辞去现任职务，叫做引咎辞职。其实，引咎辞职在中国古代早已有之。据史料记载，春秋时晋国有一个叫李离的狱官，审理一桩案子，由于误听下属人员一面之词，导致一人冤死。真相大白后，李离不仅引咎辞职，而且自杀赎罪。

古往今来，像李离这样过于自责的官员实为罕见。不过，引咎辞职现象却屡见不鲜。由于案例实在太多，不胜枚举。这里，仅以宋代仁宗一朝为例，谈谈几次引咎辞职事件。

宝元元年（1038 年），灾异频繁发生，流民大量涌现，而当局束手无策，没有采取救助措施。时任谏官的韩琦上书仁宗皇帝，指责当朝宰相王随、陈尧佐，参知政事韩亿、石立中四人庸碌无能，没有建树；痛陈大宋八十年太平基业，绝不能"坐付庸臣恣其毁坏"。迫于舆论压力，陈尧佐"援汉故事求策免"。

韩琦

也就是说，陈尧佐援引汉代旧例——出现重大灾异罢免"三公"（司徒、司空、司马）职务，故而请求免职。当年三月一天，王随、陈尧佐被免除宰相职务，分别出任彰信节度使、淮康节度使；韩亿、石立中被免除参知政事职务，降职担任户部侍郎。

庆历七年（1047 年），春秋大旱，严重影响农耕生产。宋仁宗连续发布二道"罪己"诏书，灾情并没有缓解。这时候，身为宰相的贾昌朝主动递交辞呈，也是援引汉代灾异册免三公故事，请求罢免自己的宰相职务。宋仁宗犹豫不决，恰逢御史中丞高若讷进宫讲习，便征询他的意见。高若讷说："阴阳不和，责在宰相。《洪范》：'大臣不肃，则雨不时若。'"于是宋仁宗纳其言，罢免了贾昌朝的宰相职务，让他改任武胜节度使、判大名府兼河北安抚使。

皇祐元年（1049年），河北发大水，河堤溃决，灾民流离失所，盗贼四起。在河决民流、灾异频发的情况下，宰相陈执中未能采取有效对策，只是延请术士占卜。为此，言官多次上书抨击陈执中，指责他用人不当，治理无方，不协众望。迫于舆论压力，陈执中以足疾为由提出辞职。宋仁宗很快拍板，批准陈执中的辞请，罢免其宰相职务，降职为兵部尚书、知陈州。

上述三个案例，大概具有以下共同点：其一，事件的起因源于自然灾害，如干旱、雨水及其他灾异。其二，当事人的请辞主要迫于舆论压力，变被动为主动地请辞。其三，解职官员都被调离原岗位，降职使用。

现在看来，第一点颇令人匪夷所思。所谓的"咎"，无非是干旱、洪涝及其他灾异所引起的，归根到底是老天爷所为，属于天灾，现在叫自然灾难。老天爷犯了错误，为什么要追究人的责任？凭什么要迫使宰相引咎辞职？想一想，在古代做官也挺难的。好不容易做到宰相，遇到什么天灾，还得引咎辞职。老天爷胡闹，却让我替他老人家受过，你说冤不冤？

冤！看上去很冤，比窦娥还冤。

试想，若是现在摊上天灾，官员不会担心被问责，也不会引咎辞职，因为天灾是不可抗拒的，与官员无关。再说，多难兴邦。现在有些官员往往能把坏事变成好事，如若遇到洪涝灾害，便大张旗鼓作出防汛抗灾举动，不但不担心被解职，而且可能被破格提拔。但是，古代官员就没有如此幸运。中国古代有天人合一、天人感应之说，认为天象与人事相关，存在密切联系。老天爷没有错，如果出现异常现象，那是因为人世有问题。所以，高若讷根据《洪范》观点，认为阴阳不和宰相有责。这个天人合一的理论，古代士大夫大都是接受认同的。因此，对于那些因天灾而被解职的大臣来说，他们或许不觉得冤枉，甚至反思自己之咎。

天人合一之说是否科学或正确，姑且不论。深入地反思，因天灾而被解职或被迫辞职，其实也不冤。诚然，天灾不可抗拒，并非人为的过错。但是，因天灾而引发饥荒、流民、盗贼等人祸，应当追究人为责任。对于泱泱大国来说，天灾毕竟是局部的，即便某些区域灾害严重，如果当局采取有效措施，合理调配，及时赈济，是可以避免人祸发生的。正因为如此，韩琦等言官当时指责执政大臣，矛头不是针对天灾，而是指向天灾引发的人祸，根源是当局治理无方，救助不力。与此同时，陈尧佐、陈执中等人也意识到自身的责任，故而不得不引咎辞职。

第二点比较容易理解，如果没有外界压力，谁都不会轻易辞职。因为职位意味着权力，对于掌权者（官员）来说，权力绝对是好东西，他们不仅要职位高权力大，而且在位长掌权久，若无特殊情况绝不放弃权力。尽管如此，上述官员还是迫于舆

宋代文官像

论压力而引咎辞职。从具体表现看，贾昌朝最为主动，言官尚未弹劾，他就提出辞职；不过，此前宋仁宗发过"罪己诏"，倘若他赖在相位不下，必然招致舆论压力。陈尧佐等人较为被动，是在韩琦猛烈指责下，才要求辞职。陈执中较为含蓄，面对言官的抨击，不予正面回应，而以足疾为由提出辞职。

总体来说，这三拨官员表现都不错，至少没有强调客观原因，给自己找借口，打死也不辞职。他们的表现，虽说不算高风亮节，起码还算厚道。相比之下，现代某些官员却较为圆滑。出了什么事故，总是找借口搪塞——看守所死了人，是因为"躲猫猫"；

粮库着火了，是因为气温太高；桥梁坍塌了，是因为货车上的鞭炮燃放。明明是人为事故，偏要编造客观理由，不是反省过错，而是推卸责任，更不会主动引咎辞职。其实，他们编造的理由并不存在，"至于信不信由你，反正是我信了"。

第三点更值得肯定，无论是天灾或是人祸，总得有人承担责任。即便是宰相、副宰相级别的大臣，也要受到降职的处分。这意味着，官员可以优胜劣汰、能上能下。官本位意识虽然由来已久，但在古代，除了皇帝，官员并不是终身制，也不是只能上不能下。实际上，官员的确能上能下，职位的升降颇为司空见惯。今天是当朝宰相，明天可能贬为地方官员，日后还能起用拜相。比如，上文提到被罢相的陈执中，于皇祐五年再度拜相。这样的案例也很多，蔡京就曾经四度出任宰相。

总而言之，中国古代的政治文明虽然不太发达，但并非一无是处。像官员的引咎辞职，就是一份珍贵的政治遗产，仍值得当下学习借鉴。

——原载于 2013 年 10 月 28 日《学习时报》

宋代的相权与权相

在古代社会，宰相是仅次于皇帝的重要角色。历朝历代，宰相的称谓、职数、职权虽然不尽相同，但在宋代以前地位颇为尊荣。相对唐代而言，宋代的相权削弱很多，同时又出现过不少权相，这是值得深思的反常现象。

唐代设有三个中央机构（即中书、门下、尚书三省），三省长官实为宰相，掌管国家最高权力。宋代也有三省，但只有中书省在皇宫里单独取旨，称政事堂；门下、尚书两省都移在皇宫之外，两省长官不再预闻最高命令，已然离开权力中心。宋代沿用晚唐五代传下的枢密院（掌管军事），与中书省并称两府。以"同中书门下平章事""参知政事"分别为宰相、副宰相，与枢密院的正副枢密使合称为宰执，或宰辅。较之唐代，宋代的相权在很多方面有所弱化。

首先是决策权的弱化。据《续资治通鉴·宋纪一》记载："旧制，凡大政事，必命宰臣坐议，常从容赐茶乃退。及（范）质等为相，

宋太宗

自以周室旧臣，内存形迹，又惮帝英睿，乃请每事具札子进呈取旨；帝从之。由是坐论之礼遂废。"在唐代，所有决策均出自中书、门下两省，中书省"定旨出命"，门下省审议副署；必要时三省召开联席会议，共同商议决断。故而，唐代最高命令实际上由宰相拟定，皇帝只是行使同意权而已。自宋太祖以后，不仅废止宰相"坐以论道"的礼遇，而且取消宰相的主动决策权。凡事，宰相只是先写一札子，提出几项意见，或拟出几条办法，呈送皇帝决定；然后再按照皇帝意见正式拟旨，这便是"每事具札子进呈取旨"。宰相不能主动决策，只是遵从皇帝意愿奉

宋真宗

命行事。

其次是军事权的弱化。宋初，宰相的军事权被剥夺。涉及军事问题，皇帝只与枢密院长官商议，宰相无权过问。宋太宗端拱二年（989年），知制诰田锡上奏指出："臣闻前年出师，命曹彬取幽州，是侯莫陈利用、贺令图之辈荧惑圣聪，而李昉等不知。去年招置义军，札配军分，赵普等亦不知。夫宰相非才也，则罢之可也。宰相可任，岂有议边陲，发师旅，而不使与闻者哉！"（《长编》卷三十）可见，田锡对宰相无权过问军事颇不以为然。景德元年（1004年），契丹大举进犯宋境，真宗缺乏太祖那样娴熟驾驭二府的统帅能力，难以抛开宰相应对一场大规模的战争。当时，真宗每得边关奏报，必先送中书省，曾对毕士安、寇准说："军旅之事，虽属枢密院，然中书总文武大政，号令所从出。向者李沆或有所见，往往别具机宜。卿等当详阅边奏，共参利害勿以事干枢密院而有所隐也。"（《长编》卷五十七）面临战争危险，真宗被迫承认宰相"总文武大政"的职权。此后，宰相虽然过问军事，但主导权仍在枢密院。

第三是财政权的弱化。宋代的财政，由三个司掌管，三司使是最高财政长官，不受宰相节制，直接对皇帝负责。所谓三司，即为户部司、盐铁司、度支司。在唐代，司是属于尚书六部下面的二级机构（司局级），接受六部尚书（部长）的领导。必要时，宰相也会兼领户部一个司，如盐铁、度支之类，以便直接掌管财政大权。而宋代，三司地位大为提高，独立掌管全国的财政，这是有意削弱宰相的职权。王安石实行变法，设立制置三司条例司，将户部、盐铁、度支三个衙门重新整合起来，统一到新设立的制置三司条例司里，欲让财政大权回到宰相手中。但是，司马光等人极力反对，认为财政应该由三司管，三司失职，可以换人，两府不得侵其事。随着王安石变法的失败，制置三司条例司也被废止。

第四是人事权的弱化。历来官府用人，本应隶属于宰相职权范围之内。任用什么人，提拔什么官，这是宰相所辖六部之吏部的事。在唐代，"三品以上官册授，五品以上制授，六品以下敕授，皆委尚书省奏拟，文属吏部，武属兵部，尚书曰中铨，侍郎曰东西铨"（《资治通鉴·唐纪二十六》）。而宋代，在吏部之外，另设考课院。考课亦即铨叙，对官员进行综合考评。考课院后来更名为审官院，又分为东西两院，东院负责选用文官，西院负责选用武官。此外，还设置三班院，专门管理内廷供奉及殿直官。这样的人事制度安排，导致机构繁杂，政出多门，同时也弱化了宰相的人事权。

第五是谏议权的弱化。在唐代，台谏均为监察官。台官指御史大夫、御史中丞、侍御史、殿中侍御史、监察御史，其职责是监督宰相及百官，约束行政权力；谏官指谏议大夫、拾遗、补阙、司谏、正言，其职责是专门讽谏皇帝，纠绳皇帝的过失。仁宗明道元年（1032 年），成立另一最高监察机构谏院，将原本隶属于门下省的谏官分离出来。从此以后，谏官不再是宰相下属，宰相无权任用谏官，所有台官谏官均由皇帝任命。设立谏官的初衷就是在于纠绳皇帝，而不是纠绳宰相，所谓"谏"是针对皇帝而言的。而让谏官脱离门下省，不再隶属宰相，反过来纠绳宰相，这样就剥夺了宰相通过谏官向皇帝进行规谏的权利。

宋代的相权之所以被削弱，一方面是由于宋初宰相范质等人主动作出让步，另一方面是由于宋太祖热衷于集权，这无疑是出于私心，害怕宰相权力过大，动摇皇帝权威，甚至觊觎皇位。权力这东西也是守恒的，相权被削弱，皇权则加强。宋太祖富有才略，能够驾驭全局，大包大揽并无大碍；宋太宗也是有为君主，大包大揽也无大碍。但是，他们的子孙后代世袭皇位，就未必称职。过于集中的皇权，对于他们来说是难以承受之重，因此容易导致权力失衡，难以保障国家权力有效运行。从真宗到仁宗、再到神宗，包括削弱相权在内的一系列"祖宗家法"，已然显现出诸多弊端。范仲淹、王安石等人试图推行新政、新法，终因种种力量掣肘而失败。从徽宗到南宋末期，竟然出现过蔡京、秦桧、史弥远、贾似道等权相，致使朝政日益败坏黑暗，在很大程度上加速王朝的衰亡。

蔡京是一个典型的投机分子，神宗时他支持改革变法；哲宗即位之初，太皇太后高氏起用保守派，他转而投靠司马光阵营；哲宗亲政后，他又投靠重新控制朝政的改革派。徽宗即位后，他投其所好，被重用为宰相。徽宗沉湎于声色犬马，热衷于书画创作，玩赏花石，兴建园林，却怠于政务，只顾个人享乐，而将国事几乎都交给蔡京打理。蔡京为相二十多年，独揽大权，为了保住既得利益，他勾结朋党，竭力排斥异己，将官场与社会弄得乌烟瘴气，使北宋王朝陷入空前的危机。

秦桧颇擅长见风使舵，靖康年间他为了欺世盗名，表现出主张抗金的强硬姿态。被金兵俘虏以后，他态度有了一百八十度大转变，回到南宋便抛售其投降求和的"良策"，正中高宗下怀。此后，秦桧官运亨通，先被任命为参知政事，旋即擢为右丞相；虽然一年后被罢免，但很快又起用；赵鼎罢相出朝后，他独居宰相之位长达十七年。在秦桧独相时期，他拼命迫害那些反对和议、主张抗金的官员，不仅以"莫须有"的罪名杀害岳飞，而且还将与自己政见不合的大臣逐出朝廷。为了控制言路，他还将自己的亲信安插到监察百官的台谏机构，使之成为打击政敌的工具。高宗并非昏庸之君，秦桧结党弄权专横跋扈，他其实心知肚明，之所以睁一只眼闭一只眼，听之任之，是因为他需要秦桧作为自己推行求和路线的代理人。有秦桧出面与金人妥协，他就可以安心做偏安皇帝。有高宗在背后支持，秦桧就可以结党营私。二者相互利用，满足于一己之私，就不想

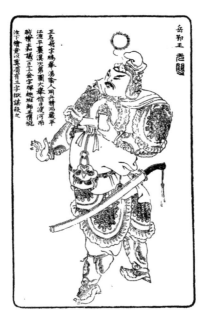

岳飞

收复中原山河。

史弥远的崛起源于一场阴谋。开禧三年（1207年），韩侂胄北伐失败，金朝来索主谋。时任礼部侍郎的史弥远与杨皇后等密谋，派人杀害韩侂胄，将其首级送金请和。史弥远因此升任右丞相兼枢密使，在宁宗朝独相十七年，在理宗朝独相九年。史弥远两朝专权二十六年，对金采取屈服妥协，对内打压政敌，招权纳贿，搜刮民财，弄得民不聊生。他之所以成为两朝权相，关键是两个皇帝容易被他架空。宋宁宗愚钝无能，毫无主见，他在位期间，前期受韩侂胄操纵，后期任史弥远摆布，是典型的傀儡皇帝。宋理宗出生于民间皇族宗室，原本没资格做皇帝，全靠史弥远在幕后策划与扶植才得以继承皇位。鉴于史弥远对自己有恩，加上他老奸巨猾，理宗不得不韬光养晦，任其把持朝政，独断专行。

贾似道是一个"不学有术"之人，靠姐姐为理宗贵妃这一裙带关系得以入仕，后来凭借欺上瞒下、弄虚作假、阴险狡诈等权术博得理宗恩宠，从而青云直上，官运亨通。理宗进入暮年，怠于政事，身为宰相的贾似道控制朝政，独揽大权。度宗即位以后，贾似道登上权力的顶峰，其专权程度超过所有权臣。度宗智力迟钝、懦弱无能，被贾似道玩弄于股掌之间，对他言听计从，无可奈何。贾似道每次上朝行臣子之礼后，度宗都要对他回拜，称之为"师臣"，不敢直呼其名。同所有权相一样，贾似道颇擅长结党营私、排斥异己。一朝大权在手，便肆无忌惮，贪赃枉法，骄奢淫逸。在国家危亡之际，他一味纵情声色，丝毫没有发挥正能量。他的祸国殃民与为非作歹，直接导致了南宋王朝的土崩瓦解。

不难看出，上述权相之所以成为权相，关键在于他们都是权谋大师，并且遇到昏庸无能或易于掌控的君王。按理说，宋代的相权大大削弱了，不应该出现权相。而事实并非如此，这说明削弱相权这一制度安排是失败的，也是错误的。

毫无疑问，在帝制时代君主位于国家权力核心，是维系国家与民族命运的关键。问题在于，帝王并非全知全能的神明，其能力与精力非常有限，所以需要设置百官进行治理，而宰相无疑是治理体系中最关键的环节。因此，君主与宰相应有合理的定位，君权与相权必须合理地配置。宰相应该具有哪些职权，西汉丞相陈平做过准确的定义："宰相者，上佐天子理阴阳，顺四时，下育万物之宜，外镇抚四夷诸侯，内亲附百姓，使卿大夫各得任其职焉。"（《史记·陈丞相世家》）由此可见，宰相辅佐君主治理国家，总揽文武大政，主导内政外交，使百官各司其职，让百姓各得其所。而宋代刻意削弱宰相的正当职权，使权力配置向君主倾斜，在实际运行中容易造成权力失衡。一旦国家面临危机或君主平庸无能，擅长权术的宰相就会以不正当手段揽取权力、运用权力、巩固权力，这就是权相得以形成并产生危害的根本原因。如果宰相名正言顺地拥有职权，往往会名正言顺地履行职责，而且也会名正言顺地接受监督。君权与相权保持平衡，相得益彰，反而很少出现权相。

遗憾的是，后世帝王不仅未从宋代削弱相权中汲取教训，反而更加偏好集权。宋太祖只是削减宰相的部分职权，而明太祖干脆取消宰相职位，把宰相的职权完全包揽。明太祖、明成祖算是有为君主，凭借个人权威与铁腕，好歹能够牢牢掌权，不至于摊上大事。可是，其子孙后代生长在深宫，精力与能力有限，不能也无法承担如此繁重的皇权。因此，明代有不少皇帝嫌麻烦，私下把政务交给身边太监处理，以致让太监掌握最后的决定权。于是，魏忠贤、刘瑾、王振等权势熏天的太监层出不穷，俨然主宰着大明王朝的命运。太监没有文化，但心狠手辣，他们专权比权相专权更为黑暗，为害更大。朱元璋立下的"内臣不得干预政事"的遗训终究落空，这就是不合理的制度安排必然结出的恶果。

——原载于 2014 年第 12 期《文史天地》

宋代台谏的异化

　　台谏，是台官与谏官的合称。宋代以前，台、谏属于两个系列，履行不同的职责。唐时，台官指御史大夫、御史中丞、侍御史、殿中侍御史、监察御史，其职责是监督宰相及百官；谏官指谏议大夫、拾遗、补阙、司谏、正言，其职责是专门讽谏皇帝，纠绳皇帝的过失。

　　宋初沿袭唐制，设御史台为最高监察机构，"掌纠绳内外百官奸慝，肃清朝廷纪纲，大事则廷辩，小事则纠弹"（《宋会要·职官》）。仁宗明道元年（1032年），成立另一最高监察机构谏院，将原本隶属于门下省的谏官分离出来。从此以后，谏官不再是宰相下属，宰相无权任用谏官，所有台官谏官均由皇帝任命，于是，台官谏官成为"天子耳目之臣，宰执不当荐举，当出亲擢，立为定制"。

　　从法理上说，"谏官掌献替，以正人主；御史掌纠察，以绳百僚"。设立谏官的初衷，本来是纠绳皇帝，而非纠绳宰相，对皇帝才称"谏"。而宋朝设立谏院，谏官脱离门下省，反过来监督宰相及百官，而撇开皇帝不管，使之成为不受约束的绝对权威。这个改变，无疑是谏官职能的异化。有鉴于改制后台官、谏官职能重叠，到了北宋中期，台谏基本合一。

相对唐代而言，宋代谏官主要是弹奏大臣，而非规谏君主。不过，既然台谏合一，那么弹奏大臣也是应尽的职责，再说权力理应受到监督与制约。问题在于，宋代台谏在履职过程中并未恪守公正与理性，以致出现严重的异化现象，对宋代政治产生很不好的影响。具体来说，台谏的异化行为主要体现在以下几个方面。

第一，论奏弹劾主要对人而非对事，且偏好人身攻击。诚然，人与事很难截然分开。但台谏在论奏的时候，倾向于对某个大臣进行攻击，将自身置于道德制高点，竭力诋毁他人，不惜人身攻击。仁宗、英宗在位四十五年间，因台谏弹劾而免职的宰执人数、人次之多，非常惊人。台湾学者梁天锡曾对仁宗朝被台谏弹劾罢免的宰执大臣做过统计，居然有十五人；国内学者罗家祥综合考证，这个数目竟多达二十三人。英宗治平年间，就英宗生父濮王的称号发生"濮议之争"，以王珪为首的两制（翰林学士与中书舍人负责起草诏书，合称两制）认为，濮王于仁宗为兄，英宗应称其为皇伯；以韩琦、欧阳修为首的宰执们则认为，英宗应称其为皇考，并建议将两种方案提交百官讨论。当时，工部员外郎兼侍御史知杂事吕诲联合侍御史范

《续资治通鉴》书影

纯仁、监察御史吕大防弹奏欧阳修："豺狼当路，击逐宜先；奸邪在朝，弹劾敢后？伏见参知政事欧阳修，首开邪议，以枉道悦人主，以近利负先帝……朝廷骇闻，天下失望；政典之所不赦，人神之所共弃。"把韩琦、欧阳修等比作豺狼，视为奸佞，这无疑是人身攻击，危言耸听，刻意激化矛盾。神宗熙宁年间，时任御史中丞的吕诲又故伎重演，频频攻击主持变法的王安石："大奸似忠，大诈似信""外示朴野，中藏巧诈，骄蹇慢上，阴贼害物"。

第二，论奏弹劾倾向于罗织罪名，而疏于明辨事理。论奏弹劾是台谏的职责，但必须坚持实事求是，摆事实，讲道理。然而，台谏在行使这一职权时，不太注重调查研究与确凿证据，往往凭"风闻言事"，或小题大作，甚至上纲上线，刻意

王安石

罗织罪名。英宗治平四年四月，御史中丞王陶查阅《皇祐编敕》得知宰臣入殿押班故事，仗着与神宗的特殊关系（神宗为颖王时他就供职于身边），弹奏宰相"韩琦、曾公亮不押常朝班，至谓琦跋扈，引霍光、梁冀为喻"（《续资治通鉴·宋纪六十五》）。其实，宰相于文德殿押班，仅在真宗大中祥符初年出现，"行之不久，渐复隳废"，至英宗治平四年，此制已然废止五十余年。王陶竟然借题发挥攻击宰相，欲陷韩琦以灭族之罪。韩琦、曾公亮上表待罪，王陶仍"连奏不已"；参知政事吴逵、赵概等为韩琦申辩，于是引起一场执政大臣与台谏的激烈斗争。进入仁宗时期，北宋已经显现"纲纪日坏，下令日乖，国日益贫，民日益困，流民满野，滥官满朝"（欧阳修语）的颓势。为了富国强兵，在神宗支持下，王安石大刀阔斧变法，推行一系列改革举措。一开始，就招致保守大臣、台谏官两股势力围攻，吕诲以"慢上无礼""好名欲进""要君取名""用情罔公""挟情坏法""背公死党""专威害政""陵轹同列""朋奸附下""商榷财利"这十事弹劾王安石。十事当中，只有"商榷财利"基本属实，变法宗旨在于提升国力，自然要理财重利；其余九事，都过于牵强附会，意在诋毁王安石的私德。诚然，部分新法在施行后产生了一些弊端。台谏若能客观地指出利害得失，提出一些可操作的建设性意见，王安石也未必不接受。

第三，论奏弹劾往往采取联合行动，对目标进行围攻。若要弹劾某个执政大臣，台谏官往往采取一致的行动，联名上奏，群起而攻之，不达目的决不罢休；稍不如意，则"家居待罪"，以辞职相要挟。如在"濮议之争"中，欧阳修就遭到吕诲、范纯仁、吕大防等人围攻；范仲淹、王安石进行改革，屡屡遭到一些台谏官的合力攻击与非议。这种论奏方式，并不是以理服人的论争，而是党同伐异的斗争。

由于台谏职能与行为的异化，致使台谏势力病态发展，给宰执大臣以极大的掣肘。不思进取，因循守旧，倒不会招致非议；若要有所作为，推行新政或新法，就会引起争议与攻击。对于这个问题，苏辙曾于哲宗元祐元年上书指出："时执政大臣岂皆尽贤，然畏人言，不敢妄作，一有不善，言者即至，随即屏去。"这种政治环境，终究造就一大批安于现状、不思进取、无所作为的政客，"三旨宰相"王珪即为其典型。"（王）珪自执政至宰相凡十六年，无所建明，时号'三旨宰相'，以其上殿进呈云'取圣旨'，上可否讫云'领圣旨'，既退谕禀事者云'已得圣旨'故也"（《续资治通鉴·宋纪七十八》）。宰相如此碌碌无为，国势岂不日益衰微？

当然，也有一些执政大臣富有进取心，力争扭转颓势，励精图治。但是，他们想要有所作为，就必须面对并处理与台谏的关系。以"同道为朋"的范仲淹等人，只有在欧阳修、王素、蔡襄、余靖等台谏支持下，才得以与吕夷简、章得象、夏竦等保守派斗争；王安石也只能通过对神宗施加影响，更换一些台谏官员，才能推行其新法。但是，吴申、钱公辅、滕甫、吕诲、刘琦等台谏先后被罢免，却无异于捅了马蜂窝，招致这些官员及保守势力更为猛烈的攻击。结果事与愿违，仁宗、神宗最终迫于保持派、台谏的压力以及种种自私的顾虑，不得不放弃支持改革派，庆历新政也好，王安石变法也好，只能以失败告终。赵宋王朝终究无法自我更新，只能在积贫积弱的泥潭中越陷越深，最终难逃被异族外邦灭亡的厄运。

台谏势力在北宋病态发展，并且深深介入"朋党之争"，人为制造诸多矛盾与内耗，严重影响政府的行政效能。幸好宋太祖留下"不杀士大夫"的遗训，加上宋代皇帝较为宽厚，否则，宋代的政治斗争会极为血腥，许多大臣会因台谏指控而惨遭杀身。钱穆先生在谈到宋代"谏垣"时指出，"这是宋代制度特有的弱点""到后来，谏官锋芒太凶了，闹得太意气了，太无聊了，社会及政府中人，都讨厌谏垣，不加重视，不予理会，于是谏官失势，然而权相奸臣又从此出头了"。从北宋到南宋，台谏一直处于异化状态，未能发挥其应有的积极作用。南宋时期，秦桧、韩侂胄、史弥远、贾似道等权臣专横跋扈，台谏不仅未能或很少仗义执言，反而沦为权臣用以排斥异己或打击政敌的工具。

宋代台谏之所以出现异化，自然有其深层次原因。在赵宋王朝的"祖宗家法"中，有一个让大臣相互牵制的法宝，就是"异论相搅"。真宗任用寇准时，有人提出疑问，真宗说："且要异论相搅，即各不敢为非。"（《续资治通鉴长编》卷二百一十三）"异论相搅"的用意，即是君主有意让意见相左、互不相容，甚至有宿怨的大臣共处一朝，使之相互监视、相互牵制，以免某个大臣或某派势力过大而危及君主的绝对权威。谏官本应针对皇帝而谏，其职能异化之后，也是为了牵制大臣。自宋仁宗开始，最高统治者往往默许或怂恿台谏随意弹奏大臣，"纵有薄责，旋即超升"，即便被免职，很快又被起用。君主最看重台谏的忠诚与鲠直，所以台谏只要对君主表现出忠诚或作出鲠直姿态，就会有恃无恐，无所顾忌地弹劾执政大臣。这一点，无疑是导致台谏异化的第一主因。

脚踏实地学到至诚
海宇被泽夷夏知名

司馬温公

司马光

　　在宋代，台谏官阶虽然不高，但拥有很大话语权。台谏即为言官，发表言论是他们的职责，对无论什么事情都有发言权，不发言才是不尽职。即便说错了，也不追究责任。谏官有时也会因不当言论免职，其声望反而提升，赢得直言敢讲的美名。宋代"重文轻武"，身为文人的谏官崇尚名节。司马光认为，谏官应以三事为要，即"轻富贵、重名节、知治体"。但是，台谏大都看重名节，而忽视"论事必务大体"；为了名节（或沽名钓誉），他们往往为发言而发言，有理无理倒不要紧，关键在于直言与忠君，以至于不靠谱、不着调、不负责的空论盛行。

这种重名而不务实的文化心理,也是导致台谏异化的一大原因。

此外,中国传统文化虽然讲究"中庸之道",但在政治运作上并不擅长"折衷",往往陷入"非此即彼、党同伐异、你死我活"的内斗。首先发难的一方,偏好占据道德制高点,以为自己绝对正确,以偏激的非理性的语言攻击对方,甚至不惜罗织罪名,置别人于死地而后快。这种政治文化,习惯于"非此即彼"的思维定势与"党同伐异"的行为方式,无疑是导致台谏异化的深层次原因。因此,台谏在履职过程中,很难客观公正地就事论事,一旦出现相互对立的两大阵营,他们会竭力为某一方站台,进行不可调和的争斗。

宋代台谏制度,虽然随着赵宋王朝灭亡而终结,但它在运行中出现过严重的异化现象,仍然值得后人反思。一项制度能否发挥好的作用,并非取决于好的初衷,而关键取决于良好的初始设计、运行机制和文化背景,只有合理的设计与健康的运行,才能产生良好的效果。

——原载于 2014 年第 8 期《中国党政干部论坛》

伯乐出名之后

　　伯乐，原名孙阳，春秋中期郜国人，擅长相马。据说，这位相马大师很受秦穆公赏识，以其精于鉴别马匹优劣的专长，为秦国壮大军备立下汗马功劳，因此被封为"伯乐将军"。

　　后人尊崇伯乐，主要是以马喻人，将千里马比作人才，把善于发现或提携人才的贤者视为伯乐。尤其对于怀才不遇的读书人来说，特别寄希望于被伯乐发现并重用，以便"一登龙门，身价十倍"。

　　唐代大文豪韩愈在《马说》一文中直言："世有伯乐，然后有千里马。千里马常有，而伯乐不常有。"其实，韩公此说有点自相矛盾，不管世间有无伯乐，千里马却是常有的。再说，人非马，焉知马乐为千里马乎？毕竟对于马来说，被人当作千里马使用未必是好事，因为千里马总要承担更多的任务，即便没战死在沙场，也会提前过劳死去；倒是那些不被看好的劣马，成天无所事事，得以终其天年。不过，人非马可比。一个人，若是被看作"千里马"，就能进入优越的生态系统，一旦平步青云，便享荣华富贵，封妻荫子，光宗耀祖。

伯乐相马，只有特定环境下才能发挥积极作用。倘若过度迷信或完全指望伯乐，不仅不利于人才脱颖而出，甚至会适得其反。关于这一面，史籍里还找不到只言片语，但是并不意味着不可能或没有发生。没有哪部史书专门为伯乐立过传，以大胆假设与逻辑推理，伯乐相马的故事也可能向以下方面演绎。

且说伯乐以善相马闻名天下之后，便成为相马界的权威人士，吸引了各诸侯国的人马前来朝拜。很多人赶着马儿跑到秦国，请求伯乐亲自为他们鉴别马匹。如果他们的马匹得到伯乐的认可，被看作千里马，将会产生良好的"人马"效应。回到各自的国家之后，被伯乐所认可的马匹，犹如当今留洋博士学成归来，倍受本国公侯青睐，不是留用宫廷做御马，就是进军营当战马。与此同时，马匹的原主人也因培养千里马有功，受到本国公侯的奖赏，可能获得钱财，甚至加官晋爵。

有道是，人怕出名猪怕壮。冲着伯乐的名望，各国人士从四面八方纷至沓来，争取请他相马，着实让他应接不暇。起初，伯乐出于专业眼光，严格审视每一匹马。是千里马的，就认它为千里马，签发鉴定证书；不是千里马的，就不认它为千里马，也不发鉴定证书。

若是马匹得到伯乐的认证，其主人自然欢喜不尽。即便马匹未被相中，其主人也不死心；他们采取补救措施，向伯乐赠送钱物，求他网开一面；伯乐往往婉言谢绝，仍旧坚持标准，决不随意发放千里马认证。伯乐的工作做不通，他们就去找人家老婆孩子攻关；一旦伯乐的老婆孩子收受厚礼，事情就会出现转机。如果攻关到位了，伯乐还是因为马匹太差，而不予认定，那么，他们只好豁出去了，直接跟伯乐软磨硬泡，哭鼻子抹眼泪，诉说自己大老远赶来，吃尽了千辛万苦，如果拿不到千里马认证，便一死了之。这一闹，恐怕闹出人命，使得伯乐动了恻隐之心，只好睁一只闭一只眼，勉强签发千里马认证。

到后来，伯乐不得不放宽相马标准，做出诸多违心的认证。即便如此，伯乐还是力不从心，因为各处前来待相的马实在太多，哪怕走马观花地观察一遍，也有很大工作量。眼看伯乐累得够呛，老婆劝他不要一人亲历亲为，应把相马的秘诀传授给子女，让他们也分担一下。伯乐觉得这个主意不错，于是便编写了一部《相马经》，并创办了"相马社"。这个相马社，类似于现在的认证机构，由于伯乐担任社长，其权威性不容置辩。

"相马社"成立之后，伯乐比以前超脱很多，不再亲自出面相马，只需签字发证即可。所有繁琐的相马事项都交给子女操作，因为他们已经学会了《相马经》，可以按照经书的指点，鉴别每一匹马。自从有了"相马社"，工作效率大幅提升，深受外界人士欢迎。伯乐相马，要对马匹从头到尾，反复观察，反复抚摸，一天能相几匹马；但是，他的子女却青出于蓝而胜于蓝，他们只需端着《相马经》，一边念诵经文，一边巡视马匹，

徐悲鸿《九方皋》

一时半会就能得出结论。如果马的主人出手大方，他们也不必装模作样念经，瞅瞅马匹，就可以认定它是千里马。

据说，伯乐儿子当中有一个书呆子，能把《相马经》读得滚瓜烂熟。《相马经》上描写千里马的外形为"额头隆起，双眼突出，蹄子好象垒起的酒药饼"。有一天，这个儿子外出实地考察，他把自己所见到的事物与《相马经》上描绘的形状一一对照，结果找到了一只很大的蛤蟆。于是他带着蛤蟆回家，兴冲冲地报告父亲："我找到了一匹千里马，额头和双眼同书上说的差不多，就是蹄子的形状和书上写的有区别。"伯乐看到蛤蟆，顿时哭笑不得，只好摇头调侃道："你倒是找到了一匹好马，只是它太喜欢跳，你可驾驭不了啊！"

尽管呆儿子闹过这个笑话，但是并不影响"相马社"的权威性。以人们对伯乐的眼力与人品的崇拜，他们相信"相马社"的认证绝对可信，即便伯乐未能亲自相马，也认可其子女得到了伯乐的真传。因此，"相马社"照样被各国所看重，其业务量与日俱增，一直很火红。

耐人寻味的是，秦国官方对于伯乐开办"相马社"，不仅不阻止，而且给予支持。究其原因，恐怕在于相马业务的发展，对于秦国来说有益无害。一方面，成千上万的人马从各国纷至沓来，极大地刺激了秦国旅店餐饮业的发展，增加了旅游收入；另一方面，外国人赶着自己的马匹而来，带着自己的千里马回去，既不带走秦国一匹宝马，也不带走秦国一片云彩。所以，秦国抱着开放的心态，任凭外国人前来相马：来也匆匆，去也匆匆，即便你们"千里马"多如牛毛，也不会对秦国构成危害。

伯乐去世之后，他的子子孙孙传承接力棒，努力经营"相马社"，将它办成驰名天下的"老字号"。时人将它视为造就千里马的阵地，亦如今人眼里中的牛津或剑桥。从春秋到战国，"相马社"为关东各国相出了不计其数的千里马。到战国末年，关东六国几乎实现了"千里化"，或者说军营战马几乎是清一色千里马。奇怪的是，"相马社"似乎远香近臭，在外面颇受欢迎，在秦国却不受待见。秦国人并不迷信伯乐式相马，他们挑选战马的方式很多，或是通过相马高人推荐，或者通过马匹比赛挑选，或是通过实战考验，等等。因此，秦国战马并未实现"千里化"，其千里化程度远远低于关东六国。换句话说，六国战马十有八九是千里马，秦国战马十有八九不是千里马。

然后，历史总是那么冷酷无情。在秦始皇发动统一战争之际，秦国的人马表现得极为骁勇，纵横驰骋，所向披靡；而关东各国的人马却表现平平，差强人意，很多千里马上阵之后，有的畏首畏尾，有的惊慌失措，有的临阵脱逃。最终，六国被秦国各个击破，走向灭亡。有鉴于此，后世有识之士对伯乐相马很不以为然，认为相马并不是发现千里马的最佳方法。

的确，当伯乐被公认为权威的时候，就会陷入异化变质的怪圈：说你是千里马，你就是千里马，不是也是！说你不是千里马，你就不是千里马，是也不是！是不是千里马，并不是伯乐可以说了算，应该让实验来检验。还是民间俗语说得好：是骡子是马，拉出去溜一溜，就知道！

——原载于 2015 年第 3 期《百家讲坛》（蓝版）杂志

南郭先生逃走之后

公元前 301 年的一天，在位十九年的齐宣王去世了，国都临淄上下立即步入国丧的节奏，王室成员、卿大夫纷纷忙于丧事。受国君去世影响，宫廷乐队成员也都心事重重，主要是担心太子田地即位后将会精简乐队。齐宣王是性情中人，曾在孟子面前坦然承认自己"好勇""好货""好色"，他听音乐很讲究排场，每次总要让三百人一起吹奏。太子田地则不同，时常约请三五人过去，让他们一一独奏，说他即位以后，一定要压缩乐队规模，让每人独自吹奏，吹得好的留下来，吹不好的淘汰出局。

其实，三百多人的乐队当中善于吹奏的只是少数，八成以上是半生不熟的乐手，比乐盲强许多，专业水平谈不上，能凑合着混而已。如今宣王仙逝，那些善吹奏的乐手倒无所谓，反正凭技能吃饭，无论谁当国君，总会要用能人。而那些水平差的乐手较为焦虑，生怕哪天轮到自己出场独奏露出马脚。不过，他们内心虽然纠结，表面上还能沉住气，依旧按部就班混日子。眼下，他们每天轮班在先王灵堂值勤吹奏哀乐，等到出葬的那天还要搞一次大合奏。至于以后，也就是太子即位之后，是否搞个人独奏还说不清楚。他们想：到时候看着办，现在混一天算一天，反正水平差的多的是，能待多久是多久。

有一位姓南郭的乐手近来异常焦躁，成天吃不下饭，睡不好觉。在一个月色溶溶的夜晚，辗转反侧的南郭先生突然坐起来，将同室好友淳于先生喊醒，与他交心谈心。鉴于新王即将登基，南郭先生向好友提议，两人一起逃走，免得到时候独奏当众出丑。淳于先生打了一个呵欠，揉了揉惺忪的睡眼嘀咕道："逃什么呀，车到山前必有路，现在还没到逃跑的时候。"淳于先生闭上眼睛，很快又呼呼大睡了。南郭先生无法入眼，找了一片竹简，写下一句留言，携带几件衣物，也没有卷铺盖，就悄然逃走了。

翌日清晨，淳于先生发现竹简留言，感觉大事不妙，赶紧跑出去，满大街寻找，怎么也找不到南郭先生的身影。没办法，他只好低眉耷眼返回住处。想来想去，他觉得南郭先生说的不无道理，自己也是"半吊子"，万一新王他日坚持要听每人独奏，迟早会露出马脚，免不了被除名丢饭碗。想到这里，他禁不住打了个寒战。不过，他与好友南郭性格迥异，面对可能出现的困境，不是选择逃避，而是主动出击。

淳于先生乃淳于髡的小侄辈，正是凭借这层关系，他才得以进入宫廷乐队。淳于髡如若健在，还能倚靠大树好乘凉，可惜他已去世多年了，再也无法出面帮忙。淳于先生虽然不及伯父博学多才，好歹也算机敏，能说会道。瞧，这一次，他竟然斗胆拜见钟太后。见了面，他就自报家门，钟太后得知他是贤臣的侄子，顿时对他产生好感。紧接着，淳于先生跪伏钟太后跟前痛哭流涕，一边哭泣，一边诉说：先王自听了钟后劝诫后励精图治，齐国政事清明，日益繁荣富强；齐国百姓蒙受君王恩泽，不愁吃不愁穿，富裕又安康；宫廷乐手都十分爱戴先王，恨不得陪他一起殉葬。如此如泣如诉，让钟太后忍不住泪流满面。不过，她是女中智者，估摸来者的意头绝非为先王歌功颂德，肯定别的请求，故而叫他有事不妨直说。于是，淳于先生如实吐露心中的苦衷，担心新王爱听单人独奏，要削减大部分乐手。钟太后听了，叫淳于先生不必多虑，她会让新王妥善处理。

太后表了态，淳于先生心里也就踏实了，因为他知道钟太后的分量，先王在时对她言听计从，新王不会不买她的账。其实，乐队打交道最多的是另一位太后（原王妃），她名叫夏迎春，美貌动人，能歌善舞，时常陪宣王歌舞宴乐，不过她只是玩伴，政事从不过问。倒是钟太后长得其貌不扬，但非常有头脑，对政事与时局了如指掌。所以，宫中私下流行一个说法："有事钟无艳，无事夏迎春。"淳于先生有事找钟无艳，无疑是找对了人。可不是吗？自宣王去世后，太子田地每天到钟太后处请安，并请教国事，钟太后直接耳提面命。

这一天，太子田地照常去请安，并就先王葬礼进行最后一

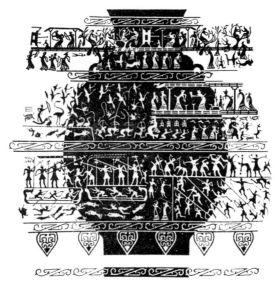

战国宴乐水陆攻战纹壶图

次商定。钟太后问葬礼上是否让乐队搞大合奏，田地回答这事早已定好了，先王生前爱听大合奏，肯定要以大合奏为他送行。钟太后点点头，又问以后如何处置乐队，田地回答以后的事情以后再说。钟太后接着问，听说你喜欢乐手单独吹奏，等你登基之后，要把乐队规模压缩，只保留少数乐手？田地支吾其词地说：这个，这个，我还没有考虑。钟太后毫不含糊地说：依我看，还是维持现状为好。其一，你要是取消合奏改为独奏，在国内外肯定会造成重大影响，外国人甚至会以为你刻意改弦更张，背离先王治国方向。其二，一支宏大的乐队解散了，别人会以为咱齐国实力下降，就连一支乐队也难供养。其三，大多数乐手如若下岗，不安定因素势必增强，他们当中不乏卿大夫子弟或亲戚，颇有活动能量。听了这番话，田地连连点头：母后言之有理，孩儿谨遵您的教诲，一切保持先王时的原样。

办完先王的丧事，新王田地正式登基，成为田齐第五代君主，史称齐湣王。湣王上台之后，果然没有精简乐队，依旧沿袭宣王的做法，每次赏乐必搞三百人大合奏。实际上，田地做太子时较为欣赏独奏，也是事出有因。他之所以不愿搞大合奏，就是担心整出大动静，以免引起父王怀疑，怕父王以为他沉湎声色，甚至与父王攀比。如今做了大王，他再也不必小心翼翼，该讲排场时肯定要讲排场。所以，他不仅不排斥大合奏，而且渐渐喜欢上这种演奏方式——大合奏虽然不及独奏悠扬悦耳，但场面宏大，气势磅礴，音声响亮。作为君王身临其境，更感觉情趣激昂，神采飞扬，高高在上。与此同时，齐湣王也急剧膨胀，凭借着威、宣两代创下的赫赫霸业而号称东帝（秦王称西帝）。他好大喜功，自以为是，缺乏纳谏用士的雅量。对于稷下学者的极力劝谏，他往往置若罔闻，不予考虑。失望与愤懑之余，不少学者只好黯然离去，曾经盛极一时的稷下学宫日渐冷清萧条。

湣王保留乐队规模，无疑让众多乐手偷着乐。经历短暂的担惊受怕日子后，他们又恢复了往常的生活，依然按部就班地参加大合奏。很少有人想到提高技艺，只要跟着一起凑合就行了，反正工钱丝毫不少。除了淳于先生，谁也没在意南郭先生悄然逃走。每每看到许多"半吊子"继续混得有滋有味，淳于先生心里不禁为好友鸣不平：南郭，南郭，你真是傻冒！干吗要逃跑呢？你要是留下来，岂不照样活得好好的？你身无分文，只携带一件乐器逃走，以后如何维持生计。

不过，淳于先生的担忧是多余的。南郭先生逃走之后，辗转到乡村，依然以吹竽为生，只是改变了服务对象，过去侍奉君王，而今面对百姓。乡村殷实人家，大凡遇到婚丧喜庆，通常会邀请南郭先生吹奏，活跃一下气氛。在乡村吹奏，不仅让南郭先生得到一些报酬，而且收获了尊重与自信；他的吹奏谈不上精湛，却为大众喜闻乐见，故而颇受雇主与听众欢迎。以前在宫廷合奏，他心里很不踏实，总感觉是沾别人的光混口饭吃。现在，他终于可以心安理得地自食其力了。

——原载于 2016 年第 2 期《百家讲坛》（蓝版）杂志

后　记

　　历史，简而言之，就是过去的事实。过去的事实已然成为历史，事情就是那个事情，结局就是那个结局，一切已经发生并且永远定格在特定的时空里。我们只能面对，却不能改变，因为时间不可逆转，谁也无法穿越到过去。

　　克罗齐说过："一切历史都是当代史。"我的理解是，历史会决定或影响着当下，当下的也会决定或影响着将来，由此形成不可分割的链条。整个链条就是历史，截取其中任何一段，都能窥见历史全貌，从全息角度看，一切历史就是当代史。这么说，我们的历史岂不由过去的历史决定，这样我们岂不摆脱不了历史的宿命？

　　众所周知，活跃在历史舞台上的主角是人，而人是有理性和主观能动性的。法国学者安德烈·莫鲁瓦认为："历史有无数的可能性，它们都是有根有据的……每时每刻，不管你认为多么短暂的一瞬，事件的进展都会像一棵生出两根树枝的树一样在分叉。"荷兰历史学家约翰·赫伊津哈指出，历史学家必须"不断地将自己置于过去的某个点——在这个点上，已知的各种因素似乎会导致多种不同的结果。"

我很欣赏上述两个"老外"的见解，对历史持有如是观：一切历史都是人的选择的结果，虽然历史只有一种结果存在，但不排除 N 种可能性，所谓必然性只是发生的概率大而已，偶然性的概率虽小却并非不可能发生。当然，作为理性的人一般不会随心所欲地作出选择，通常依照人性、法律制度和历史文化等因素综合考量，这些因素的影响如量子纠缠一样复杂，很难用公式进行表述。

睿智的黑格尔似乎从复杂的"量子纠缠"中看到了规律性，认为历史是由不完善到完善的过程，是自由意识在必然性中的进步。从整体上看，人类历史是不断进步与完善的，而实际过程却是曲折。有时候，野蛮会打败文明，邪恶会战胜良善，自私会吞噬公正，致使历史充斥着血腥与苦难，不禁令人遗憾或扼腕。康德认为在人的杂乱无章的行为背后可以发现一种普遍的合目的性，而历史的合目的性是通过人类世世代代的努力实现的。诚然，我们当下阅读或审视历史，也是为了使我们的历史合目的性，准确地说，就是合乎康德所说的绝对律令（道德法则），走出迷局，走向文明；按照中国的传统说法，就是以史为鉴，引以为戒，不断进步。

本书是作者近年来阅读与思考中国历史的结晶，也是近年来在报刊上所发表文章的结集。书中所收录的文章，在写法上纵横捭阖，自由穿越，主要涉及从上古到宋元的人物或事件，虽然不像断代史那样聚焦某个朝代，也不像通史那样进行宏大叙述或全面解析，但作者仍坚信本书自有本书的价值。因为全息理论告诉我们，任一部分都包含着整体的全部信息，一片枯叶能显现秋天的萧瑟，窥一斑也能见"全豹"，透过历史的些许踪迹或痕迹，也能窥见出历史的轨迹。

美国学者杜兰特夫妇所著的《历史的教训》中有一段话："唯一真正的革命，是对心灵的启蒙和个性的提升。"英国大哲学家培根说过："读史使人明智。"所谓心灵的启蒙或使人明智，在我看来犹如禅学的明心见性。禅宗认为人人皆有佛性，只是迷人不自知见，去迷见性，只在一念之间。一念善，智慧即生；一灯能除千年暗，一智能灭万年愚。

党的十九大胜利召开，令每个中华儿女欢欣鼓舞。回望历史、聚焦当下、展望未来，我们倍感欣慰和自信。中国发展正处于一个新的历史方位，在习近平新时代中国特色社会主义思想指引下，我们将更加坚定道路自信、理论自信、制度自信和文化自信，努力实现社会主义现代化和中华民族伟大复兴。今天，我们审视历史是为了关照当下，从而历史经验与教训，更加坚定理想信念，不忘初心，牢记使命，砥砺奋进。

本书出版问世，得益于诸多友人支持与帮助。在此，我要向《中国纪检监察报》的毛东红、张欢，《学习时报》的曹颖新，

《中国党政干部论坛》的吕红娟，《群言》的杨安民，《月读》的彭玉珊，《文史天地》的谢建平等报刊责编致以诚挚的谢意，感谢他们在报刊首发拙文。习骅先生赠送大作《中国历史的教训》，使我从中汲取了不少营养，在此一并致谢。

陈 良

2017 年 10 月 25 日